Mina Holland nació en Londres y es editora de *Cook*, el suplemento gastronómico del periódico *The Guardian*. Su primer libro, *El atlas comestible*, fue traducido a una decena de lenguas. Vive y trabaja en su ciudad natal.

MAMÁ

MINA HOLLAND

MAMÁ

TU HISTORIA EMPIEZA
EN LA COCINA

TRADUCCIÓN DE BEATRIZ GALÁN ECHEVARRÍA

MALPASO

BARCELONA   MÉXICO   BUENOS AIRES   NUEVA YORK

Para mi mamá,
con amor y agradecimiento
eternos

INTRODUCCIÓN

La receta es un formato con una alta carga autobiográfica.

NIGELLA LAWSON,
Woman's Hour, Radio 4, octubre de 2015

No es el sabor irresistible, sino el puro fracaso de la comida como recompensa lo que nos lleva a seguir comiendo. La experiencia más suntuosa de la ingestión se halla en el intermedio: entre el recuerdo del último mordisco y el anhelo del siguiente.

LIONEL SHRIVER, *Big Brother*

Primero comemos. Después hacemos todo lo demás.

M. F. K. FISHER

En mi trigésimo cumpleaños, mi mamá me regaló una caja metálica de color azul. Al levantar la tapa, descubrí en su interior una pila de tarjetitas garabateadas con la letra de mi madre en boli rojo. En la primera podía leerse «Caja de recetas, herencia de Mina». Contenía, efectivamente, un montón de recetas: las más importantes de mi infancia, escritas todas a mano (por un lado, los ingredientes y el proceso de creación, y, por otro, la historia de cómo aquel plato llegó a mi vida).

Algunas de aquellas recetas habían ido pasando de generación en generación; otras habían sido descubiertas o inventadas por mamá. Pero todas ellas tenían algo en común: la familia. Las recetas eran un conjunto de creaciones culinarias compartidas, una especie de terreno propio comestible, y nos conectaban tan intensamente como un código genético. Allí estaban los huevos Pegaso, unos huevos rellenos de anchoa que le dieron a mamá de niña y que ella preparó para mi octavo cumpleaños,

9

bautizándolos con el nombre del caballo alado de la mitología griega. (Sí, cuando yo tenía ocho años todo precisaba de un sesgo ecuestre.) Allí estaban también el *masoor dal*, la crema de lentejas que se remonta al momento en que mamá, embarazada de mí, descubrió a la actriz y cocinera india Madhur Jaffrey, y el *shuttle* de ciruelas y almendras (tarta cubierta de *frangipane*) sacado de un libro de Steven Wheeler, al que entrevistó en los años ochenta, cuando trabajaba de reportera para la *Islington Gazette*. Esta última era una receta muy sencilla, muy sabrosa y, por aquella época, también muy desconocida, tres puntos fundamentales para el canon culinario de mamá. (Debo decir que hoy en día sigo sin saber lo que es el *shuttle*.)

Las recetas no son meras instrucciones para confeccionar platos. Son parte de nuestras biografías; historias vivas y sólidas, fragmentos fijados en nuestro pasado, al tiempo que crónicas de nuestro presente y nuestro futuro, adaptables y en continua transformación. Y, como las personas, ellas también cambian. Algunos de los alimentos con los que crecí son como personajes: viejos amigos que han seguido con sus vidas y evolucionado con el tiempo. Me interesa mucho más una receta cuando entiendo de dónde viene y qué historia esconde. Y, como editora, me parece maravilloso ver este renovado interés por la cocina casera, que a su vez genera un gran apetito de recetas. Pero publicarlas sin un delicioso preámbulo que explique su trascendencia para quien las comparte (esto es, dónde se inspiró, cómo fue cambiando, con qué recuerdos fue mezclándose) suele dejarme algo fría. ¿Cuántos buñuelos, curris o dulces tienes que hacer antes de que empiecen a difuminarse en uno solo? Lo que sé es que las recetas destacan cuando vienen acompañadas por historias; son estas últimas las que hacen que queramos (o no queramos, según el caso) ponernos a cocinar. Las historias que presentan una receta junto a su creador se archivan más fácilmente en mi memoria, y ahí permanecen, listas para salir de nuevo a la luz en cuanto veo el momento. Simplemente, si lo que se ha escrito sobre un plato me inspira y apela a mi imaginación, me sentiré más inclinada a llevar ese plato a la práctica.

Este fue, efectivamente, el espíritu con el que lanzamos nuestra columna fija en el *Guardian Cook*, el suplemento que coedito desde 2014. Quisimos ofrecer a los cocineros emergentes una plataforma temporal en la que compartir sus historias. Para ello contábamos con tres páginas en las que, una vez por semana, debía caber la historia, dos o tres recetas y algunos consejos culinarios. En la mayoría de los casos esas piezas giraban en torno a la familia, y siempre estaban inspiradas por los recuerdos. Ahí está, por ejemplo, Olia Hercules, cocinera ucraniana y autora de *Mamushka*, que durante cuatro semanas fue remitiéndose a las nacionalidades europeas de cada uno de sus abuelos y escribió sobre el modo en que cada uno de ellos modeló su manera de cocinar. O Rosie Birkett, cuya primera columna coincidió casualmente con el décimo aniversario de la muerte de su padre, por lo que decidió señalar el día incluyendo la receta de una crema casera para ensaladas por la que sentía predilección y cubrirla de lechugas y guisantes de su propio huerto. O Meera Sodha, cuyos padres, originarios del estado indio de Gujarat, llegaron a Lincolnshire (Reino Unido) vía Uganda, y que supo mezclar estas tres influencias y crear unos platos sorprendentes, como la salchicha al curri de Lincolnshire. En todos los casos, estas recetas habrían pasado desapercibidas si no se hubiese explicado la historia de su origen, las raíces de su herencia.

«Conmovemos a los lectores cuando añadimos la comida, porque les hacemos pensar en el lugar que ellos mismos ocupan en su alacena personal, familiar, cultural. Nuestras recetas son historias acerca de quiénes somos, transmiten los gustos del pasado a través del precepto y el ejemplo, e incluso a veces nos sugieren cómo podemos revisar nuestra vida ajustando los menús que preparamos», dice Sandra M. Gilbert en *The Culinary Imagination*. El libro de Gilbert es un trabajo erudito sobre la comida y la identidad cultural, pero yo creo que ya solo el título armoniza con lo que pretende resaltar: que cocinar y comer son dos actos tan imaginativos como físicos o funcionales. La cita de Lionel Shriver al inicio de esta introducción («La experiencia más suntuosa de la ingestión se halla en el intermedio») apunta precisamente a esta idea: que pensar en comida es una experiencia aún más deliciosa que la de comer propiamente, y que pensar en comida cuando se tiene apetito contribuye a saciarlo y reducir esa sensación. Las historias que se ocultan tras las recetas influyen crucialmente en su sabor. Fantasear con la comida, soñar con algún alimento o visualizar todos los detalles tangibles e intangibles que forman parte de un plato que nos apetece son, en realidad, las claves para explicar por qué nos apetece.

En «Hunger Games», un artículo que publicó en el *Guardian* a principios de 2016, la escritora culinaria Bee Wilson dijo: «Nuestros gustos nos siguen a todas partes, como una sombra reconfortante. Parece que nos expliquen quiénes somos». Aunque no son imposibles de cambiar, Wilson explica cómo incorporan los niños sus gustos, sus hábitos e incluso sus idiosincrasias en torno a la comida en la más tierna infancia. Nuestros hábitos alimentarios a los dos años, dice, son un marcador bastante preciso de lo que comeremos cuando tengamos veinte, y esto se debe a que los hemos incorporado emocionalmente: es *agradable* atiborrarse de dulces, o *desmoralizador* no limpiar el plato, o *maleducado* jugar con la comida, etc. Y al llegar a la edad adulta se intensifican todos aún más: «Solemos reiterar nuestros intentos —más o menos entusiastas— de cambiar lo que comemos, pero apenas nos esforzamos en cambiar lo que la comida nos hace sentir...».

De modo que la comida no es solo comida. La comida es emocional e imaginativa y nos identifica. Y yo no soy ni de lejos la única que muestra interés en este punto. Tenemos en la actualidad revistas, *podcasts* e incluso una serie de Netflix dedicados a las historias humanas que se esconden tras la comida. Mientras que los medios tradicionales apenas ofrecen la oportunidad a los cocineros de escribir sobre sus recetas, el mundo cibernético se complace en una creciente demanda de historias y confesiones sobre la comida. Ahí está, por ejemplo, la revista *Lucky Peach*, que en 2015 lanzó el «Mes de mamá» y publicó una serie de entrevistas, algunas con madres que trabajaban de cocineras (Alex Raij y Margot Henderson, sin ir más lejos) y otras sobre la cocina madres-hijos (Alice Waters y su hija Fanny Singer realizando su plato casero preferido, un huevo cocido en una cuchara sobre el fuego), así como una aportación del creador de la revista, David Chang, quien escribe sobre sus dos abuelas, cuyas respectivas habilidades culinarias se hallaban en los extremos opuestos del espectro del talento.

La creciente popularidad de los restaurantes informales indica que la distancia entre la cocina casera y la de los buenos locales está disminuyendo. La sencillez ha dejado de ser un rasgo distintivo de los restaurantes baratos y se ha convertido en un indicador de moda de los de gama alta. Los clientes pueden compartir una mesa con desconocidos, la comida puede servirse en bandejas comunes, y quizá incluso con vajillas distintas, mientras que las guarniciones, los menús en francés y los sumilleres hablando en lo que parece un código secreto ya no están nada de moda. (Podríamos hablar de la «democratización de la comida», de no ser porque salir a comer fuera sigue siendo un privilegio reservado a unos pocos.) Yo creo que la gente se encuentra más alejada de la comida buena y casera. Las cenas entre semana no son precisamente los platos saludables que sus mamás les habrían preparado, sino muy probablemente cualquier cosa pillada al vuelo en el supermercado (pasillo de platos preparados) que les queda de camino a casa. Así pues, disponer de algún menú reconfortante y nutritivo cocinado desde cero es algo mucho más novedoso que antes. Hay que devolverle su valor a la cocina materna.

En Londres encontramos un ejemplo particularmente sorprendente, una empresa llamada Mazi Mas en la que las comidas de negocios se aúnan con lo social. Ideada por un posgraduado greco-estadounidense, Niki Kopcke, Mazi Mas (que en griego significa «juntos») nació para ofrecer trabajo en la gastronomía inglesa a mujeres emigrantes y refugiadas, y, aunque en sus inicios adoptó la forma de «restaurante itinerante», en la actualidad ha logrado instalarse de manera permanente en Hackney, al este de Londres. Todas las noches, la cocina que se ofrece refleja el origen de la mujer que se halla al mando en la cocina (Roberta de Brasil, o Azeb de Etiopía, o Zohreh de Irán...), no solo con el objetivo de presentar a los paladares británicos los sabores propios de sus países, sino también, y sobre todo, para demostrar que la comida de un restaurante no tiene por qué estar exclusivamente en manos de cocineros profesionales. De la cocina de Mazi Mas salen platos como la *moqueca de peixe* (guiso de pescado con leche de coco, típico de Brasil), el *gheymeh bademjan* (estofado amarillo de guisantes con azafrán y berenjena, de Irán) y grandes cantidades del guiso llamado *wat* y de tortitas *injera*, ambos etíopes, que emergen de la cocina y permiten a los comensales una incursión en los platos típicos de esos países, pero también, y especialmente, en sus hogares.

Otra empresa social, ubicada también en Londres, se ha propuesto utilizar el medio universal de los alimentos como una forma de llevar a cabo terapias de grupo. La metodología de «Recipes for Life», de Natale Rudland Wood, se inspiraba en «los diferentes tipos de conversaciones que parecían posibles en la cocina» mientras trabajaba en un centro de detención juvenil. «Las recetas se sucedían a la vez que las historias de la gente. Allí oí contar las experiencias vitales de muchas personas y sus vínculos con los alimentos, los lugares y los seres que amaban.» Los recuerdos sobre la comida actuaban como un punto de partida del que hablar para acceder finalmente al mundo emocional de los pacientes, y el vocabulario familiar de la cocina, usado alegóricamente, proporcionaba un marco adecuado para la curación. El grupo hablaba de ingredientes (por ejemplo, «esperanza», «perseverancia», «optimismo irracional», o quizá incluso «oración», como receta para superar tiempos difíciles...), de las fuentes en las que hallar esos ingredientes («historia familiar», «creencias espirituales», «cultura folclórica»…), del método con el que llevar a la práctica estas recetas («combina honestidad y paciencia, incluye una pizca de desesperación»), de técnicas («a veces las técnicas son el resultado de errores o percances… y lo mismo sucede con la gastronomía») y de sugerencias a la hora de servir («con el apoyo de la familia», «en presencia de la abuela»). Los miembros del grupo presentaban entonces sus recetas para la vida, basadas en platos de verdad. Y la comida les ofrecía la oportunidad de hablar, tanto física como metafóricamente, en la mesa del comedor. Fue en relación con el asunto de la técnica que me pareció más conmovedora la idea de Wood. «A veces —dijo— las técnicas son el resultado de un error […] en la vida hay conocimientos muy importantes que son fruto de los contratiempos que sufrimos […] y eso también es válido para el mundo de la cocina.» Podéis encontrar más información al respecto en el capítulo titulado «Improvisación».

Tanto si estas asociaciones te parecen positivas como si no, la comida está dotada de un significado personal y cultural para todos, y lo que comemos está a menudo inextricablemente entrelazado con nuestro estado emocional, puesto que partimos de las ideas de la «comida confortable», esa que nos permite permanecer tranquilos (incluso en los casos en los que esa comida provoca que nuestro estómago se sienta algo incómodo). Es por lo general a través de los padres que experimentamos el alimento por primera vez. Son ellos los que nos presentan la comida, nos enseñan cómo y cuándo comerla, cómo interactuar con ella… Y, en la mayoría de los casos, son nuestras madres (las criadoras originales, si tenemos suerte de tenerlas) las responsables de amasar esos recuerdos tempranos de la comida y de fijar nuestros gustos. Por lo tanto, la historia comienza en casa. Sí, crecemos y nos convertimos en comedores independientes con la capacidad de escoger qué alimentos queremos y no queremos comer, pero esos recuerdos tempranos (los de los platos que se repetían una y otra vez, los que olían y sabían a casa) permanecerán para siempre con nosotros.

Si provocan en ti buenas asociaciones, se quedarán ahí, esperando a que recurras a ellos.

En mi caso, están dentro de una caja metálica de color azul.

Este libro se titula *Mamá* en honor al punto de partida de todas las historias sobre gastronomía —es decir, las madres— y, al mismo tiempo, para referirse a la comida casera, a la «comida de mamá», que es la que defendemos en estas páginas. Quizá se trate de un formato algo inusual para un libro de cocina, dado que no es una mera recopilación de recetas, ni tampoco un escrito sobre comida al estilo convencional, sino más bien un conjunto de entrevistas, anécdotas, prescripciones y notas que nos ayudan a presentar la idea de que el alimento que comemos (y cocinamos) es propio e inherente a cada uno de nosotros. Este libro es, pues, una exploración de la gastronomía como clave de la identidad, que comienza en la infancia de cada uno, o quizá incluso en el vientre materno.

Yo creo firmemente en ello; lo considero una verdad universal. Cada vez que el tema de este libro emerge en una conversación, todo el mundo comparte entusiasmado conmigo sus propios recuerdos sobre la comida y los platos que solían preparar sus madres. A la gente le encanta modificar la percepción que tienen otras personas acerca de algún plato con el que crecieron —una lasaña, pongamos por caso— y constatar que la suya no es una mera lasaña más, sino una con un significado profundo e indiscutible. Todos conocemos al típico italiano que dice que su *nonna* hace el mejor ragú —o las mejores albóndigas, o el mejor *risotto* o el mejor lo que sea—, y es aquí donde quiero poner el foco de atención. Tal como el escritor estadounidense Bill Buford escribió en *The New York Times*: «El mayor atractivo de la comida es que habla de cultura, abuelas, muerte, arte, identidad, familia, sociedad... y al mismo tiempo no es más que simple comida». La comida es (o debería ser) mundana; todos la necesitamos, todos la ingerimos... y, sin embargo, cuando el cocido lo ha hecho tu mamá, o el pastel te recuerda a algún amigo ausente, o la lechuga creció cerca de tu casa, o visitaste la panadería en la que se horneó el pan, se convierte en algo personal, y eso le confiere una especie de magia.

En estas páginas he perfilado nueve figuras relevantes de la industria alimentaria,[1] cada una de ellas con una actitud distinta frente a la comida. A pesar de que no todas sus posturas resultan necesariamente armónicas —Claudia Roden, por ejemplo, es una panegirista de la tradición, mientras que Yotam Ottolenghi cree que un cocinero debe sentirse capacitado para jugar con las convenciones—, todos ellos coinciden en que la infancia emerge como un momento vital y formativo para forjar nuestros hábitos gastronómicos. Mi propósito con estas entrevistas era sacar estas figuras a la luz, mostrar algo de ellas, de sus vidas, de sus historias personales, de su forma de pensar y de comer, escribiendo un breve relato del rato que pasé charlando con ellas. En todos los casos empiezo con la infancia, por lo general centrándome en la figura de sus madres (como Jamie Oliver me dijo en una ocasión, «todo empieza con las tetas»), y observo cómo los alimentos han moldeado sus vidas: Stanley Tucci cuenta lo que la cocina le ha enseñado sobre la creatividad; Anna Del Conte no aprendió a cocinar de pequeña, sino que lo hizo por necesidad cuando se casó y se mudó de Italia a Inglaterra («una triste historia de los años cincuenta en lo tocante a la comida»); la misión de Alice Waters es conseguir que los niños cultiven un huerto y desarrollen una comprensión holística de dónde proviene la comida, lo que los conducirá a una mejor dieta por delegación; la campaña de Jamie Oliver pasa por atacar la obesidad infantil con medidas como un impuesto sobre el azúcar, y la psicoterapeuta Susie Orbach no se preocupa tanto por lo que la gente está comiendo como por los motivos que los llevaron a seguir ciertos hábitos gastronómicos generadores de «angustia». Estos son, en fin, algunos ejemplos de los temas que aparecen en este libro.

---

[1] Esta edición en castellano incluye un capítulo más dedicado a la chef Elena Arzak (véanse páginas 287-296). *(N. del E.)*

Además de estos nueve perfiles, hay en este libro nueve capítulos dedicados a temas relacionados con la comida y con lo que esta dice sobre nuestra identidad: naturaleza, tradición, improvisación, equilibrio, mujeres, cohesiones, obsesiones y dietas carnívoras. Lo he pasado muy bien escribiéndolos; han sido una oportunidad para hablar sobre mis propias historias culinarias, que, espero, puedan elevarse a ciertas verdades universales.

También están los apartados dedicados a los ingredientes —ocho en total— que cubren los principios fundamentales de mi cocina casera: huevos, pasta, legumbres, aliños, patatas, yogures, verduras y especias y hierbas. Estos son los ingredientes con los que crecí y que forman lo que Jamie Oliver describió como la «paleta» regular de mi cocina, los indispensables de mi nevera y mi despensa. Todos ellos son asequibles y todos —a excepción de las verduras— están disponibles en cualquier época del año, pues la idea era ofrecer recetas que pudiesen llevarse a cabo en cualquier momento.

Lo más importante, no obstante, es que he optado por escribir sobre aquellos ingredientes que creo que han dejado una marca indeleble en mí: los huevos fueron el punto de partida —mis primeras comidas—, pues ya se sabe que lo primero fue el huevo, ¿no? (es importante no decírselo a la gallina); al conectarme con las ideas que giraban en torno al equilibrio y mi propio paladar, los aliños emergieron para ayudarme a cobrar mayor conciencia de mí misma; las patatas me impulsaron a forjar relaciones intensas y a entablar amistades duraderas; gracias a la pasta quise aprender a cocinar, y seguí haciéndolo; el yogur templó no solo mis recetas sino también mis ataques de furia infantil; las verduras me ayudaron a discernir; las legumbres me hicieron seguir avanzando y formaron la columna vertebral de mi dieta, una fuente de proteínas esencial, económica y reconfortante; por último, las hierbas y las especias me invitaron a experimentar, a probar cosas nuevas, a hacer las cosas un poco distintas cada vez. (Ah, y las sobras me hicieron ser ingeniosa.) Este es, por así decirlo, el árbol genealógico de mis ingredientes; ellos me han hecho ser lo que soy. Seguro que vosotros también tendréis vuestros equivalentes. Como veréis, todas las recetas que propongo ponen a trabajar alguno de estos ingredientes. Suele decirse que las madres usan apenas nueve recetas que van rotando para alimentar a sus familias, así que, ¿cómo es posible, os preguntaréis, que yo disponga de tantas maneras de prepararlas y presentarlas? La respuesta es simple: todo lo que hago es trabajar variaciones de los mismos temas (las diferentes salsas de yogur son un buen ejemplo), versiones de una idea similar con algunos sabores básicos cambiados aquí y allá. Y muchas de mis recetas nacieron por accidente, creadas a partir de las sobras de un plato anterior. Los cocineros caseros son maestros de la reinvención; una comida fluye a la perfección en otra: el agua en la que se han cocido las verduras se convierte en una especie de caldo, el aceite que dejan las verduras a la plancha forma la base para la salsa de un plato de pasta, la pasta que sobra de una comida sirve para hacer una tortilla al día siguiente... En esencia, hay maneras sencillas de agregar variedad a los alimentos caseros, sin cambiar los alimentos básicos que estamos acostumbrados a comprar.

Algunas de las recetas que aquí presento son de platos con los que crecí (alimentos caseros de mi infancia que de un modo u otro han perdurado en mi madurez), otras me las he inventado y unas terceras las he aprendido de amigos y conocidos, y las he reconstruido y adaptado a mi gusto, partiendo de aquellas cosas que me gusta cocinar con regularidad... Este es un libro acerca de cómo los alimentos se convierten en parte de nuestras vidas —con los papeles y formas que adoptan—, pero al mismo tiempo trata sobre la relación directa entre la crianza de los hijos y la comida. Todas las recetas, pues, tienen una historia, y todas están hechas con alimentos que acostumbro a utilizar, desde el más prosaico hasta el más insólito.

En su mayor parte, sin embargo, mis recetas no son raras. De hecho, a menudo son bastante sosas. La insipidez me reconforta. A menudo a la gente le sorprende la sencillez de las cosas que me gusta comer: pasta *pomodoro*, patatas al horno, espinacas hervidas con zumo de limón, *dal* y arroz, lentejas cocidas y pescado desmenuzado... Todo muy saludable y a menudo arraigado en mi pasado. Esta es la comida a la que regreso una y otra vez. Casi siempre anhelo el sabor común de lo que como en casa. (Esto fue ciertamente lo que sucedió cuando volví a instalarme con mi madre para escribir estas páginas. Tenía una gripe de campeonato, y lo primero que probé en dos días fue una lasaña de quorn, que la mayoría de los cocineros habrían considerado sosa —eso en el caso de que se hubiesen atrevido a probarla, claro; últimamente me he dado cuenta de que la palabra *quorn*, que para mí apela a una saludable proteína, suele provocar rechazo—. El caso es que la lasaña hizo su efecto, y aquello era lo único que deseaba.) Al contrario de lo que podrían pensar los editores de libros de recetas, no creo que la mayoría de la gente quiera comer en casa como si se encontrara en un restaurante.

La mayor parte de mis recetas son inéditas. En el capítulo «Improvisación» quedará claro que en casa no suelo seguir recetas, a menos que esté haciendo algo técnico como hornear, trabajar con aceite o grasa (es decir, freír) o tratando de recrear algo muy particular (*fattee* de pollo de Casa Moro, sí, estoy pensando en ti). Con la comida, prefiero las pautas a las reglas. Una de las razones por las que siempre he sido reticente a apuntar las recetas es que prefiero cocinar intuitivamente y nunca trato de hacer algo de la misma forma dos veces. La especificidad de las recetas, la presión de tener que seguirlas al pie de la letra, puede atrofiar la creatividad. Así que seguid las de este libro a vuestro modo, consideradlas ideas, puntos de partida o meras fórmulas cuyas cantidades, ingredientes, adiciones o sustracciones deben quedar siempre a vuestra voluntad. De hecho, muchas de las recetas que aparecen en estas páginas apenas podrían ser consideradas como tales, y allí donde ofrezco más una descripción que una lista de ingredientes o un método, espero que no os sintáis estafados, sino libres para actuar a vuestro albedrío. Esta transmisión de unos a otros —esta herencia, si se prefiere— es absolutamente natural, y es, de hecho, el modo en que evoluciona la comida. Por esta razón, no creo en el plagio culinario; la derivación es inevitable en la cocina: vamos incorporando cosas a lo largo del camino, absorbiéndolas y adaptándolas a nuestro modo de ser para que sus genes cambien y sigan viviendo. Como las personas que las llevan a cabo, las recetas tienen una genealogía. En los tiempos que corren es muy fácil apelar a una visión romántica de la comida. Los que trabajamos en los medios de comunicación y tratamos temas relacionados con aquella, somos particularmente susceptibles a ofrecer una perspectiva intermitente del paisaje culinario moderno. A juzgar por la bandeja de entrada de mi correo electrónico, ahora todo son productos artesanales, vinotecas ecológicas y restaurantes *pop-up*, que prestan mucha menos atención a la creciente demanda de bancos de alimentos o a las normativas sobre bienestar animal de la industria cárnica. Un artículo reciente publicado en www.firstwefeast.com señala algunos de los déficits en el mundo mediático alimentario, entre los que se halla precisamente este énfasis excesivo en la información positiva. Parece que somos mezquinos al cubrir el lado menos apetecible de esta industria, y preferimos dejar el asunto en manos de la política y los canales de opinión. El otro día estaba hablando con un colega sobre un trabajo bastante mediocre que un colaborador particular había llevado a la editorial. Se trataba de una receta que estaba llena de ricas imágenes sobre sus fiestas infantiles, con deslumbrantes descripciones de los platos y rituales familiares. Sin embargo, por algún motivo nos pareció aburrida. «Es nostalgia —dijo mi colega—, hay demasiada nostalgia por los alimentos ahí fuera.» Asentí en un gesto de aquiescencia, preocupada en silencio por la posibilidad de que mi libro pudiera contribuir también a esa oleada de nostalgia de la que hablábamos y que se ha ido instalando impunemente en la prensa. Sí, mis propios recuerdos culinarios —algunos sublimes, otros más bien ridículos— han desempeñado un papel importante en este libro; pero más que pintar de rosa los alimentos de mi vida, espero haber sido capaz de demostrar de veras el modo en que cada alimento ha influido en mi vida y en la de las personas a las que he entrevistado, como podría haberlo hecho con cada uno de vosotros. Cuando nos conocimos, Susie Orbach dijo algo que me llamó la atención: habló sobre la importancia de que los padres cocinen con sus hijos «para lograr que la comida resulte, al mismo tiempo, muy corriente y extraordinaria». En efecto, la comida es algo normal a la par que asombroso, y quizá sea al aceptar esta dualidad cuando podamos mantener una relación sana no solo con la propia comida, sino también con nosotros mismos.

TRADICIÓN NEGOCIADORA

La tradición me parece importante porque he visto hasta qué punto les importaba a los judíos egipcios apátridas que, como mi familia, se desplazaron a Londres [...] les hacía sentir que formaban parte de algo más grande.

CLAUDIA RODEN,
entrevistada en Londres, julio de 2015

Sin tradición, el arte es un rebaño de ovejas sin pastor. Sin innovación, es un cadáver.

WINSTON CHURCHILL

ENTRANTES

La vinagreta de la abuela se hacía más o menos así: cuatro cucharadas de aceite de oliva, tres de vinagre de vino, una cucharadita de polvo de mostaza de Colman, dos dientes de ajo prensados, sal y pimienta. Una vez juntos, medimos ritualmente los componentes, los agitamos en un tarro de mermelada y dejamos caer el denso líquido sobre la lechuga verde y brillante que lo espera, expectante, en un tazón de madera.

Una vez comida la lechuga y aquello a lo que acompañara en el menú, fuera lo que fuese, seguro que la picadura de ajo crudo y el vinagre puro se asentaban en mi estómago y me repetían y repetían durante varias horas seguidas. Pese a todo, prometí que solo compartiría la vinagreta de mi abuela, y en eso estoy. Recuerdo haber sido muy dura con mi madre durante un tiempo, pues cada vez que ella añadía balsámico, limón o una pizca de azúcar a sus aderezos para ensaladas, yo la tachaba de hereje por desviarse de la forma en que lo hacía la abuela. Su modo de proceder era el correcto; la verdad y la vida. He tardado mucho tiempo, mucho, en admitir que —contando con el beneficio de la retrospectiva, y tras haber preparado muchos aderezos para ensaladas— he logrado hacer una mejor.

En la comida, la tradición es una presencia evangélica que lo guía todo, desde su creación hasta el modo en que nos congregamos a su alrededor; desde los ingredientes y las técnicas hasta el momento de la comida, y cómo, qué y con quién comemos. Esto es obviamente cierto desde una perspectiva cultural: la alimentación emerge como un componente integral de la convivencia humana y la evolución de la comunidad. Tal como sugiere la cita anterior de Claudia Roden, la comida evoca en nosotros un sentimiento de pertenencia a algo, ya sea un lugar o un grupo de personas. La comida nos identifica.

Dicho esto, me pareció que lo mismo podía decirse de nuestros apegos a la «cocina familiar». Si parte de la magia de la comida es proustiana —es decir, que gira en torno a la memoria—, entonces no es de extrañar que nos sintamos apegados al modo en que nos la cocinaron por primera vez, o al sabor que descubrimos en ella. La comida nos recuerda intensamente al pasado intangible, canalizado en la persona que la preparó, en los que compartieron con nosotros aquel momento y en el lugar donde nos hallábamos cuando comimos aquello por primera vez. Las tradiciones familiares pueden ser tan fuertes como las culturales propiamente dichas (y a veces más fuertes que ellas). He pasado mucho tiempo pensando en la cuestión de la tradición relacionada con la comida. En mi primer libro, *El atlas comestible*, me propuse descomponer un conjunto de tradiciones culinarias en bloques de construcción simples y digeribles, para ayudar así a la gente a familiarizarse con cada una de esas tradiciones. El resultado no estuvo nada mal, y ello por tres razones:

1. Las tradiciones culinarias son vastas. Abarcar el tema en su totalidad era un trabajo ímprobo y prácticamente imposible. Una empresa de locos, más bien.

2. Abordar «un tipo de cocina», así en abstracto, sirve en general para presentar las «reglas» de un estilo de cocina nacional o cultural, pero no tiene en cuenta la idea de la cocina familiar a la que me he referido anteriormente.

3. La cocina cambia continuamente. Desde que la gente empezó a viajar por el mundo, y sobre todo desde que se impuso la globalización, el mundo entero ha ido convirtiéndose en un crisol de ingredientes, culturas y familias, en su mayoría cruzadas y mestizas. Al escribir un libro como *El atlas comestible* solo podía aspirar a ofrecer una instantánea global del momento preciso en que fue escrito.

Por estas razones, la tradición culinaria puede resultar algo problemática para el cocinero entusiasta. Puede provocarle una crisis de identidad. ¿Cómo redefinir las reglas con las que creció? ¿Cómo honrar las raíces culinarias sin comprometer su creatividad? ¿Cómo convertirse en su propio cocinero, a la sombra de las recetas de sus padres, o de quienes le precedieron y a quienes permanecerá para siempre unido?

Tras el fallecimiento de mi abuela, en 2004, pasé un tiempo tratando de emular su aliño para ensaladas, pero nunca me quedó igual; no podía ser lo mismo sin su cuenco de madera oscura, sin esa lechuga Norfolk siempre tan verde esperando la cobertura ocre, y sin su capacidad para extraer hasta la última gota del frasco de mermelada y sentarse luego frente a mí para comer juntas (masticando solo por un lado, pues había sufrido un tumor cerebral a mediana edad que le había dejado media cara paralizada). Así que, al final, dejé de hacerlo. Fui a la universidad, nunca tenía mostaza en polvo en casa y desarrollé una intolerancia al ajo crudo. ¡Un desastre! Fue liberador comenzar a usar jugo de limón, algo de miel y mostaza integral; aceptar que aferrarme a la receta de la abuela no iba a traérmela de vuelta. Tal como dijo Woody Allen, «la tradición es la ilusión de permanencia», y por muy intensa que fuera mi devoción por su vinagreta, nada iba a lograr que ella siguiera viva. Mi abuela se había ido, pero yo aún tenía ensaladas que comer y disfrutar.

Pese a todo, podemos mantener vivo el recuerdo de alguien, y opino que la comida es uno de los mejores métodos para lograrlo. Como sucede con cualquier alimento, solo tiene que saber bien para que valga la pena cocinarlo. Hay numerosas recetas de la abuela que todavía sigo; muchas aparecen dispersas a lo largo de este libro. Y aunque a veces cambio algo aquí o allá para hacerlas más mías, lo cierto es que su aparición en estas páginas es mi manera de reconocer la influencia de ella en mi cocina. Me provoca una enorme satisfacción pensar que algún día alimentaré a mis hijos con las comidas con las que, primero mi padre, y luego mi hermano y yo, fuimos criados, y saber que la abuela fue y seguirá siendo la fuente.

Sin duda, es imposible crear algo completamente nuevo. Algunas de las mejores cosas derivan, versionadas o mejoradas, de otras cosas —similares pero diferentes— producidas con anterioridad. Quizá no hubiera escrito este libro sin los escritores que me inspiraron: Laurie Colwin, Nigella Lawson, Joan Didion. Lo mismo podría decirse de la mayoría de las cosas jamás creadas (no se trata de plagio, sino de evolución), y, por supuesto, también de las recetas. Jane Grigson aludió al asunto en su obra *English Food*:

Ninguna receta pertenece exclusivamente a su país, o a su región. Los cocineros toman elementos prestados —siempre lo han hecho— y van adaptándolos en el transcurso de los siglos [...] Lo que cada país hace es aportar a cada uno de ellos, sean prestados o no, un toque de carácter nacional.

Nuestra gastronomía debería estar influenciada por la tradición, no dominada por ella. Aunque su manera de cocinar quede a años luz de la mía, el chef italiano Massimo Bottura es muy lúcido en este sentido. El menú de su restaurante de Módena, Italia (la Osteria Francescana), rinde homenaje a los platos clásicos de su país, deconstruyendo, por ejemplo, el sabor de los emparedados de mortadela (que para los niños de la Romaña viene a ser como la mantequilla de cacahuete para los estadounidenses) y dándole un nuevo aspecto. El resultado es algo así como un acto de amor y subversión. Podría decirse que se trata más de un ejercicio intelectual que de una experiencia gastronómica. En su libro *Never Trust a Skinny Italian Chef*, Bottura no incluye recetas para sus platos, sino un breve ensayo sobre cada uno (mousse de mortadela sobre una tostada de pan de molde de Módena untada con manteca de cerdo). Sin embargo, el punto fuerte de Bottura se halla en el *mindfulness* (me permito tomar prestada la palabra de moda del momento), es decir, en apelar a la presencia plena al tratar la tradición: «Es duro permanecer a un solo paso de la nostalgia, pero es básico encontrar esa distancia crítica y seguir adelante, incluso cuando no dejamos de mirar atrás». La gracia está, en mi opinión, en que cuanta más información tengamos sobre la tradición, ya sea cultural o familiar, mejores serán los resultados que se obtengan. Quizá sea necesario entender el pasado para poder trabajar en el presente y preparar el futuro. Esto ayudaría a evitar que las tradiciones se olvidaran y desaparecieran. Al final se trata, evidentemente, de una cuestión de equilibrio. Permitamos que Jane Grigson nos dé su aprobación para pedir prestada la historia a nuestros antepasados, e inspirémonos en Winston Churchill (citado más arriba) para mantener la armonía entre la tradición y la propia creatividad. Si construimos sobre lo que ya existía, contribuimos a mantenerlo vivo. De este modo, la cocina sigue viva. Y, aunque yo siga echando de menos a mi abuela y me sienta terriblemente culpable por haber dicho que su aliño para ensaladas era mediocre, el resultado final es de una enorme satisfacción.

UN APUNTE SOBRE MI CONDICIÓN DE BRITÁNICA

Al cocinero británico moderno podría perdonársele el hecho de sentirse desarraigado, falto de tradiciones..., aunque, por supuesto, no lo está. ¿Qué son si no el *roast beef* y los *pudings* de Yorkshire, el estofado de Lancashire y las *fish and chips*? Y todo esto sin mencionar nuestra infinidad de postres, pasteles y exquisiteces de la hora del té. Pero aun así nos sentimos desarraigados, es cierto; ignorantes y ajenos a una rica y variopinta historia culinaria, que en tan solo un siglo ha embotado nuestra conciencia colectiva.

Los gustos que denota el libro de Jane Grigson *English Food* son demasiado monocromos y prosaicos como para resultarle atractivos a un público que vaya más allá del pequeño sector de entusiastas lectores culinarios. En una nota algo más alegre, *Nose to Tail Eating*, de Fergus Henderson, fue escogido recientemente[1]

---

[1] En octubre de 2015.

—de entre mil títulos distintos— como el mejor libro de cocina de todos los tiempos, en opinión de un jurado formado por chefs y críticos culinarios. Fiel a la opinión de Claudia Roden de que solo la innovación está de moda, el actual mercado de masas prefiere aquellos platos en los que la pasta está hecha de calabacín y sopa rebautizada como «caldo de huesos», y, en cambio, no siente el menor interés por ahondar en las raíces de la cocina tradicional, cuyos cuidados relega a los perdedores y a los frikis.

Como británica, a veces me ha entristecido comprobar que no nos sentimos especialmente orgullosos de un producto o un plato regional propio de nuestro país, tal como sucede en casi cualquier zona del Mediterráneo. He tenido que aprender sola a preparar los clásicos platos británicos, del mismo modo que he aprendido a preparar todo lo demás. Cómo envidio a los franceses por crecer sabiendo intuitivamente con qué vino acompañar cada plato, y a los genoveses porque el pesto prácticamente se filtra en sus poros al nacer, y a los pulleses por su habilidad para hacer *orecchiette* (imaginad la forma de esta pasta...). Es decepcionante que las tradiciones culinarias británicas hayan descarrilado de semejante modo.

Dicho lo dicho, creo que sí hay algo en lo que un cocinero que haya crecido ajeno a una tradición cultural fuerte y saludable puede salir ganando: una cierta libertad, tal vez, respecto a los grilletes del «esto tiene que hacerse así». Si quiero meter una lima —y no un limón— en mi pollo asado, lo haré. Asimismo, si creo que es mejor y más integrador asar patatas con un buen aceite de oliva en lugar de grasa de pato, no dejaré de hacerlo.

CLAUDIA RODEN

Claudia Roden se retuerce las manos. «Hay un plato turco-judío que se parece un poco al *spanakopita*, pero con leche; se llama *boghatcha* y es un pastel de masa filo con tres tipos de quesos rehogados en leche. Es fantástico. Quizá podría hacerlo con calabaza, hierbas, limón en conserva... Pero ¿eso lo mejoraría?» El editor de Claudia le ha pedido que se adentre en un nuevo territorio; ella ha dedicado su carrera a divulgar recetas caseras de las distintas cocinas del Mediterráneo, pero en este caso se trata de abrir un espacio nuevo e inexplorado, y con un estilo diferente. Le han propuesto escribir un libro en el que, más que seguirle la pista a la comida tradicional de una región (con recetas autóctonas auténticas), dé un nuevo giro a aquellas sobre las que ya ha escrito, poniendo particular énfasis en la facilidad y la sencillez.

Pero a Claudia no le gustan los atajos. Me parece que prefiere caminar con precisión. Habla despacio, con una pronunciación meticulosa; una pista, tal vez, de su tendencia casi religiosa a hacer las cosas correctamente. «Deconstruir viejos platos se ha puesto de moda entre los cocineros jóvenes... pero no sé por qué hay que deconstruir un plato viejo si ya es bueno. Nadie cocina algo, generación tras generación, si no es bueno. Por eso creo que la tradición es valiosa.»

Admito que las capas de pasta filo, calabaza, limón en conserva y todo lo demás rehogadas en leche habían sonado bastante tentadoras, y yo estaba deseando que Claudia se pusiera manos a la obra, pero lo cierto es que tenía un punto de razón. ¿Para qué desviarse de una receta tradicional si ya resulta deliciosa como está?

En 1956, los judíos de Egipto fueron exhortados a abandonar el país en dos semanas, y los padres de Claudia salieron de El

Cairo para reunirse con ella en Londres, donde estaba cursando sus estudios de bellas artes. Hasta aquel momento, los —entusiasmados, seguro— compañeros de Claudia en Saint Martin habían podido disfrutar alguna vez de las recetas más típicas de la cocina egipcia: *hummus*, *kibbeh* (albóndigas de cordero)... Pero no fue hasta que sus padres llegaron al Reino Unido y se dieron cuenta de que formaban parte, de repente, de un grupo de apátridas, cuando Claudia empezó a cocinar con mayor asiduidad. Para los refugiados, suele decir siempre, la comida es un pilar indispensable para la supervivencia física y emocional; una parte de los cimientos de la casa.

Los padres de Claudia celebraban la cena del *Sabbat* los viernes por la noche en Golders Green, y su madre, a la que nunca le había gustado demasiado la cocina, preparaba esos platos familiares y tradicionales judíos que rara vez desaparecen de las cocinas egipcias; recetas caseras como el sofrito de pollo, por ejemplo, en el que el ave se cocina con ajo, limón, cardamomo, cúrcuma y garbanzos. En este frágil clima de desarraigo, la comida se convierte en un agradable garante de la tradición. Y los que se acercaban a cenar al Golders Green se marchaban diciendo: «Por si no volvemos a vernos, ¿podrías darme la receta de tu sofrito de pollo [o de lo que fuera]?».

«Yo nunca vi un libro de recetas en Egipto —afirma Roden—. Las recetas no se apuntaban. De hecho, en El Cairo la gente las guardaba celosamente, porque si su comida era buena, gozaban de más prestigio que los demás.» La cocina judía siempre había sido, según ella, un «secreto», un «mosaico arcaico» que no iba más allá de la «cocina casera». Pero en Londres, compartir recetas se convirtió en un deber de la comunidad, y aprender a preparar bien los platos caseros judíos, con los recursos limitados de los que disponían, pasó a ser un proyecto para la madre de Roden. (Un proyecto con el que Claudia se sintió muy identificada desde el primer momento y al que se dedicó intensamente, acumulando recetas de manera obsesiva.) Juntas iban a la tienda chipriota de la señora Harrel, en Camden, para comprar las

—por entonces exóticas— berenjenas y los calabacines que necesitaban para preparar el *dolma*, o se desplazaban hasta Kentish Town para comprar la pasta filo con la que montar los *knaffeh*, o se acercaban a las tiendas indias en busca de tamarindo. Aprendieron a sustituir con limón y azúcar algunas de las cosas que, sobre todo en los primeros años, no podían encontrar en Londres, como los garbanzos, el cuscús o la melaza de granada. Para Claudia, la pasión por la cocina nació de la necesidad, y le sirvió de lente con la que observar las culturas —incluida la suya propia, tan amenazada— a través de sus prácticas culinarias. «Una cultura puede entenderse a partir de sus recetas. La comida se convirtió en mi manera de descubrir el pasado», señala Roden.

Dicho así, es fácil entender por qué Roden se mantiene tan intransigente en su adhesión a la tradición, y por qué está retorciendo sus octogenarias —e increíblemente glamurosas— manos al pensar en manipular la *boghatcha*. Ya solo con el nombre, este plato apunta a una rica historia: una interpretación judeoespañola de la palabra castellana *borracha*. Además, el hecho de que lleve tres quesos (feta, gruyère y parmesano), mantequilla y leche pone de manifiesto la importancia que los judíos sefardíes de Turquía conceden a las comidas basadas en productos lácteos, a menudo aisladas de las basadas en productos cárnicos. Desde este punto de vista, la comida puede educarnos sobre el pasado. Roden me explica la emoción que sintió al hojear el único libro que había sobre cocina árabe en la Biblioteca Británica y encontrar en su interior una referencia a la *treya*, una receta judía de pasta con albaricoques que se remonta al siglo XIII y que su tía Regine solía preparar en Alepo. No había vuelto a pensar en ella hasta que casualmente dio con la receta aquel día, en la biblioteca. Roden también me cuenta que los conversos —los judíos españoles que se convirtieron al cristianismo a finales del siglo XV— hacían pasteles de hojaldre con mantequilla y manteca de cerdo, demostrando así a los inquisidores que realmente se habían convertido. Todas son formas de rastrear el legado complejo, y a menudo oculto, de la comida judía.

Claudia Roden recuerda haber sido invitada a participar en una conferencia sobre comida egipcia que tuvo lugar en un hotel de El Cairo, hace algunos años. El evento, pensado para una audiencia de hoteleros y gerentes de restaurantes, planteaba la pregunta «¿Qué es la comida egipcia?», y el subtítulo era «¿Qué deberíamos ofrecer en nuestras cocinas?». Pese a su reacción inicial («¿Vosotros me expulsasteis de mi país cuando tenía diecisiete años y ahora me pedís que sea yo quien os diga qué comer?»), aceptó la invitación. Tras varios años de pésima imitación de la *nouvelle cuisine* francesa, los restaurantes egipcios atravesaban por una crisis de identidad, y se había producido una especie de cisma entre los jefes de cocina, que llegaban del extranjero, y el resto del personal, por lo general ciudadanos más humildes, que, en su opinión, se avergonzaban de la cocina materna. Roden se propuso abordar este tema en su conferencia, y recomendó recuperar un guiso de hoja verde «celestial» que descendía de los faraones y se llamaba *melokheya*, prestando especial atención al uso de las hierbas aromáticas (comino, cilantro y ajo), que han marcado la cocina egipcia más allá de la de sus colegas turcos o chipriotas,[2] así como el pichón relleno o los platos de verduras y arroz como el *koshari*.

Cuando le piden su opinión sobre la comida, Roden siempre recomienda que cada restaurante permanezca fiel a sus raíces, y se desespera con este mundo en el que la comida es tan global y está tan industrializada que tiende a perder su diversidad. «La moda es aburrida —dice—; ¿quién quiere probar siempre la misma comida, adondequiera que vaya? Deberíamos aspirar a conocer a las personas, los paisajes, las arquitecturas, que distinguen a los distintos grupos de gente.» Y prosigue: «No creo que la cocina deba permanecer inmóvil; la sociedad cambia, la gente se mueve. Pero debe hacerlo lentamente. Lo que a mí me preocupa son esas innovaciones excesivas y algo cohibidas que

---

[2] En sus países también existe la *melokheya*, pero optan más por condimentarla con canela o pimienta de Jamaica.

UNA CULTURA PUEDE ENTENDERSE A PARTIR DE SUS RECETAS. LA COMIDA SE CONVIRTIÓ EN MI MANERA DE DESCUBRIR EL PASADO.

Claudia Roden

los cocineros se sienten obligados a llevar a cabo últimamente». Se refiere con ello al interés de algún chef egipcio por servirle una mezcla de cocina local y *nouvelle cuisine*: *ful medames* en pasta *choux*, por ejemplo (habas de Egipto cocidas en ajo, cebolla y limón), o un tabulé con mejillones, o incluso una pastilla con *chutney* indio. A finales del siglo XX y principios del XXI, muchos cocineros empezaron a considerar las connotaciones negativas de la palabra *fusión*.

Para Roden, la innovación culinaria no es mala en sí misma, pero debe practicarse con consideración. La comida pertenece a algo mayor que uno mismo y su propio entorno inmediato, y no es sino una forma de identidad. «Me he dado cuenta de que, cuando conozco a alguien de Egipto, entablo enseguida lazos de unión por nuestros recuerdos de la comida. Compartir las mismas raíces culinarias es algo íntimo, que da lugar a un vínculo instantáneo, un tipo de humor.» La tradición culinaria es una ventana con la que entendernos y establecer lazos con otras personas.

¿Podría ser, entonces, que la tradición desempeñe un papel parental para Claudia Roden? Yo creo que sí. Le resulta difícil hablar de la comida de su madre sin referirse a toda la comunidad de judíos egipcios que emigró a Londres en los años cincuenta, y no creo que sea para negar la importancia de su madre, sino más bien para elevarla a un grado superior. Mientras picoteo del pastel de almendras que hay en su cocina —llena de azulejos arabescos, fotos familiares, sus propias pinturas al óleo...—, me doy cuenta de que la familia y la cocina tradicional judía son casi inextricables para Claudia. Fiel a las palabras del historiador francés Fernand Braudel, Claudia cita de memoria: «El olor de la cocina evoca toda una civilización».

Le dije a Roden que no temiera jugar con su receta de *boghatcha* y, por supuesto, ahora espero que su nueva versión con calabaza y limones en conserva vea la luz. Después de aquel primer encuentro recibí un correo electrónico de Claudia en el que me hablaba de su educación culinaria. He dejado los párrafos que cito a continuación tal como los escribió, porque me parecen pura poesía.

Ir de compras con mi madre y ayudarla con esas recetas en las que puso tanta pasión creó un vínculo muy especial entre nosotras. Mis padres vivían a pocos minutos a pie de mi casa en Golders Green. Yo hablaba con mi madre todos los días y los visitaba a menudo. Los olores de su cocina me hacían sentir como si nunca hubiésemos salido de El Cairo. Ni mis hermanos, ni sus familias ni la mía propia nos saltamos nunca una cena del viernes por la noche o una comida festiva en su casa. Cuando mi hermano menor murió repentinamente antes de cumplir los cincuenta años, mi madre se quedó tan afligida que no pudo seguir con los encuentros y yo tomé el relevo en mi casa.

Mientras recababa ideas para mi libro de recetas judías, a veces me hacían algunas propuestas excesivamente laboriosas, que ni siquiera eran demasiado buenas y que, además, eran muy insalubres para nuestros criterios. Las mujeres que me las sugerían solían decirme que eran herencia de sus madres y que ellas las habían seguido haciendo para la familia. Para ellas, los platos eran también una cuestión de identidad, continuidad y recuerdo de las generaciones pasadas.

Comer en torno a una mesa, tanto si los comensales son dos como si son quince, crea el mismo vínculo que colaborar en la cocina.

HUEVOS

Lo llamábamos «el asiento blanco». Un banco grande que ocupaba toda una pared de la cocina y que tenía una cubierta de PVC muy fácil de limpiar. Según recuerdo, su superficie —lustrosa, brillante— era blanca como la clara de un huevo hervido justo después de pelarlo cuidadosamente. Eso cuando el banco estaba limpio, claro, algo que, para ser honesta, no sucedía muy a menudo. Y he aquí precisamente el meollo del asunto: el asiento blanco lo dejaba todo a la vista. Manchas de kétchup y de chocolate caliente rebosando en exceso; zumos derramados a los que, al secarse, se les enganchaban fibras de ropa; rotulador; huevos batidos que habían ido deslizándose persistentemente por la taza en la que habían sido revueltos (si se salía un poco, iba cayendo todo)... Era asqueroso, y nos encantaba.

El asiento blanco y los huevos colisionaron bastantes veces durante mi infancia. Fue en el banco donde aprendí a cocinar; fue allí donde, bajo supervisión, empecé a romper cáscaras de huevo y a batir ingredientes, sin demasiado entusiasmo, para volcar finalmente la masa en un recipiente y, esta vez sí con entusiasmo, darle algún que otro lametón antes de meterla en el horno. Pero creo que lo que de verdad tenían en común el asiento blanco y los huevos era la intolerancia a estropearse. Ambos eran despiadadamente implacables: el asiento blanco castigaba a la orgullosa madre de familia, mientras que los huevos eran un indicio revelador de su (in)competencia. El globo naranja que flota perfectamente en el interior de un blanco hervido; el huevo escalfado de un color blanco compacto y coherente (no esos ejemplares etéreos y acuosos que suelen emerger con tanta facilidad); los huevos revueltos que devienen en una cuajada amarilla y gruesa... Lograr que los huevos salgan bien,

38

au point, puede ser cuestión de segundos, y obtener un mal resultado es tan fácil...

Durante el año en que escribí este libro, pasé mucho tiempo pensando, hablando y escribiendo sobre huevos. Ayudé a confeccionar un menú de restaurante dedicado enteramente a ellos. El *Guardian Cook* publicó un suplemento de cocina con huevos. Yo vivía en una casa en la que todos eran vegetarianos y, por tanto, se utilizaban mucho. Los huevos ofrecen al cocinero infinitas posibilidades, pero, de algún modo —y por muchos huevos Rothko que se hagan, o salsas carbonara con panceta de cerdo, o recetas de suflé con ron y uvas pasas...—, al final nada es comparable a los huevos en sus formas más sencillas. Igual que las personas, los huevos solo necesitan ser ellos mismos para dar su mejor versión.

Jane Grigson dijo que «los platos de huevo no deberían ser más que una combinación de sencillez, pureza, sabor y abundancia». En mi opinión, acierta en todo excepto en lo último, pues yo suelo recurrir a los huevos cuando mi apetito está tratando de huir de la comida pesada.

Hay, por supuesto, muchas maneras opíparas y fabulosas de cocinarlos, como la especialidad de Borgoña *oeufs en meurette* (huevos escalfados en una densa salsa de vino tinto, beicon, cebollas y mantequilla), y la mayoría son tan deliciosas como fotogénicas. Pero si te familiarizas con los rudimentos a la hora de cocinar los huevos (hervidos, fritos, revueltos y escalfados), tendrás el poder de preparar las comidas más sencillas y, también, los recursos para enriquecer los platos demasiado básicos. Los huevos necesitan poco más que un chorrito de aceite de oliva o algo de salsa de tomate para alcanzar el clímax de su sabor. Yo a menudo los veo como una forma de mejorar una comida ya existente; de reavivar incluso los ingredientes más insustanciales: unas espinacas hervidas con un huevo frito o escalfado por encima; unos huevos duros picados sobre unos puerros al vapor en salsa vinagreta; unos huevos fritos cortados y mezclados con unos espaguetis con aceite de oliva y queso... o incluso un sencillo huevo hervido insertado en la cavidad de un aguacate con un toque de *harissa*. Huevos anacarados y el mundo es tu ostra... o, simplemente, un mundo de huevos mejor cocinados. El jefe de cocina del Quo Vadis, Jeremy Lee, dio en su día algunos consejos muy útiles sobre el santo grial de los fundamentos del huevo (en la sección tan adecuadamente titulada «La biblia del huevo» por el *Guardian* en 2015). Los parafraseo a continuación:

1. Huevos fritos: Encontrarle el punto al huevo frito es difícil: asegúrate de freírlo en aceite de oliva en lugar de mantequilla; la mantequilla se quema y pone marrones los bordes del huevo. Si no te gusta la clara burbujeante y crujiente (a mí no me gusta), asegúrate de que el fuego no esté demasiado fuerte.

2. Huevos hervidos: Un huevo de tamaño regular solo necesita 5 minutos de ebullición intensa para obtener una clara blanca y una yema suave. Debe meterse en el agua cuando esta ya esté hirviendo.

3. Huevos revueltos: Al contrario de lo que sucede con los huevos fritos, a los revueltos les encanta la mantequilla. Unta bien la sartén y agrega los huevos batidos y sazonados (Jeremy incluye crema y otro amigo usa mascarpone; ambos son bastante maravillosos). No puedo soportar los huevos revueltos que quedan demasiado pequeños, casi como un granulado. Por ello recomiendo lo que Jeremy llama «grandes cuajadas», que se logran revolviendo los huevos «en una lenta maniobra de giro, como si estuvieras dibujando un ocho».

4. Huevos escalfados: He echado a perder tantos huevos escalfados en mi vida que he llegado a la conclusión de que el verdadero truco consiste en no tener miedo a que se rompan. Basta con poner el agua a fuego lento y agregar una cucharadita de vinagre, lo que ayudará a que la clara cuaje y a que no se desintegre en el agua (lamentablemente, esto afectará al sabor...). Casca el huevo en una taza de té y luego, con una cuchara, crea un pequeño remolino en el agua hirviendo. El impulso que se logre con este movimiento será esencial para mantener entero el huevo. Haz que el huevo caiga en el centro del remolino y déjalo cocer durante 3-4 minutos. Después, péscalo con una espumadera.

Compra siempre los huevos de la mejor calidad posible: grandes, de gallinas camperas, orgánicos... Igual estás poniendo los ojos en blanco al leer esto, pero te aseguro que, aunque la diferencia en el precio es pequeña, en cuanto a calidad es enorme. En *More Home Cooking*, Laurie Colwin afirma que el modo en que se crían las gallinas tiene un impacto directo en la calidad y el sabor de sus huevos: «No cabe duda sobre lo que hace que un huevo sea mejor o peor [...] [el] de una gallina campera tiene una yema consistente y un sabor muy intenso [...] como corresponde a los huevos: con sabor a nuez, a mantequilla, a pollo». De ello se desprende que las gallinas menos estresadas ponen huevos mejores (estoy segura de que con los humanos sucede lo propio). Los huevos son el ingrediente más básico, y también uno de los más preciados. Úsalos como corresponde.

HUEVOS PEGASO

Llamamos así a los huevos rellenos que mis padres prepararon en una fiesta de temática ecuestre con la que me sorprendieron de pequeña. El nombre —escogido en honor al semental alado que tiraba del carro de Poseidón, dios griego del mar (algo de lo que yo no tenía ni idea a los ocho años)— triunfó en mi familia, sin más, pero al reflexionar ahora sobre ello me doy cuenta de que resulta muy adecuado: los huevos son el noble y blanco recipiente que contiene una carga celestial, y en este caso, paradójicamente, se los conoce también como «huevos infernales».

Durante un año más o menos codirigí un club de cocina llamado «El comensal de la novela», pensado para lectores hambrientos; cada mes escogíamos una novela distinta sobre la que debíamos preparar una comida, y cuando le llegó el turno a El gran Gatsby presentamos una nueva versión de estos huevos, servidos como canapés, y los llamamos «Huevos del Este y del Oeste», en un guiño obvio a las dos ciudades ficticias (East Egg y West Egg) que en la novela pertenecen a Long Island y aparecen separadas por una bahía. Utilizamos hue-

vos de codorniz y pusimos pimentón rojo en el relleno de los «Huevos del Este» (con la idea de representar la luz roja que brilla en la bahía de West Egg) y perejil picado muy fino en el de los «Huevos del Oeste». La receta que aparece a continuación es la de la versión ecuestre de mi infancia.

Para 4-8 personas

4 huevos
2 filetes de anchoa
1 cucharada de mayonesa
pimienta negra al gusto
pimentón o pimienta aleppo (también
llamada *pul biber*) al servir (opcional)

1. Hierve los huevos metiéndolos en un cazo con agua fría y poniéndolo a fuego medio-alto. Llévalo a ebullición y luego mantenlo a fuego lento durante 5 minutos antes de apagarlo y dejar su contenido en el recipiente durante otros 5 minutos.

2. Mientras tanto, desmenuza al máximo los filetes de anchoa y mézclalos en un recipiente con la mayonesa y la pimienta negra.

3. Pon los huevos cocidos en agua fría. Cuando estén lo suficientemente fríos como para poder manipularlos, pelarlos y cortarlos por la mitad, retira las yemas duras y mézclalas con la mayonesa y la mixtura de anchoas.

4. Rellena cada mitad con la mezcla obtenida y dale un toque de pimentón o de pimienta aleppo.

El verdadero momento de gloria de los huevos es el desayuno diario. En mi casa, las cuatro recetas que presento a continuación son habituales de las mañanas en las que no hay prisas, las de los fines de semana, pero cualquiera de ellas podría utilizarse para ofrecer una comida completa a cualquier hora del día.

Supongo que esta receta es una herencia del shakshuka israelí (o, más exactamente, de sus orígenes egipcios), pero lo he alterado tanto que no me atrevería a defender su autenticidad. Mis huevos cocidos no son tan deliciosamente rítmicos como sus homónimos de Oriente Próximo. Podría tomarlos a cualquier hora del día (algo que ya hago), y estoy convencida de que harían cambiar de opinión hasta a los más críticos (mi madre) con la salsa de tomate para el desayuno. Si lo prefieres, puedes prescindir de la salvia y la rúcula. Por otra parte, sugiero agregar media cucharadita de chiles secos y media de pimentón a la salsa.

Para 2-4 personas

6 cucharadas de aceite de oliva virgen extra

2 cebollas, cortadas en medias lunas

1 cucharadita de canela molida

½ limón, para exprimir

3 dientes de ajo, cortados en rodajas finas

1 cucharadita (colmada) de *harissa* (o al gusto)

2 latas de 400 g de tomates enteros naturales de buena calidad, bien escurridos

2 cucharaditas de puré de tomate

8 hojas de salvia

70 g (o una bolsa) de rúcula

4 huevos (orgánicos y de gallinas camperas, a ser posible)

sal marina y pimienta negra

Al servir

3 cucharadas de yogur natural
masa fermentada, tostada

1. Calienta 3 cucharadas de aceite en una sartén grande y honda (de unos 30 cm) a fuego medio-bajo. Añade las cebollas, una pizca de canela y un chorrito de zumo de limón, y saltéalo durante 10 minutos.

2. Agrega el ajo y saltea durante 3 minutos más. Luego aña-

de la *harissa* y continúa durante 1 minuto aproximadamente. A continuación, incorpora los tomates y ves partiéndolos hasta darles la consistencia de salsa de tomate picado. Añade el puré de tomate, 3 de las hojas de salvia, la mayor parte de la canela restante y otras 2 cucharadas de aceite de oliva, y condimenta al gusto. Déjalo hervir a fuego lento durante 15 minutos.

3. Calienta una gota de aceite en una sartén pequeña a fuego medio y añade el resto de las hojas de salvia, que habían quedado enteras. Espera 1 minuto aproximadamente, añade la rúcula y échale una pizca de sal a medida que lo vas removiendo. Retíralo luego del fuego y resérvalo.

4. Prueba la salsa y rectifica la sazón al gusto (si lo prefieres más picante, añádele un toque más de *harissa*). Parte del agua de los tomates se habrá evaporado y podrás formar 4 pequeños pozos en la salsa, que casi se sostienen por sí solos. Casca los huevos y vacíalos rápidamente en su interior. Espolvorea un poco de sal marina y pimienta molida en cada uno, cubre en parte la cacerola y déjala a fuego lento. Ha llegado el momento de usar tu instinto; si quieres que la clara de huevo deje de ser transparente y se vuelva blanca, calcula bien el tiempo y tendrás también unas hermosas yemas semicuajadas.

5. Retira del fuego los huevos con su salsa y cúbrelos con la rúcula y las hojas de salvia enteras, de manera que quede bonito. Diluye el yogur por encima, riégalo todo con el aceite de oliva restante, muele algo de pimienta, espolvorea el resto de la canela y sírvelo todo inmediatamente, con masa madre tostada.

:::::::::::::: HUEVOS EN CUNAS DE AGUACATE ::::::::::::::

La primera vez que cociné esto fue porque tenía un exceso de aguacates en la cocina y una resaca especialmente fuerte. No quería salir a comprar tomates enlatados para los huevos al horno ni quería pa-

sarme demasiado rato cocinando, y como teníamos varios aguaca-
tes y huevos en casa, se me encendió la bombilla. El huevo dentro del
aguacate hace que este plato resulte muy fotogénico.

Para 2-4 personas

2 aguacates maduros
4 cucharaditas de *harissa*
4 huevos
sal y pimienta negra

Al servir

aceite de oliva virgen extra
pimentón (opcional)
masa madre, tostada
espinacas hervidas (opcional)

1. Precalienta el horno a 200 ºC.
2. Parte los aguacates por la mitad y quítales el hueso, pero deja
   la piel. Coloca las mitades del aguacate cortadas hacia arriba
   en una bandejita para hornear (una rebanada de pan de molde puede ayudarnos a mantenerlos en su lugar).

3. Echa 1 cucharadita de *harissa* en la cavidad de cada medio aguacate, casca los huevos en un recipiente y coge las yemas una a una, junto con parte de las claras, y vuélcalas con una cuchara sobre la cavidad de los aguacates.

4. Espolvorea algo de sal y pimienta y mételo todo en el horno. Déjalo ahí durante unos 15 minutos, hasta que los huevos estén cocidos y las yemas, semicuajadas. El tiempo de cocción dependerá del tamaño de los aguacates y de la cantidad de huevo que hayas puesto.

5. Retíralo del horno, rocíalo con aceite de oliva virgen extra y espolvoréalo con pimentón (opcional). A continuación, sírvelo todo, si quieres, con pan tostado y unas espinacas hervidas.

Vivo con un entusiasta de la tortilla; más aún, con un obseso de la tortilla. Y me gusta esta alternativa a la clásica versión española de la tortilla de patatas, porque aquí no es necesario preparar meticulosamente los tubérculos ni freírlos en abundante aceite. Yo suelo tener restos de pasta en la nevera y, pensando en esta receta, siempre dejo que se queden pegados (los espaguetis apelmazados ligan la tortilla en una deliciosa creación redonda y almidonada que se parece al comecocos cuando le cortas el primer triángulo). Y si había salsa en la pasta —algo que suele pasar—, pues tanto mejor. Esta receta utiliza los restos de espaguetis preparados para una multitud (¡de manera que cuenta con muchas sobras!).

Para 4 personas

8 huevos
75 g de parmesano rallado
aceite de oliva virgen extra
2 dientes de ajo picados
450 g de sobras de pasta
sal y pimienta negra

1. Bate los huevos en un tazón grande con el parmesano rallado, 1 cucharada de aceite de oliva y el ajo, y salpimiéntalo.
2. Agrega la pasta al tazón y mézclalo bien, hasta que quede completamente cubierto con la mezcla de huevo.
3. Pon una sartén antiadherente pequeña a fuego alto y déjala durante un par de minutos hasta que esté bien caliente; luego agrega 1 cucharada de aceite. Debería comenzar a «derretirse» en 1 minuto aproximadamente, momento en el que puedes incorporar la mezcla de huevo y pasta. Distribúyela uniformemente por la sartén y, a continuación, reduce a fuego medio.
4. Espera unos 5 minutos, o hasta que la tortilla de pasta em-

piece a separarse de los bordes de la sartén. Cubre con un plato y dale la vuelta a la tortilla.

5. Vuelve a poner la sartén al fuego, agrega un poquito más de aceite, desliza de nuevo la tortilla y hazla por el otro lado. Déjala unos 5 minutos más al fuego y luego sírvela.

HUEVOS EN PURÉ DE APIONABO

Esta receta vio la luz cuando, después de haber tenido gente a comer en casa, me vi con un montículo de puré frío y muy salado de apionabo. De hecho, estaba tan salado que tuve que rebajarlo con algo suave: las patatas llegaron al rescate, y luego los huevos se sumaron también a la mezcla y la elevaron a una comida completa. Tiempo después descubrí que Fergus Henderson preparaba algo similar, pero sin la patata, y usaba hojas de apio y mantequilla en lugar de aceite de oliva. En cualquier caso, se trata de un plato que da mucho juego. Estoy segura de que quedaría genial con verduras hervidas con ajo, y también con puerros. Las cantidades que aquí propongo se basan en el peso del apionabo que me quedó en aquella ocasión (unos 500 g), pero las cantidades pueden adaptarse, obviamente. La receta no depende de las sobras, sino que parte del apionabo en crudo.

750 g de patatas peladas y en dados
500 g de apionabo pelado y en dados
5 cucharadas de aceite de oliva virgen extra
80 g de queso pecorino rallado
6 huevos
perejil o cebolletas picadas (para servir, opcional)
yogur condimentado (página 233) (para servir, opcional)
sal y pimienta negra

1. Precalienta el horno a 200 °C. Hierve por separado las patatas y el apionabo en 2 cazuelas con agua generosamente salada, hasta que adquieran la consistencia de un puré suave. Escúrrelo.

2. Traslada las patatas hervidas y el apionabo a un cuenco y mézclalos; añade 4 cucharadas de aceite de oliva, salpiméntalo y, si quieres, agrega el queso.

3. Pon el puré en una fuente refractaria grande y haz 6 hoyos pequeños en la mezcla para acoger en ellos cada uno de los huevos. Cáscalos, vierte la yema y la clara en cada hoyo y espolvorea un poco de pimienta por encima.

4. Mete el plato en el horno y espera hasta que las claras estén blancas y las yemas, aún blanditas. Retíralo, rocíalo con la cucharada de aceite restante y sírvelo. Espolvorea al final las hierbas picadas o sírvelo con el yogur sazonado (opción, esta última, que recomiendo).

Por si la tortilla y las recetas de huevos al horno no hubieran sido suficientes para demostrar el amor que se profesan los huevos y las cebollas, he aquí dos recetas más a modo de ejemplo... Dos ideas muy distintas, pero igual de fundamentales, de esa unión dulce, dorada y untuosa.

VINAGRETA DE CEBOLLETAS MORADAS CARAMELIZADAS

Como la mayor parte de mis recetas, esta también es fruto de la pereza. Quería preparar algo rápido y sin tener que salir a comprar. Y en casa tenía muchas cebollas, ajos y algunos huevos.

Admito que siento debilidad por uno de los incondicionales de la cocina británica, la vinagreta de puerros —esa deliciosa sinfonía de ajo, huevo duro y una salsa rica en mostaza—, que creo que podría ser una comida por sí misma, solo acompañada con un poco de pan. Recreé el plato usando cebolletas moradas —otro tipo de ajo, en cierto modo— y funcionó a las mil maravillas. Su dulzura caramelizada (y el acompañamiento con pan tostado, si se quiere) me recuerda ligeramente a las parrillas de mangal turco.

49

Para 2-4 personas

4 cebolletas moradas
4 cucharadas de aceite de oliva virgen extra
2 cucharadas de vinagre
1 cucharada de mostaza de Dijon
4 huevos
hojas de apio o cebollino, al servir
pan tostado (opcional)
sal y pimienta negra

1. Pincha cada cebolleta un par de veces con un tenedor o un pincho de cocina y luego ponlas al fuego (también podrían ponerse en la parte superior del horno, bajo el gratinador, pero yo prefiero el efecto del contacto directo con el fuego en el sabor de los alimentos). Déjalas en el fuego durante 15-20 minutos, dependiendo del tamaño de la llama (debe ser lo más grande posible). Con la ayuda de unas pinzas, ve dando la vuelta a las cebolletas para asegurarte de que se oscurecen por todas partes; el objetivo es lograr que se queden tan ennegrecidas que pequeños copos de piel quemada vuelen por encima de ellas como la cubierta crujiente de las galletas *amaretti*, pero que su interior siga suave y tierno. Retíralas de la llama y déjalas enfriar un poco.

2. Mientras las cebolletas se enfrían, prepara rápidamente la vinagreta. Mezcla el aceite, el vinagre y la mostaza con un chorrito de agua fría, salpimiéntalo y resérvalo.

3. Pon los huevos en una cacerola con agua fría y colócala a fuego medio. Llévala a ebullición y luego déjala a fuego lento durante 5 minutos antes de apagar el fogón. Deja reposar los huevos 1 minuto más o menos, renueva el agua de la cacerola y resérvala.

4. Pela las cebolletas y córtalas. A mí me gusta cortarlas en tiras enteras de 1 cm de ancho aproximadamente. No pasa nada si algunos copos carbonizados caen sobre el plato, pero intenta evitarlo en la medida de lo posible.

5. Cubre las cebolletas con la vinagreta (puede que no la necesites toda). A continuación, ponte a pelar y a trocear bien los huevos. A mi madre le gusta cortar las claras en trocitos muy pequeños y pasar las yemas por un colador. Si tienes tiempo para hacerlo, queda muy bonito. Esparce los huevos picados sobre las cebolletas con vinagre y remata el plato con una pizca de pimienta negra y hojas de apio y/o cebollino (ambos me gustan). Si has tostado algo de pan bueno y tienes aceite de oliva para acompañar, tanto mejor.

HUEVO, CEBOLLA Y CURRY DE COCO

Este curry es algo controvertido, más que nada porque a mí me encanta servir los huevos con las yemas sin cuajar, algo que no a todo el mundo le gusta. Si quieres hacerlo a mi manera, necesitarás un montón de pan naan *de yogur (páginas 241-242) y arroz para absorber el líquido.*

Para 4-6 personas

3 cebollas; una partida por la mitad y dos en medias lunas
4 dientes de ajo
4 cm de raíz de jengibre fresco
3 cucharadas de aceite de coco sólido (o aceite vegetal)
1 cucharadita (colmada) de cúrcuma molida
1 cucharadita (colmada) de *garam masala*

½ cucharadita de cardamomo molido
½ cucharadita de chile en polvo
1 cucharadita de sal
1 cucharadita de azúcar
1 cucharada de puré de tomate
3 cucharadas de coco seco
200 ml de agua tibia
6 huevos

Al servir

½ limón
Arroz
Naan
Yogur

1. Tritura la cebolla partida por la mitad, el ajo y el jengibre en una batidora hasta que formen una pasta. Calienta 2 cucharadas de aceite de coco en una sartén a fuego medio, agrega la masa y fríela, removiendo con frecuencia, hasta que deje de soltar agua y empiece a tomar color.

2. Mezcla las especias, la sal y el azúcar en un cuenco, y agrégalo a la pasta junto con las cebollas y la otra cucharada de aceite de coco. Cubre las cebollas con la masa sazonada y llévalo al fuego, removiendo continuamente durante unos 2 minutos.

3. Añade el puré de tomate, el coco seco y el agua tibia a la cacerola. Lleva la mezcla a ebullición y déjalo a fuego lento durante 5 minutos antes de apagar el fuego. Cubre la cacerola y reserva hasta que los huevos estén listos.

4. Pon los huevos en una cazuela con agua fría y llévala a ebullición. Deberían dejarse en el fuego durante 10 minutos (o, si los prefieres muy duros, durante 15 minutos). Transcurrido ese tiempo, échalos en agua fría y pélalos. Pon los huevos pelados en una cacerola y cúbrelos con la salsa de color naranja brillante. Pon la cacerola a fuego medio, tápala y mantenla así durante 2 minutos.

5. Para servir, corta los huevos por la mitad para mostrar sus jugosas yemas. Échales por encima un chorrito de zumo de limón y devóralos con arroz, *naan* y yogur.

Tiendo a mantenerme alejada de cualquier técnica culinaria compleja, y dejo creaciones como el suflé para quienes están mejor preparados y menos supeditados al azar que yo. Por lo general, descarto las recetas que separan las yemas de las claras, porque lo que suele pasar es que la mitad que no se utiliza se pasa una semana en la nevera y acaba igualmente en el cubo de la basura. Como hispanófila que soy, y además con la debilidad que siento por las natillas, no podía excluir la crema catalana de este capítulo, pero tampoco podía incluirla sin aportar algunas sugerencias para aprovechar también las claras de los huevos que utilicemos: la parte que une y eleva; es el secreto que se esconde tras un buen número de postres ligeros.

CREMA CATALANA

Para 4-6 personas

150 g de azúcar blanco (granulado o glas)
y un puñado más para espolvorear
4 yemas de huevo
1 rama de canela
1 cucharadita de pasta de vainilla o 1 vaina,
abierta longitudinalmente y sin semillas
la ralladura de 1 limón que no esté encerado
2 cucharadas de maicena
240 ml de leche entera

1. Bate el azúcar y las yemas de huevo en un cuenco hasta que tengan una textura esponjosa, prácticamente de espuma.
2. Agrega la canela, la masa o las semillas de vainilla y la ralladura de limón, y luego tamiza la maicena. Traslada la mezcla a una cazuela y vierte la leche por encima.
3. Pon la cazuela a fuego bajo y ve removiendo constantemente, durante unos 10 minutos, hasta que la masa espese y alcance la consistencia de la crema.
4. Decanta la mezcla en ramequines o vasos Duralex, déjalos enfriar a temperatura ambiente, con una pequeña hoja de papel impermeable por encima para evitar que se forme un velo, y luego guárdalos en la nevera.
5. Si estás haciendo crema catalana, espolvorea 1 cucharada de azúcar por encima de cada ramequín o vaso, de modo que quede una capa uniforme que cubra la superficie de la crema. Después utiliza un soplete (o el gratinador del horno) para crear una corteza de azúcar crujiente. Si, por el contrario, quieres hacer «catalan mess», déjalo como está.

Conozco una gran variedad de versiones del «Eton mess» británico —esa deliciosa mezcla de merengue, crema, fresas y menta—, pero, poco después de los desastrosos resultados del referéndum sobre la permanencia del Reino Unido en la UE, decidí que ya había tenido suficientes variaciones de ese plato —por deliciosas que fueran—, y no solo para unos años sino para toda la vida. Así que decidí usar las claras de huevo que me habían sobrado de una crema catalana para hacer algo nuevo, un «catalan mess»; un pudin contestatario, algo más de izquierdas, en respuesta a ese otro más conservador... Si quieres que la versión tenga un aire genuinamente catalán, puedes añadir un poco de membrillo y de avellanas tostadas picadas; aunque también funciona con casi cualquier fruta, fruto seco, hierba o especia. Y si al final lo rociamos con un poco de agua de azafrán, o con canela molida, le daremos un tono anaranjado. A mí me encanta con unas hojas de laurel, un poco de tomillo o nuez moscada. Hazlo como más te guste.

Para 6 personas

1 ración de crema catalana (véase la página 53)
y las frutas, frutos secos, hierbas o especias que prefieras

Para el merengue

4 claras de huevo a temperatura ambiente (sobrantes
de la crema catalana)
200 g de azúcar glas

1. Precalienta el horno a 120 °C y cubre la bandeja de este con papel de hornear.
2. Para hacer el merengue, echa las claras de huevo en un cuenco inmaculado (puede ser el de la batidora) y bátelas hasta que estén esponjosas; entonces, empieza a añadir el azúcar

poco a poco, cucharada a cucharada. Sigue batiendo hasta que la mezcla empiece a espesar, y luego, con la ayuda de una cuchara, ve formando montoncitos en la bandeja del horno, tratando de dejar unos centímetros entre cada uno.

3. Mete la bandeja en el horno y déjala durante aproximadamente 1 hora, o un poco más. Luego apaga el horno y déjala enfriar lentamente.

4. Diluye algunas cucharadas de crema catalana en 6 tazones, espolvorea con merengue desmenuzado y añade frutas, frutos secos, hierbas y especias a tu gusto.

COCADAS DE CHILE Y LIMA

Están basados en una receta inspirada en The Violet Bakery Cookbook, *de Claire Ptak. El chile y la lima ejercen un delicioso efecto de distracción ante todo ese azúcar.*

Salen 10-25 cocadas, en función del tamaño

4 claras de huevo
250 g de azúcar glas
¼ cucharadita de sal marina fina
1 cucharada de miel de buena calidad
200 g de coco sin endulzar y deshidratado
1 cucharadita de pimienta de cayena
la ralladura de 2 limas

1. Precalienta el horno a 180 °C y cubre la bandeja del horno con papel de hornear.

2. Mete sencillamente todos los ingredientes en una cacerola y ponlos a fuego medio-bajo. Remueve continuamente, asegurándote de que los ingredientes van distribuyéndose de manera uniforme. La mezcla parecerá muy seca, pero irá volviéndose más ligera a medida que el azúcar se disuelva.

Continúa removiendo hasta que empiece a espesar, pero no dejes que se pegue. El objetivo es, como dice Claire Ptak, que adquiera la consistencia del arroz con leche.

3. A mí me gusta hacer pequeñas cocadas utilizando una cucharita de postre, pero también se pueden hacer más grandes, con cucharas de sopa. El tamaño es cuestión de gustos. En cualquier caso, se trata de hacer montoncitos sobre la bandeja del horno, dejando espacio entre ellos sin olvidar que se hincharán con el calor. Hornéalos durante 10-18 minutos, en función del tamaño, o hasta que estén dorados e hinchados. Deben enfriarse del todo en la bandeja del horno, luego déjalos una semana en un envase herméticamente cerrado.

«SHUTTLE» DE CIRUELAS Y ALMENDRAS

Para acabar con las recetas con huevos, quería hablar sobre el papel secundario —pero esencial— que estos desempeñan en el postre que más me lleva a pensar en mi hogar. No puedo imaginar mejor manera de terminar este capítulo que con este lujo pastelero.

Mi mamá me preparó tantas veces el «shuttle» que la receta se ha convertido en un recuerdo lejano. Lo mejor es que las ciruelas contrasten con el frangipane *dulce, pero si estas ya son dulces de por sí, o si te apetece preparar la receta con ingredientes diferentes (como hice yo en una ocasión, sustituyendo las ciruelas por cerezas y las almendras por coco y tomillo), tendrás que ajustar el azúcar en función del dulzor de la fruta. Sírvelo con* crème fraîche *o helado de vainilla cuando aún está caliente, o déjalo enfriar y disfrútalo en el desayuno.*

Para 6 personas

225 g de hojaldre
225 g de ciruelas, partidas por la mitad y sin hueso
1 huevo batido para glasear
1 cucharada de azúcar glas

Para el frangipane *de almendra*

50 g de mantequilla
4 cucharadas de azúcar glas
1 huevo batido
50 g de almendras molidas
1 cucharadita de extracto de almendras

1. Precalienta el horno a 200 °C.
2. Extiende la masa de hojaldre en una bandeja para hornear y haz aberturas en diagonal a lo largo de una de las mitades (de modo que, cuando la masa leude, el relleno de ciruela y almendra entre por ellas).
3. Para hacer el *frangipane*, mezcla la mantequilla y el azúcar en un cuenco, y luego bate el huevo, las almendras molidas y el extracto de almendras hasta que quede todo perfectamente ligado.
4. Extiende unos tres cuartos del total de la mezcla de *frangipane* por el lado sin cortar de la masa, dejando un borde intacto de unos 2 cm. Coloca las ciruelas en la parte superior, la mayoría con el lado cortado hacia abajo, pero un par con el corte hacia arriba; luego mezcla las ciruelas con el cuarto restante de *frangipane* y pliega el lado cortado de la masa. Para asegurar los bordes, presiona con un tenedor los laterales de la masa doblada y luego, con la ayuda de un pincel, glaséalo todo con huevo batido y espolvorea el azúcar.
5. Mételo todo en el horno y déjalo durante 45 minutos. Para entonces, la masa debería haber leudado y las hendiduras deberían presentar divertidas burbujas púrpuras en la zona de las ciruelas y crujientes fragmentos en la zona descubierta de *frangipane*. ¡De vicio!

IMPROVISACIÓN

[Thelonious Monk] tocaba cada nota como si se hubiera quedado atónito con la anterior, como si cada roce de sus dedos con el teclado tuviera el deseo de corregir un error y ese roce se convirtiera a su vez en un nuevo error que corregir, de modo que la melodía nunca acababa exactamente de la forma en que estaba prevista.

GEOFF DYER, *Pero hermoso: un libro de jazz*

La cocina de mi mamá es una alquimia. Al cabo de un rato te hallas en una maldita obra de Kafka.

STANLEY TUCCI,
entrevistado en Londres, julio de 2015

ENTRANTES

A veces pienso en la cocina casera como en el jazz. Su esencia se halla en algún lugar entre lo espontáneo y lo estudiado. Me encanta la idea de producir alimentos con la misma fluidez improvisada de Miles Davis o Thelonious Monk. La descripción de Monk que hace Geoff Dyer en la cita que encabeza el capítulo, y que celebra la belleza del azar, podría trasladarse perfectamente a la labor de un cocinero en su cocina; nunca tiene del todo claro cómo quedará su plato, pues tiene que ir lidiando con posibles fallos (como la falta de ingredientes) o incluyendo sobras en el resultado final. La cocina se convierte entonces en un delicioso caos que a veces no funciona, pero a menudo sí. Por descuidado que pueda parecer, este modo de crear por ensayo y error es un arte que se aprende pero que, tanto si hablamos de música como de cocina, también requiere confianza. Para muchos de los que cocinan por necesidad, el paso de leer la partitura a tocar los instrumentos supone un salto desalentador y audaz.

Las recetas parecen haber colonizado el mundo de la cocina, pero son solo una parte de la historia; te enseñan a seguir una fórmula para un plato en particular, pero solo el tiempo transcurrido en la cocina, la práctica y la observación de aquellos que lo hacen bien pueden cultivar realmente el enfoque sensorial del músico de jazz.

En el suplemento semanal *Cook* del *Guardian*, nuestro contenido viene marcado por los alimentos de temporada, y proponemos un ciclo anual de recetas. Todos los años nos esforzamos por reinventar la temporada, al tiempo que aprovechamos todo lo que nos resulta familiar y evocador al respecto. Si bien es cierto que la cocina de temporada puede procurarnos una gran comodidad (el aroma estival de la menta hirviendo con patatas o la fragancia de las cáscaras, las especias dulces y las bebidas antes de Navidad), cualquiera que trabaje en una creación culinaria guiada por una receta tiene siempre el reto de conseguir ideas tradicionales de una manera novedosa.

El año iría más o menos así: es enero y todo el mundo anda fatal de salud; ¿algún voluntario para la col rizada? ¿Naranjas? ¿Cereales de variedades antiguas? Luego viene el paréntesis de la carestía, en el que no hay productos frescos de temporada, de modo que todo acaba pasando por la comida enlatada. ¡Oh, mira, ahora es Semana Santa! ¡Chocolate! ¡Huevos! El verano es barbacoas y vino rosado; septiembre significa ideas para los desayunos de la vuelta al cole; calabaza, calabaza y calabaza en octubre, y luego, bueno, Navidad. Que no se te seque el pavo. ¡El último grito en patatas asadas, gente! Regalos caseros comestibles. Qué hacer con tus sobras.

Esta fórmula vendría a ser como el plan de estudios anual de un profesor; el punto de partida es el mismo para todos, aunque cambien los personajes. Siempre habrá algún alumno sentado en la última fila que deje escapar una risita al oír el nombre de Goneril en *El rey Lear* (yo era esa alumna), o algún pelota deseoso de escribir un poema sobre las naranjas en enero, como si nadie lo hubiera hecho antes. Sin embargo, las recetas para este tipo de alimentos se venden bien, como el sexo, pues ofrecen una gratificación instantánea (imágenes suntuosas, una fórmula precisa e inmediata para preparar el «*coq au vin* perfecto», «10 ideas básicas con el aguacate»...), mientras que las creaciones que requieren una preparación más lenta (las historias y contextos para esas recetas, así como, tal vez, la información que realmente perdura) tienen un atractivo más pausado, más suave, y exigen más tiempo para el lector.

Puede que la razón por la que me gusta la analogía entre la comida casera y el jazz sea que da luz verde a lo que podría considerarse «la opción equivocada». En otras palabras, sugiere que nada está mal cuando cocinas: todo lo que haces en la cocina es simplemente una expresión de ti mismo en un momento determinado. Cocinar consiste en alimentarnos, sí, pero también en entender nuestras habilidades, nuestras limitaciones, nuestros gustos particulares. Cocinar consiste en orientar el curso de las cosas en función de lo que tienes en las alacenas y la nevera. En intentar que te salga ese encurtido de dios-sabe-qué que tu amigo se trajo de vacaciones, solo porque estás intrigado. En saber lo que significa para tu paladar «una pizca de sal» o «un chorrito de vino». En sufrir accidentes felices y aprender de los desastres. En darte cuenta de que casi todo sabe mejor con aceite de oliva virgen extra.[1]

El director de cine Mike Leigh, rey de la improvisación, dijo sobre el hecho de filmar películas lo mismo que yo diría sobre el de preparar una buena comida casera: «[...] no se trata solo de los personajes, sus relaciones y sus temas, sino también del lugar y la poesía de lugar; del espíritu de lo que vas encontrando, de los accidentes con los que tropezamos». Cada comida tiene su propio carácter y es única, desde los ingredientes que precisa hasta las personas que están presentes para disfrutarla. No hay receta para negociar esta aleatoriedad, y creo que la lección pasa solo por probar las cosas, dándole algún que otro pequeño giro o variación a cada receta. Al igual que Thelonious Monk al teclado, podría no llegar a alcanzar la forma que tenía prevista, pero aun así podría seguir siendo algo hermoso.

---

[1] Aunque este libro está lleno de recetas —insólito, tal vez, dado lo que acabo de escribir—, todas están diseñadas para que puedas jugar con ellas. Se trata de recetas con las que uno puede sentirse libre para experimentar. Son mi mayor intento de registrar lo que no estaba registrado y de escribir las fórmulas de unos platos que, hasta ahora, realmente solo habían existido en mi cabeza. No buscan dar toda la información bien masticada, sino ofrecerla con la ayuda de un cuchillo y un tenedor para que cada uno se esfuerce en interpretarla y hacerla suya. Descuartizadlas a placer.

Tiendo a preparar las comidas a partir de lo que tengo, no de lo que no tengo. Decido qué cocinar en función de lo que encuentro en la despensa, o de lo que se me ocurrió al pasar por delante de la verdulería de camino a casa, o —lo más importante— de lo que está a punto de caducar. La cocina casera está dominada por las sobras.

A lo largo de toda mi vida, los restos de un día daban pistas sobre el menú del día siguiente, en una especie de carrera de relevos culinarios. La pasta de esta noche (de la que me sobró bastante) aparecerá de nuevo mañana acompañada de otras cosas —un poco de mantequilla, algunos huevos— para formar quizá un revoltijo. Esto, a su vez, es posible que cubra una comida pero se convierta en las sobras de la siguiente y pase a ser un revoltijo con yogur y ensalada, o tal vez un *hash* (picado y frito). Es este tipo de reorganización constante de los ingredientes lo que convierte la cocina casera en un ciclo vivo, fluido, distinto al refinamiento de los restaurantes o la homogeneidad de los productos envasados.

Tirar de sobras es básicamente un acto de reciclaje, tradicionalmente más por necesidad que por elección. Después de todo, desde el punto de vista económico tiene sentido sacar el máximo partido de la comida que compras. A mí me recalcaron mil veces, desde que era una niña, la importancia de aprovechar la comida del día anterior. Mis padres, cuyos padres habían vivido la época del racionamiento, fueron criados para sacarle el máximo partido a lo que hubiera, que, a veces, era muy poco.

Mi abuela detestaba el despilfarro, tal como correspondía a su educación calvinista escocesa. La frase «No malgastes, no desees» estaba siempre a la orden del día, todos los días. La abuela insistía en limpiar los platos y las conciencias, y lo de tirar la comida le parecía algo casi herético. Era una experta en reciclar comida: las verduras sobrantes de un día —zanahorias, chirivías, rábanos...— se rallaban y se incorporaban a una especie de ensalada de col sin mayonesa que ella bautizó como «Silflay» (que significa «pastoreo» en el idioma que hablan los conejos en la novela *La colina de Watership*); el *dal* «volvía a la vida» añadiendo agua y mantequilla a la versión original días después de haberse acabado; un *risotto* no era más que otro modo de usar salchichas y verduras sobrantes añadiéndoles arroz... La comida se compraba o se cultivaba para alimentar a la familia, y esa debía ser su función hasta el final.

Todas estas ideas calaron indeleblemente en mi padre, y después en mí. Ha sido interesante escribir sobre ellas y comprobar el efecto dominó familiar ante el horror a desperdiciar alimentos. Claro que solo he sabido entenderlo realmente al llegar a la edad adulta; de pequeña no siempre supe compartir el enfoque de papá al cocinar. Mi padre es un amante de la «comida antigourmet» —le gustan el volumen y el valor— y yo he tardado mucho tiempo, probablemente hasta hace muy poco, en no sentirme irritada por ello. De pequeña solía envidiar las patatas fritas con forma de letras Alphabite y los sobres de polvos para hacer batidos Angel Delight, que mis amigos tomaban en sus casas, y odiaba la política de papá de aprovecharlo todo, desde las alubias horneadas crujientes hasta las pieles de patata pasadas dos veces por el horno y fritas con mantequilla y tocino y a veces huevos en una especie de revuelto o tortilla pardusca. Todo me parecía singularmente falto de glamour.

Pero al hablar con él sobre la abuela (mi heroína culinaria) pude ver con claridad el vínculo entre madre e hijo; las recetas de papá no son lo que se dice fantásticas para nadie, pero saber que han sido preparadas con los valores de mi abuela las convierte —a veces, solo a veces— justo en lo que quiero comer. «Tirar comida a la basura es una de las cosas que más rechazo me provocan. Y tampoco creo que la buena comida tenga que ser demasiado cara, tal como parece estar de moda hoy en día. El verdadero valor consiste en saber cómo usar los ingredientes ingeniosamente y aprovechar hasta el último bocado, tal como mi madre me inculcó.» La filosofía culinaria de mi padre, pues, es una herencia de una verdadera profesional, aunque haya sufrido algunas mutaciones desafortunadas por el camino.

Yo misma me siento incapaz de tirar a la basura alimentos aún comestibles por el simple hecho de que la nevera los haya oscurecido levemente, o porque los comimos ayer y han perdido el brillo o la densidad en un solo día. El placer que provoca el *bubble and squeak*[2] no existiría sin los restos. Las tortitas de pescado, hechas a base de puré de patatas sobrante, serían más escasas, y lo mismo sucedería con los *arancini* (croquetas hechas con el *risotto* del día anterior) o con innumerables frituras, platos de pasta y postres esponjosos, como ciertos púdines, que recuperan alimentos para su uso. La lista es larga. Y lo mejor de todo es que cocinar con sobras puede ser como un juego y abrirte las puertas a ciertas combinaciones que no sabías ni que existían.

En una ocasión hablé con la chef Margot Henderson acerca de las sobras; ella aludió enseguida a su marido, Fergus, y me lo describió en la cama, temprano, una mañana cualquiera de vacaciones, preguntándole qué iba a preparar para el almuerzo con las sobras del día anterior. («"¿Qué tenemos para el maldito almuerzo?" es la frase que ha regido nuestro matrimonio», me dijo.) Para su familia, cocinar con sobras —ya fuera un *risotto* recalentado, carne fría, panes secos o todo tipo de frituras— venía de la mano de un montón de harina grasienta y blanca. Ella tiene un punto —uno grasoso, sin duda— que me llevó de vuelta a mi abuelita. Henderson tenía una incontrolable tendencia a la mantequilla, lo cual parece explicar gran parte de su capacidad para hacer que cualquier cosa acabe sabiendo bien.

Cabe decir, por tanto, que las sobras son versiones mejoradas de sus predecesores, en gran parte porque requieren más imaginación (y más mantequilla) para existir. Yo colgué una foto de mis lentejas reconvertidas en Instagram (testigo mudo de un «libro de cocina a la antigua» del siglo XXI, que compen-

---

[2] Plato tradicional de la cocina británica, similar al *trinxat* catalán. *(N. de la T.)*

sa su falta de imágenes con referencias a las redes sociales), y la escritora culinaria italiana Eleonora Galasso comentó: «Hay algo inconfundiblemente honesto en el hecho de comer sobras, tal vez porque las buenas intenciones del cocinero han recaído por segunda vez en los mismos ingredientes, de un modo más elocuente».

STANLEY TUCCI

La residencia de Tucci, al oeste de Londres, tiene todo lo que uno espera encontrar al entrar en una casa de origen italoamericano;[3] el día que fui a visitarlos vi allí a varios adolescentes guapos con enormes ojos Disney, algo así como miniaturas del propio Tucci, que deambulaban despreocupadamente por la casa, abrían la enorme puerta de la nevera (una puerta más grande que uno de ellos) y analizaban su contenido. Vi también numerosas cacerolas de cobre colgando a un lado de un horno de gas y, en el otro lado, recetas antiguas que Stanley había ido recolectando durante años de visitas a los anticuarios. Había un rincón rebosante de libros de cocina y, por encima de mi cabeza, una tentadora estantería llena de botellas del Piamonte. Cuando pedí un vaso de agua me animaron a que me sirviera yo misma y, en mi búsqueda, abrí un armario que resultó estar lleno hasta los topes de latas de tomate San Marzano. Era una casa encantadora, genuina, vivida, llena de gente que amaba cocinar y comer.

Mientras disfrutaba de esas excelentes primeras impresiones, no tenía ni idea de que lo mejor estaba aún por venir. Una mujer con gafas y pelo corto y oscuro entró en la habitación y me dio la bienvenida despreocupadamente. Nos presentaron. «Mina, esta es la madre de Stanley, Joan.»

Damas y caballeros, hay una mamá en la cocina.

Yo había ido hasta allí para entrevistar a Stanley Tucci, y mi objetivo principal era preguntarle por la comida y por su madre.

---

[3] Al fin y al cabo estamos hablando de la casa del actor y director de *Una gran noche*, la película de 1996 sobre dos hermanos italianos que regentan un restaurante en quiebra en la costa de Nueva Jersey. Se trata de un filme en el que la comida es sagrada («La buena comida te acerca a Dios») y el acto de comer es un viaje a la felicidad («Hinca tus dientes en el culo de la vida»).

Y resultó que ella misma entró en la sala y ¡me preguntó si quería tomarme con ella unos *arancini*! Debo decir que me sentí feliz.

Así pues, Joan me ofreció algunas de esas croquetas de arroz típicas de Sicilia y rellenas de gambas y *risotto* (pronunciado *riz-oh-toh*) de guisantes que había hecho dos noches antes. Obviamente acepté; observé cómo vertía el aceite en la sartén y cuán hábilmente formaba remolinos sobre la superficie con un dedo. Entablé conversación con ella y me pareció directa, nada parlanchina y muy agradable. Sentí que su interés por mí solo aumentaba —muy levemente— al oír las preguntas que le hacía sobre la técnica para freír las croquetas. Me pasó un plato y el *risotto*, ahora esférico, había adquirido una corteza dorada. Probé una de las bolas de arroz y sabía a casa. No a mi propia casa, sino a una en la que podría pasar mucho tiempo comiendo.

Después hablé con Stanley —acabados ya los *arancini*, y frente a un *espresso*—, y el énfasis que el actor ponía a diario en la comida se hizo incuestionablemente evidente. Me dijo que evitaba trabajar en películas que exigieran rodar de noche porque le impedían disfrutar del placer de la cena. Me dijo que pocas cosas lo ponían más triste que el servicio de habitaciones; que le gustaba volver a su caravana y prepararse un martini, refrescarse, ponerse una chaqueta y salir a comer algo —aunque fuera solo— en cualquier restaurante de cualquier pueblecillo que quedara por ahí; que pagaría gustoso el precio de pasear un rato e investigar un poco a cambio de una buena comida.

Stanley Tucci no ha hecho realmente ningún descubrimiento sobre la buena comida, porque la buena comida le fue a buscar a la cuna. Aunque creció en el estado de Nueva York, las dos ramas de su familia eran italianas, y de pequeño iba todos los domingos con sus padres a visitar a unos u otros abuelos; unas visitas que siempre giraban en torno a la comida.[4]

---

[4] Esta parece ser, para Stanley, la diferencia entre la comida de ahora y el modo en que creció para apreciarla. Para él la comida lo es todo, no un accesorio, ni la elección de un estilo de vida. «Comer y cocinar se han convertido en

Tucci recuerda ir a casas de amigos y comer queso Velveeta en los años sesenta («un bloque rectangular, que supuestamente era como el cheddar, pero que en realidad era más bien cheddar mezclado con uranio [...] el Velveeta era al queso lo que la carne enlatada al chuletón recién cortado»). Fue así como se dio cuenta de lo buenas que eran las recetas de su madre. Una comida casera podía consistir en pasta con salsa marinera, o chuletas de ternera con un acompañamiento de verduras (tal vez judías verdes, o brócoli, o una ensalada de tomate; en función de la temporada). También me dice que su madre es prácticamente vegetariana, que sigue una dieta consistente en su mayor parte de pasta, patatas y alubias, y que «la carne es la diferencia entre la comida italiana y la comida italoamericana». La familia de Tucci es de Calabria, donde la carne inferior, el poco dinero y las verduras increíblemente buenas se combinaban para crear unas recetas en las que la carne era apenas un suplemento o algo que dependía de lo demás. Pero cuando los italianos llegaron a América tuvieron acceso a la carne, en abundancia, por primera vez. Y realmente se aseguraron de aprovechar al máximo el descubrimiento (¿pizza de carne?, ¿de verdad?).

El abuelo de Tucci era capaz de hacer crecer cualquier verdura o legumbre. Stanley recuerda recoger habichuelas de su huerto, que Joan convertía luego, como por arte de magia, en una estupenda *minestra*,[5] añadiéndoles calabacín, ajo y tomates frescos. Aún hoy, cuando es temporada de habichuelas y

---

un complemento de la vida humana, no en parte integral de la misma», dice, refrenando las palabras con un sorbo de café.

[5] Hoy en día los italianos suelen considerar la *minestra* como un primer plato, aunque para los más pobres fue tradicionalmente aquel en torno al cual giraba toda una comida. Consiste en una sopa densa o guiso, por regla general con algún tipo de carbohidrato —pasta, arroz, patata— combinado con otros ingredientes —a menudo legumbres— generosamente condimentados. A partir de una olla central la comida iba repartiéndose entre los comensales; de ahí su nombre, que deriva del verbo *administrar*.

calabacines en Londres, Tucci sale a su huerto prácticamente a diario. Este es el plato que lo lleva de vuelta a casa. Del mismo modo, el olor de una zanahoria recién arrancada lo transporta al huerto de su abuelo. Y un vino ligero de Orvieto, de esos que casi parecen agua, le recuerda a las vacaciones con su difunta esposa, Kate. Y la ensalada de pepino con un poco de vinagre, aceite de oliva y orégano lo lleva a las cenas de verano con su actual esposa, Felicity. «Estas son mis anclas emocionales, mis instigadores culinarios.»

A Joan Tucci el horno no le interesa lo más mínimo. Cuando le pregunto a Stanley si su madre cocina alguna vez a partir de una receta, él me dice que sí, pero que «siempre las enriquece, porque tiene clarísimo lo que le gusta». El cineasta se recuerda a sí mismo reuniendo a gente para probar recetas para su libro de cocina, *The Tucci Table*; evidentemente, una cocinera talentosa como Joan no podía faltar en ese grupo, «pero con ella era imposible precisar las medidas; nunca sabía cuánto poner de cada ingrediente y constantemente revisaba lo que acababa de decir». Tucci imitó ante mí a su madre encogiéndose de hombros con resentimiento cada vez que alguien hacía hincapié en pizcas, tazas, puñados o, peor aún, el sistema métrico. Luego comparó la cocina de su progenitora con el brillo oscuro de una obra de Kafka, y yo asentí, porque probablemente no podría haber encontrado una metáfora mejor. Realmente hay algo inconmensurable en la buena cocina, y la proeza del gran cocinero suele estar siempre rodeada de misterio.

«En parte es como actuar: sabes que debes hacer lo que el director dice, pero tu instinto te hace sentir cuándo algo está mal. Mucho de lo que hago como actor es instintivo, y supongo que así es como cocina mi madre. Para mí, cocinar es una oportunidad para dar rienda suelta a mis instintos en otra parte. Heredé la paleta de ingredientes y el placer por la comida de mi familia, y tuve que aprender a usar ambas cosas...»

Stanley me dijo entonces que lo único que quería hacer era cocinar, pues la cocina le enseñaba sobre el proceso creativo, y que, según había observado, las mismas reglas eran aplicables a cualquier proceso creativo.

LAS REGLAS DE STANLEY TUCCI APLICABLES A CUALQUIER PROCESO CREATIVO

1. Menos es más. Nadie puede enseñarte eso. Tienes que sentirlo y descubrirlo. (La comida del sur de Italia nació de la precariedad y es un recordatorio de que, realmente, todo lo que necesitamos para cocinar es fuego y agua; lo cual convierte la cocina a partir de cero en algo mucho más fácil ahora que antes, pues disponemos de agua hirviendo y de hornos.)

2. Todo es subjetivo. Habrá algunas personas a las que les encante lo que haces y otras a las que no.

3. En última instancia, tienes que seguir cocinando porque te encanta. (A Stanley le gusta hacerlo al aire libre, en una hoguera, con cazuelas de hierro fundido y cubiertos rústicos. Le gusta el pollo de Tom Kerridge con heno, y admite que a veces le sale perfecto pero que otras es un desastre. Aun así, aunque el resultado sea terrible, él disfruta con los procesos.)

4. Hay que ir más allá de lo que resulta cómodo.

«¿Por qué me importa la comida? Porque es todo lo que hay. Nos mantiene vivos y nos conecta unos con otros... —Es casi como si fuera dándose cuenta de lo importante que es para él la comida mientras va pronunciando las palabras—. La comida y la cocina te conectan con todo. Con cada parte de la sociedad, desde el principio. ¿Quién cultiva la comida? ¿Quién la cosecha, la procesa, la reparte, la lleva al matadero? Y cuando todo está hecho, te conecta con la gente a la que amas, pues la compartes con ellos. Es esa conectividad. Es la creatividad. Es compartir con los demás... Para mí es muy difícil conectar con personas a las que no les interesa la comida.»

EN PARTE ES COMO
ACTUAR: SABES QUE
DEBES HACER LO
QUE EL DIRECTOR
DICE, PERO TU
INSTINTO TE
HACE SENTIR
CUÁNDO ALGO
ESTÁ MAL. MU-
CHO DE LO
QUE HAGO
COMO ACTOR
ES INSTINTI-
VO, Y SU-
PONGO QUE
ASÍ ES
COMO COCINA MI MADRE.

Stanley Tucci

PASTA

Solo puedo esperar que mi novio siga queriendo convivir con la pasta por muchos años. Seré una mujer afortunada si encuentro la respuesta de la humanidad a la más leal de las comidas. La pasta ha sido una constante en mi vida: me ha reconfortado, me ha apoyado, me ha dado confianza... Y sigue sorprendiéndome. Mantenemos una relación muy feliz.

Me enamoré de ella en el momento en que la conocí —probablemente algunos *fusilli* con kétchup y cheddar gratinado sacados de algún plato de Beatrix Potter—, y mis sentimientos se han ido reafirmando con el paso de los años. Tengo varias escenas de mis recuerdos sobre la pasta:

1. Tomando espaguetis empapados en salsa roja y aspirándolos entre los labios, de modo que los extremos sanguinolentos me salpicaban las mejillas. De pequeña estaba obsesionada con aquella escena de *La dama y el vagabundo* en la que los dos perros toman accidentalmente las puntas de un mismo espagueti y sus hocicos se encuentran en el centro. Traté desesperadamente de convencer a mis amigos de que recrearan la escena conmigo. No tuve éxito.

2. Yendo a casa de un amigo cuya madre siempre nos hacía macarrones con bechamel, atún, maíz y queso. Delicioso. No voy a decir ni pío en contra de ese plato (aunque siempre iba seguido, invariablemente, de uno de esos batidos de fresa Angel Delight que en la actualidad ya no me siento tan inclinada a defender).

3. Viendo *Friends* con Petra —entonces mi *au pair* checa y ahora mi amiga del alma— los viernes por la noche, sentadas en un puf y tomando unos macarrones cubiertos de salsa Lloyd Grossman y una lata de atún.

4. Cocinando fideos con tomates enlatados, cebollas y atún en innumerables albergues de juventud latinoamericanos. (Me estoy dando cuenta ahora mismo de que muchos de mis recuerdos incluyen el atún enlatado.)

5. Mi mejor amiga regresando de un año en el extranjero, en Nápoles, y enseñándome las delicias de la pasta *sin* salsa (o atún). Teníamos diecinueve años. La recuerdo friendo lentamente las cebollas y los calabacines en un buen aceite de oliva, y luego cubriendo adecuadamente la pasta *al dente* con el contenido de la sartén y añadiéndole sal, pimienta y parmesano. Después de aquello vimos *Vacaciones en Roma* y yo me sentí feliz con aquel plato entre las manos; no habría querido estar en ningún otro lugar.

6. Descubriendo la *minestra*, la espesa sopa/guiso que puede encontrarse en Italia y a la que suele añadirse pasta (normalmente corta), que se mezcla bien con garbanzos, lentejas, alubias e incluso patatas. No logro recordar el momento exacto en que comí *pasta e ceci* (con garbanzos) por primera vez, pero puedo asegurar que no conozco un plato más relajante y satisfactorio en su sencillez que este.

7. El momento ojiplático en que hice por primera vez la salsa de pasta de tres ingredientes de Marcella Hazan, con tomate, mantequilla y cebolla blanca. La perfección.

8. Freddie sugiriendo una visita a «esta tienda en la que venden pasta fresca en South End Green» cuando empezábamos a salir. Entramos en un pequeño imperio romano llamado Giocobazzi's. Ese día me di cuenta de que lo amaba con todo mi estómago. Compró una caja de gorgonzola y raviolis con salsa de nueces, y al volver a casa los cubrió con mantequilla derretida, hojas de salvia y un montón de pecorino. Esto se ha convertido en nuestro ritual de los sábados. (Y ambos llevamos una talla más de ropa desde que nos conocimos.)

9. Haciendo lasaña con mi amigo Tim Siadatan en su restaurante del norte de Londres, Trullo, y raviolis de calabaza en la cocina romana de Rachel Roddy. Ese fue el momento en que las cosas empezaron a ponerse serias y la pasta dejó de ser un juguete nutritivo para convertirse en una aspiración culinaria.

La pasta ha marcado mi vida gastronómica. Sin rellenar y en su estado seco —así es la versión con la que crecí—, la pasta es esencialmente un lienzo en blanco sobre el que cualquier cocinero puede dibujar sus caprichos y curiosidades. Es por esta razón que pienso en la pasta como el alimento que realmente me enseñó a cocinar; al fin y al cabo, he pasado muchísimas tardes echando a la sartén los ingredientes que tuviera a mano para crear algún tipo de salsa de acompañamiento para la pasta: el aceite de una lata de anchoas, el poso de una botella de vino blanco, una cucharadita de Marmite, chiles viejos o hierbas pasadas... Es la base perfecta sobre la que practicar la cocina de improvisación, capaz de soportar cualquier ingrediente, y el banco de pruebas ideal para comprobar si dos o más sabores son socios naturales. Más aún: a menos que haya puesto demasiada sal a la salsa, es bastante fácil evitar —o rediseñar— cualquier tipo de catástrofe.

Algunos de mis mayores triunfos con la pasta son el resultado de grandes errores. Ya fuera porque no había salido a comprar y la pasta era mi segunda opción, ya porque tenía pensado preparar algo completamente distinto pero me salió mal..., la pasta era mi caballo ganador. Mi refugio seguro. Dicho con las palabras de Laurie Colwin en su ensayo «Alone in the Kitchen with an Eggplant», estos platos probablemente descubran «al hombre [la mujer] en su versión más extraña», pero la verdad es que no me molesta.

En cualquier caso, y como sucede en toda relación, la mía con la pasta es tanto más feliz cuanto más sencillas son las cosas. Aunque pudiera pensarse que un insulso fragmento de harina de trigo y agua podría necesitar de mucha ayuda para resultar sabroso, lo cierto es que la pasta no precisa de nada más que una base de grasa, aliño y algún que otro ingrediente. Estas son algunas de mis combinaciones favoritas para hacer salsas para la pasta:

1. La ya mencionada salsa de Marcella Hazan de tres ingredientes (tomates enlatados, cebolla blanca y mantequilla).

2. Hierbas verdes, chile y parmesano.

3. Anchoas, alcaparras, aceitunas, tomate, chile y vino.

4. Romanesco, pecorino y limón.

5. Tomates frescos, berenjena ahumada y albahaca.

6. Pesto (de cualquier tipo; véase la receta de las páginas 275-276).

7. Tomates enlatados, cebolla morada y atún («por los viejos tiempos»).

8. Tomates enlatados, canela y ajo.

9. La boloñesa de Jane Baxter (la mejor; véase la receta de las páginas 79-80).

10. Calabacín, cebolla, *ricotta* y parmesano.

11. Brócoli y *ricotta*.

12. Guisantes, yogur y limón.

Si me permitís una lista final, dejo a continuación algunos consejos esenciales sobre cómo preparar la pasta:

1. Utiliza la cazuela más grande que tengas, para aportar a la pasta la mayor proporción posible entre agua y almidón. Esto evitará que la temperatura del agua baje demasiado cuando se le agrega la pasta. (Si el agua tarda un tiempo en volver al punto de ebullición, la pasta se quedará blanda y pegajosa).

2. Sala el agua generosamente. A menudo oímos que el agua de la pasta debe ser tan salada como el mar. Esto es por dos motivos: como la pasta, en general, no contiene sal, absorbe la del agua a medida que hierve, y también porque todos queremos evitar que los fideos se nos peguen, y la sal lo consigue.

3. Reserva parte del agua almidonada y salada con la que has hervido la pasta por si necesitas rebajar la intensidad de la salsa y darle un toque extra; la idea es obtener una salsa con el sabor más intenso posible, de modo que no se trata solo de añadir agua del grifo.

4. No seques demasiado la pasta; está bien que mantenga un poco de agua salada al ser servida. ¡Y no la enjuagues! Si dispone de un poco de almidón residual, la salsa, el ragú o la cobertura se ligarán mucho mejor.

5. No deseches las cortezas de parmesano o pecorino y mézclalas con las salsas que te parezcan apropiadas; esto agregará una capa extra de *umami* y sal.

6. Presta atención a los aspectos positivos y negativos de sus distintas formas: la pasta corta, como los *ditalini*, es perfecta para la *minestra* y las sopas; la pasta larga, como los espaguetis o los *tagliatelle*, es ideal para cubrir con ragú aceitoso, y la pasta en forma de tubo, como los macarrones, es fantástica para dar cabida a salsas más atrevidas.

Todas las recetas de pasta que presento a continuación parten de la premisa de que a cada persona le corresponden 100 g de pasta.

SALSA «ROJA» DE TOMATE

El plato que más hago es pasta con tomate. Y aunque esto puede llevar a pensar que tengo la receta por la mano, nunca me ha salido dos veces igual. Así que lo que encontraréis a continuación es una aproximación estimada, una base de la que partir y que podéis mezclar con hierbas, especias, verduras, anchoas... ¡Lo que queráis! Yo casi siempre preparo una versión aún más sencilla, con ajo o aceite de oliva, para darle un toque más del sur de Italia, o con cebolla y mantequilla, para algo más septentrional. ¡Vale la pena probar las dos! La del sur es perfecta para el día a día, y la versión con mantequilla me la guardo para los días en que quiero darme un (modesto) capricho.

Para 2-4 personas

4 cucharadas de aceite de oliva virgen extra
2 cebollas, picadas finas
2 dientes de ajo, picados finos
2 latas de 400 g de tomate entero
1 cucharadita de azúcar (opcional)
queso parmesano o pecorino rallado, al servir
sal y pimienta negra

1. Calienta 3 cucharadas de aceite en una sartén honda, añade la cebolla y rehoga durante unos 10 minutos (sin prisas, dale tiempo). Cuando esté blanda y se empiece a dorar agrega el ajo. A continuación, sofríelo 2 minutos más.
2. Escurre el exceso de líquido de los tomates en lata e incorpóralos a la sartén, quitando los trozos duros. Añade la cucharada restante de aceite de oliva, salpiméntalo y llévalo bre-

vemente a ebullición. Cuando empiece a burbujear, baja la potencia al mínimo para que hierva a fuego lento.

3. Sofríe la salsa durante al menos 1 hora, permitiendo que el exceso de líquido se evapore. Después retírala del fuego, tritúrala con la batidora y ponla de nuevo a calentar durante 15 minutos más.

4. Cuando estés listo para comer —a estas alturas ya habrás hervido la pasta, reservando una taza con el agua de la cocción—, prueba la salsa. Puede que le quieras añadir algo de sal o hacerla un poco más dulce, en cuyo caso agrega azúcar. Si te da la sensación de que la salsa queda un poco seca o tienes miedo de que no haya suficiente, que no cunda el pánico: échale un chorrito del agua de la pasta. Vierte la salsa por encima de la pasta y sírvela con bastante pimienta y queso parmesano o pecorino.

ESPAGUETIS A LA BOLOÑESA

Hay ciertos cocineros en cuyas recetas confío ciegamente y que merece la pena seguir al pie de la letra. Jane Baxter es una de ellos, y esta es su receta para la salsa boloñesa, publicada en Guardian Cook *en mayo de 2014. Se trata, definitivamente, de una de esas recetas para las que tienes que salir a comprar (los dos tipos de carne picada, la panceta, el vino para cocinar...), pero merece la pena.*

Para 6 personas

1 cucharada de mantequilla
1 cucharada de aceite de oliva
1 cebolla, picada fina
2 zanahorias, picadas finas
2 tallos de apio, picados finos
100 g de panceta o tiras de beicon ahumado, picado fino
3 dientes de ajo, machacados
250 g de carne de ternera picada

250 g de carne de cerdo picada
una ramita de tomillo
100 ml de vino tinto
400 g de tomate triturado en lata
1 cucharada de pulpa de tomate
250 ml de caldo de pollo
250 ml de leche entera
400 g de espaguetis o *tagliatelle* secos
queso parmesano rallado, al servir
sal y pimienta negra

1. Derrite la mantequilla con el aceite en una sartén grande y honda a fuego medio, luego añade las verduras y la panceta y déjalas unos 10 minutos, hasta que estén blandas. Agrega el ajo y aguanta 1 minuto más, después sube el fuego e incorpora los dos tipos de carne picada y el tomillo.
2. Deja que la carne se dore en la sartén durante unos minutos, deshaciéndola con una cuchara de madera, y a continuación añade el vino. Remueve bien y deja reducir el vino mientras rascas el fondo de la sartén con la cuchara de madera.
3. Añade el resto de los ingredientes, excepto la pasta y el parmesano, y sazona bien la mezcla. Llévala a ebullición y que hierva a fuego lento durante 1 hora, añadiendo un poco más de leche si hace falta.
4. Hierve la pasta en una olla grande con abundante agua y sal durante el tiempo que indique el paquete, hasta que esté *al dente*. Escúrrela bien y mézclala con la salsa caliente y un poco de queso parmesano rallado. Lista para servir.

:::::::::::::::: TAGLIATELLE CON ROMANESCO, ::::::::::::::::
::::::::::::::::::::::::: PECORINO Y LIMÓN :::::::::::::::::::::::::

El romanesco parece el adorable hijo punk de la coliflor y el brócoli: sus verdes ramilletes chillones alzándose como torrecillas, su carne suave y dulce... Aquí usaremos la mitad para la salsa —un sabro-

so manto para la pasta larga— y el resto, ligeramente sofrito con un poco de ajo, pondrá el broche de oro al plato.

Para 4 personas

1 romanesco pequeño, partido en ramilletes
400 g de *tagliatelle* (o *pappardelle, fettuccine, linguine* o espaguetis)
5 cucharadas de aceite de oliva virgen extra, y un poco más para servir
1 diente de ajo, chafado pero entero
la ralladura y el zumo de ½ limón que no esté encerado
100 g de queso pecorino, rallado, y un poco más para servir
sal y pimienta negra

1. Pon a hervir una olla grande con agua y sal abundante, añade los ramilletes de romanesco y cuécelos unos 5 minutos. Quieres que conserven la forma, así que estate atento para que no se pasen. Una vez hervidos, sácalos del agua con una espumadera y resérvalos.
2. Mantén el agua hirviendo y añade la pasta.
3. Mientras se cuece la pasta, calienta dos cucharadas de aceite de oliva en una sartén, añade el diente de ajo y sofríelo a fuego medio 1 minuto. Aparta el ajo y echa la mitad de los ramilletes de romanesco con una buena pizca de sal. Sofríe unos 10-15 minutos para que el romanesco coja un poco de color, pero sin que pierda la forma.
4. Tritura el resto de los ramilletes y tallos de romanesco con un robot de cocina (o batidora), junto con el resto del aceite de oliva, la ralladura y el zumo de limón y el pecorino, y luego sazónalo. Tiene que quedar una espesa salsa de color verde pálido. Ponla en un cuenco grande y añádele 1-2 cucharadas del agua de la pasta para soltarla un poco.
5. Una vez hervida la pasta, escúrrela y mézclala con la salsa. Divide la pasta en diferentes cuencos y reparte por encima

los ramilletes fritos. Échale un chorrito de aceite, añade el queso pecorino rallado y muele un poco de pimienta en cada cuenco. Listo para servir.

:::::::::: PASTA CON CALABACÍN Y «RICOTTA» ::::::::::

Esta receta también se puede preparar sin ricotta, en cuyo caso sé un poco más generoso con el aceite, tanto cuando cocines las verduras como al servir. También puedes añadir un poco de mantequilla para enriquecerla.

Para 2 personas

2 cucharadas de aceite de oliva virgen extra,
    y un poco más para servir
1 diente de ajo, pelado, chafado pero entero
1 cebolla, picada fina
2 calabacines, cortados en rodajas de 1 cm
200 g de pasta
125 g de *ricotta*
el zumo de ½ limón
queso parmesano rallado, al gusto
unas hojas de albahaca
sal y pimienta negra

1. Calienta el aceite de oliva en una sartén grande a fuego medio. Añade el ajo y deja que libere su aroma durante un par de minutos, con cuidado de que no se queme o se dore demasiado. Saca y desecha el ajo —solo queremos que deje un toque en el aceite— y luego agrega la cebolla.
2. Pocha la cebolla 1-2 minutos hasta que se ablande, incorpora el calabacín y cocínalo, removiendo a menudo, durante unos 5-10 minutos.

3. Mientras tanto, hierve la pasta en una olla grande con agua y abundante sal hasta que esté *al dente* (según indique el paquete). Cuando se aproxime el final de la cocción, saca una cucharada de agua y añádela a la sartén con la cebolla y el calabacín; así se ablandarán y se formará la salsa.
4. Mezcla la *ricotta*, el zumo de limón, un puñado generoso de queso parmesano rallado, una buena pizca de sal y pimienta y un pequeño cucharón del agua de la pasta.

5. Escurre la pasta, reservando un poco de agua de la cocción por si la necesitas más adelante, y luego combínala con la mezcla de *ricotta*. Comprueba la sazón y añade la mitad del calabacín y la cebolla, junto con la mayor parte de las ho-

jas de albahaca, mezclándolo todo de nuevo. Colma cada cuenco con una generosa cucharada del resto de las verduras, otra generosa pizca de parmesano rallado, un chorrito de aceite y un poco de pimienta. Echa por encima el resto de las hojas de albahaca y... listo para servir.

PASTA CON MARMITE

Esta receta es más «a la despensa» que la receta de pasta «a la despensa» que vendrá a continuación, y es el mejor resopón que he probado en mi vida. Es una creación de Anna Del Conte, y lo cierto es que surgió por casualidad. Me encantan todos sus ingredientes, y si lo pensáis bien, la unión de la pasta, la grasa y dos componentes del umami —el Marmite y el parmesano— encajan a la perfección. Yo acostumbro a ser más generosa que Anna con el Marmite —y, por tanto, con la mantequilla—, pero cada uno puede ajustar las cantidades a su gusto. No os arrepentiréis.

Para 2 personas

200 g de pasta
30 g de mantequilla
1 cucharadita colmada de Marmite
queso parmesano rallado, al servir
pimienta negra

1. Hierve la pasta en una olla grande con abundante agua y sal el tiempo que indique el paquete, hasta que esté *al dente*. Justo antes de escurrirla, reserva una taza con el agua de la cocción. Mientras la pasta se escurre en el colador, prepara el resto de la receta.

2. Derrite la mantequilla —en la misma olla en la que has hervido la pasta— junto con el Marmite y el agua que habías reservado, y vuelve a echar en la olla la pasta escurrida. Remuévelo bien hasta cubrir la pasta por completo y ya puedes emplatarla, cubriéndola con un buen puñado de queso parmesano y pimienta molida; no dudes en ofrecer más de ambos ingredientes a quien lo desee.

PASTA «A LA DESPENSA»

Aunque parezca una puttanesca *improvisada, en realidad se trata de una cena «de recursos», para la que empleo una serie de ingredientes que siempre tengo a mano y con los que trato de lidiar con la nevera cuando esta pierde su alegría. Aunque supongo que técnicamente las cebollas y el ajo no son alimentos de la despensa, siempre los tengo en casa, instalados en una cesta de la cocina, sobre un lecho de pieles crujientes que pertenecieron a otras cebollas y ajos ya utilizados. Así que, realmente, solo tendrás que comprar las especias; pero si no quieres, no hay problema, porque la receta tiene sabor de sobra; la sal, el* umami *y el toque de alcohol bien mezclado generan un efecto gustativo más que suficiente. Si lo deseas, también puedes echar tomates frescos o, si por casualidad has sofrito alguna verdura en aceite de oliva hace poco, puedes emplear ese aceite reciclado para darle un delicioso toque dulce.*

Para 4-6 personas

aceite de oliva virgen extra, para freír
2 cebollas, picadas finas

500 g de pasta (mejor larga)
4 dientes de ajo, picado fino
una pizca de chile molido
6 filetes de anchoa y un poco de su aceite
un puñado de alcaparras, bien aclaradas y picadas
un puñado de olivas sin hueso, picadas (opcional)
un vaso de vino blanco
100 g de parmesano o pecorino, rallado o al gusto
un buen puñado de albahaca fresca o perejil
sal y pimienta negra

1. Calienta a fuego medio 3-4 cucharadas de aceite en una sartén grande y luego añade las cebollas. Échales una pizca de sal (para que salga un poco de líquido de las cebollas y tarden menos en ablandarse) y sofríelas un par de minutos hasta que estén blandas pero no doradas.
2. Hierve la pasta en una olla grande con abundante agua y sal el tiempo que indique el paquete, hasta que esté *al dente*.
3. Una vez que la pasta esté lista, añade el ajo y el chile a las cebollas y sofríelas durante 2 minutos más. Luego agrega las anchoas y un poco de su aceite, las alcaparras, las olivas y, si vas a emplearlo, el vino. Sofríelo a fuego lento hasta que los filetes de anchoa se hayan deshecho y la sartén desprenda un delicioso aroma de vino, sal y ajo.
4. Añade un chorrito más de aceite a la sartén, una taza grande con el agua de cocción de la pasta, una pizca de pimienta molida y el parmesano o pecorino rallado. Escurre la pasta, échala a la sartén con las hojas de albahaca o perejil, partidas con las manos, y mézclalo todo. Sirve inmediatamente, con un poco más de queso rallado y pimienta por encima.

NATURALEZA

Cuando los niños se conectan con la naturaleza, sienten que es su madre.

ALICE WATERS,
entrevistada en Berkeley, junio de 2015

Tuve la suerte de ser educada en la naturaleza. Allí, los rayos me enseñaron sobre la muerte súbita y la evanescencia de la vida.

CLARISSA PINKOLA ESTES,
Mujeres que corren con lobos

ENTRANTES

Una tarde, no hace mucho, me convencieron de que era mejor abandonar mis planes de hacer yoga y salir a dar un paseo vespertino. Admito que fue una hermosa noche de verano y que, de no ser por la propuesta, la habría desperdiciado forzando mis isquiotibiales en posiciones antinaturales (y evitando a toda costa el alcohol que, recordé, estaba en esa botella de «algo-de-Sicilia» que había en la nevera).

Nos dirigimos hacia Hampstead Heath, un lugar verde y maravilloso de Londres. En una noche como aquella podía verse toda la ciudad desde la colina del Parlamento (las siluetas del Gherkin, el Shard y la catedral de San Pablo parecían dibujos animados de ollas y paquetes de condimentos), y yo me sentí parte de la metrópolis y al mismo tiempo absolutamente alejada de ella.

Ayer el sentimiento fue más intenso, pues anduvimos aún más hacia el norte, donde la hierba crecía larga y dorada, besada por los rayos del atardecer, y un intenso olor a tierra flotaba en el aire.

Yo lo olisqueé todo repetidas veces. Me sentí como si estuviera en otro lugar; aunque, mientras corría por esa extensión que sonaba a vacaciones recientes y a viajes de la infancia, no pude saber qué era lo que me transportó a ese olor a hierba seca y a lo-que-yo-imagino-que-es-la-fotosíntesis-pero-quién-sabe-qué-es-en-realidad. «Es el sol —pensé—, tiene que ser el sol.» El sol es tan infrecuente para los londinenses que siempre parece que lo hemos pedido prestado.

El caso es que Freddie y yo arqueamos las cejas con bastante facilidad, y en aquel momento, ante el sol del atardecer, me di cuenta de que su ceja simiesca se había tensado igual que solía hacer la de su padre. Y luego, al mirar la punta del mechón que quedaba justo por encima de mi línea de visión, comprendí que yo había hecho lo propio. Mi padre me dijo en una ocasión que mi manera de fruncir el ceño cuando me molestaba el sol era muy similar a la suya. Me gusta el modo en que el clima despierta estos rasgos heredados para que todos los puedan ver... Y mientras caminábamos junto a las zarzas que todavía estaban verdes y duras y solo insinuaban lo que un día, en septiembre, llegarían a ser, me di cuenta de que en aquel lugar me sentía como en casa.

Ahí estaba el olor de las espigas de trigo durante la cosecha de Norfolk. Ahí estaban los ojos entrecerrados por el resplandor del sol, que se reflejaba, ardiente, sobre el trigo mecido por la brisa. Ahí estaban los tomates del invernadero que nos comíamos con pimienta negra, probablemente en el jardín, en muebles de plástico. Ahí estaba también el momento de recoger frambuesas de un campo que parecía invitar al autoservicio, y el olor del viento que nos acompañaba junto al coche mientras volvíamos a casa para mancharnos con ellas los dedos y los labios. Ahí estaba el placer de pasar largos veranos con mi abuelita; veranos que yo saboreaba porque sospechaba que esa satisfacción tan simple duraría para siempre. Ahí estaba el hecho de irme a la cama por la noche y saber que el día siguiente traería consigo los mismos placeres.

Aquello era, sin duda, mejor que una clase de yoga.

Aquel paseo me pareció especialmente intenso porque lo viví con Freddie, y me dio la excusa para explicarle detalles de mis veranos con la abuela; cosas que, de no haber estado ahí, seguramente no habría pensado en contarle. Fue un encuentro entre dos mundos, el de la infancia y el de los adultos, propiciado por una tarde de verano.

Pero aunque la comida tiene, por supuesto, la capacidad de activar el viaje emocional en el tiempo, creo que aquello que sentí en Hampstead Heath esa noche apela a algo más allá de la reminiscencia. Llamó mi atención cómo las cosas que ocurren de modo natural —desde la hierba secada al sol y el césped recién cortado hasta las tomateras y las frambuesas maduras— pueden consolidar el espíritu, transcendiendo los cinco sentidos. Me sentí mecida por la brisa que soplaba a través de las hojas verdes del castaño de Indias y transportada por la hierba tostada con perfume de oro. La Madre Naturaleza estaba en pleno apogeo. Esta no es una idea nueva: basta con echar un vistazo a «Las comisuras de la boca (lo que proporciona alimento)» en el *I Ching* (o *Libro de los cambios*), el antiguo libro chino sobre adivinación. En él se muestra un diagrama de la boca dibujada en líneas horizontales, y se dice: «La propia nutrición, específicamente la del cuerpo, está representada en las tres líneas inferiores, mientras que las tres superiores representan el alimento y el cuidado de otros, en un sentido superior, espiritual».

Durante miles de años, el alimento ha estado asociado a la crianza. Pero ahora, desde que he escrito estas líneas, he apreciado también la idea de la «Madre Naturaleza». Solía pensar que era una expresión edulcorada, un eufemismo (como lo de «las abejitas y el polen», o el «ha pasado a mejor vida», o lo de las cigüeñas entregando bebés a los humanos); un término casi neovictoriano para explicarles a los niños aquello de lo que los adultos no querían hablar: el sexo, la muerte y los hechos menos sabrosos de la vida. Sin embargo, tras reflexionar sobre esa noche en Hampstead Heath, y sobre todas las veces que me he sentido en paz en el último año, me he dado cuenta de que la naturaleza ha desempeñado siempre un papel crucial; te une a la tierra y es maternal. La naturaleza, pues, es un tipo de madre, y, como las buenas madres, sabe cómo poner la comida en la mesa.

La naturaleza nos proporciona lo que comemos, por supuesto, aunque este detalle es muy fácil de olvidar. Cuando yo estaba en la universidad, subsistía con una dieta a base de pasta y garbanzos, ya fuera por separado o juntos. Nunca olvidaré el día en que un amigo entró en la cocina de la residencia de estudiantes y preguntó con curiosidad: «¿De qué están hechos los garbanzos?». Todos nos reímos a carcajadas, pero en el mundo en que vivimos, ¿era realmente una pregunta tan tonta? Simplemente demuestra lo mucho que nos hemos alejado de los orígenes de nuestra comida. La verdad es que resulta muy fácil olvidarlos cuando se vive en la ciudad; los ingredientes nos llegan perfectamente preparados (pollos desplumados, caballa ahumada envasada al vacío, bolsas de lechugas mezcladas para ensalada...) y abandonamos fácilmente el recuerdo de su existencia original (insectos en la lechuga, barro en las zanahorias, sangre en la carne). Yo no dispongo del espacio necesario para montar un huerto en mi casa de Londres, pero sí que he podido plantar algunas hierbas culinarias (laurel, salvia, menta...), y siento que es una forma de conectar —ni que sea levemente— con la naturaleza, recordándome con modestia la fuente de la que como.

ALICE WATERS

Por lo que a Alice Waters respecta, la horticultura forma parte de la naturaleza humana. El cultivo orgánico y pausado de alimentos está en nuestros genes. Yo le robé una hora en Chez Panisse (su legendario restaurante en Berkeley, California). Fue una tarde de junio de 2015, la víspera de un evento destinado a recaudar fondos para «El patio escolar gastronómico», un proyecto filantrópico de Waters para dar a los niños de la escuela Martin Luther King de su ciudad una «educación gastronómica». La escuela tiene un huerto y una cocina para enseñar a los pequeños de dónde proviene la comida y cómo trabajarla y, en un sentido más extenso, enriquecer su educación y sus sentidos gracias al poder de la naturaleza. Para Waters, que recibió formación para ser docente del método Montessori, la educación sensorial de los niños es el aspecto más importante de su aprendizaje, por mucho que brille por su ausencia en el currículum escolar actual. «Necesitamos educar los sentidos de los niños —dice—. Eso significa preparar el huerto con plantas aromáticas, con menta, azahar, salvia, romero... Los niños que han participado en nuestro proyecto se saben los nombres de todas las plantas y sienten que son sus amigas. La naturaleza ha dejado de asustarles o de parecerles algo desconocido.» Desde su creación en 1995, el programa ha ido creciendo a escala nacional, ha viajado a Washington DC y ha sido adoptado por Michelle Obama. Un gran logro.

Obviamente, me reuní con Waters para hablar de su herencia culinaria, tanto de su relación con la comida a través de sus padres cuando era niña como de lo que ella misma le transmitió a su hija, Fanny. Pero su sentido de la responsabilidad materna va más allá de la propia familia. Waters observa un punto débil en la cultura estadounidense moderna —y en todo Occidente en general—: un déficit en la interacción de los niños con la naturaleza. Y ha decidido enfrentarse a ello. Desodorantes, ventanas herméticas, comida rápida y envasada... Convivimos con infinidad de medidas represoras y fuerzas desinfectantes que nos lavan el cerebro y nos llevan a pensar que las cosas siempre deben ser rápidas, baratas, fáciles y convenientes. «Esto va en contra de nuestra naturaleza —afirma Waters—, pero se trata de una adicción.» La misma preocupación muestra Richard Louv en su libro *Last Child in the Woods*: «Dado que los jóvenes pasan cada vez menos tiempo en entornos naturales, sus sentidos se embotan, tanto fisiológica como psicológicamente, y esto reduce la riqueza de la experiencia humana».

Es como si los avances de la vida moderna —redes sociales, videojuegos, alimentos procesados, productos químicos y similares— fueran como drogas, distracciones compulsivas que nos alejan de nuestros egos más puros y felices. Para Waters es así de simple: «La naturaleza incluye tanto la bondad de nuestro interior, la que nos ayuda a sobrevivir física y espiritualmente, como la de nuestro exterior. Nuestra obligación es nutrirla». Jung escribió algo similar en alusión a su idea de la «mente natural», «la clase de mente que brota de fuentes naturales, no de opiniones tomadas de libros; que emerge de la tierra como un manantial natural y que trae consigo la peculiar sabiduría de la naturaleza». Waters, Louv y Jung apuntan hacia una naturaleza que alimenta nuestras destrezas intuitivas y creativas. Cuanto más tiempo pasemos en la naturaleza, más preparados estaremos para dar lo mejor de nosotros mismos.[1]

Entonces Alice dijo algo que me ayudó a entender mejor la idea de la «Madre Naturaleza»: afirmó que cuando los niños están realmente conectados con la naturaleza, la sienten como si fuera su madre. Ciertamente, la unión con el mundo natural nos concede a todos un sentido amplio de pertenencia, y nos hace

---

[1] Como redactor de arte de la BBC, Will Gompertz escribió en *Piensa como un artista* que «solo siendo creativos podremos hallar satisfacción en nuestra era digitalizada».

NECESITAMOS EDUCAR LOS SENTIDOS DE LOS NIÑOS. ESO SIGNIFICA PREPARAR EL HUERTO CON PLANTAS AROMÁTICAS, CON MENTA, AZAHAR, SALVIA, ROMERO...

Alice Waters

ser conscientes de la existencia de una fuerza fundadora. Aunque Waters no cree que la naturaleza tenga que estar necesariamente relacionada con la comida (para ella, nadar en un lago es tan válido como cortar champiñones sobre una tabla para cocinarlos), reconoce que «al conectar con la naturaleza a través del estómago, resulta que se digieren los valores de la misma». Tal vez, entonces, la mejor manera de procesar los beneficios del mundo natural sea alimentando directamente nuestros cuerpos...

Cuando le pregunté si estaba tratando de transmitir toda esta idea de la naturaleza a su propia hija, Waters me respondió que no había duda, que por supuesto, y se remontó de nuevo a su época en Montessori para explicar cómo apelaba a los sentidos de Fanny. «Preparé un huerto para ella..., con hierbas, flores, fresas silvestres, alubias..., y enseguida se volvió omnívora. Desde entonces jamás se ha negado a probar una receta.» Waters abrió los ojos de su hija no solo a las plantas y a las maravillas naturales de su huerto, sino también a sus sabores.

Por supuesto, hizo extensible sus enseñanzas a los niños de Berkeley y de otros lugares. Los motivos que inspiraron a Waters a crear «El patio escolar gastronómico» fueron diversos: sus tres hermanos y ella crecieron en Nueva Jersey, en la época de la posguerra. Sus padres cultivaron y cocinaron verduras por necesidad, pero no eran unos entusiastas de la comida. Su madre usaba gran cantidad de verduras congeladas y frutas enlatadas, aunque a veces también carne, y productos como el maíz y los tomates (que tomaban con mantequilla y sal) crecidos en su propia Huerta de la Victoria.[2] Alice recuerda haber disfrutado de una infancia muy libre; trepaba a los árboles, iba en bici,

---

[2] Fue el presidente Roosevelt quien, durante la Segunda Guerra Mundial, animó a los ciudadanos estadounidenses a que cultivaran comida, no solo para su uso personal, sino para vendérsela también a los soldados. Al finalizar la guerra, los padres de Alice mantuvieron su pequeño huerto pese a dejar Nueva Jersey para irse a Berkeley. Ahora ella está intentando revitalizar el movimiento en Estados Unidos.

exploraba bosques... La única norma inquebrantable de sus padres era que los seis tenían que estar en casa para comer. «Mi generación fue la última que gozó de ese tipo de libertad y creció sabiendo lo que son las plantas. Lo cierto es que me siento al mismo tiempo afortunada y triste por eso. Lo único que hacíamos era jugar al aire libre y no teníamos televisor. Ahora pienso que llevar a los niños al parque es lo más valioso que podemos hacer por la sociedad.»

Su otra gran influencia —que ha quedado muy bien documentada— es Europa. Waters ha citado a menudo su traslado a Francia, a los diecinueve años, como el principal catalizador de su cambio; a partir de aquel momento se interesó por lo que ahora entendemos como «comida lenta», que formaba parte de la rutina gastronómica de Francia, un lugar donde todo el mundo se compraba el pan a diario y comía alimentos de temporada, cultivados lo más cerca posible y preparados en los restaurantes del barrio. En adelante todo cambió para ella, desde su sistema de creencias hasta sus preferencias. «El sabor llegó a mi vida», dijo. Más tarde, en 1968, volvió a Londres, justo al lado de Hampstead Heath, para cursar sus estudios en Montessori (para niños de tres a seis años). La cultura de la comida rápida aún no había llegado a las costas del Reino Unido y los mercados todavía estaban aquí, con sus carretillas. «Yo solía ir a Harrods y maravillarme de las piezas de montería, de las aves salvajes, de los hermosos pescados y de las ostras, y solía ir a la tienda de Elizabeth David, en Pimlico, para comprar jalea de grosella negra. En Inglaterra solía cocinar mucho en casa.» Lo que Alice describe es un mundo en el que los productos silvestres y autóctonos británicos eran un hecho consumado, incluso ubicuo. Ahora, para mi generación, están disponibles los mismos productos, aunque en tiendas de lujo y a precios prohibitivos. De hecho, escribo esto en vísperas del *glorious twelfth*,[3] cuando el

---

[3] Se trata del 12 de agosto, fecha en que se levanta la veda para cazar urogallos en el Reino Unido.

primer urogallo de la temporada, solo uno, estará disponible en aquellos restaurantes cuyos comensales tengan los bolsillos lo suficientemente llenos. (Hoy en día, en lo tocante a la comida, el tiempo es un lujo.)

Me resultó muy interesante oír las ideas de Waters sobre la cultura alimentaria inglesa, pues yo había crecido considerándola muy inferior a la de Francia, Italia, España e incluso, últimamente, California. Pero en su opinión no es así, ni mucho menos; a su juicio, contamos con un fuerte movimiento hortícola —algo constatable por la mera existencia de una red de huertos urbanos— y con una historia basada en la escritura sobre el tema. Alice se siente muy influenciada por ello. Y algo parecido sucede en Italia, donde, según dice, la horticultura es una extensión de la gastronomía.

En ningún momento logré mantener una charla sincera y profunda sobre las recetas de su madre, pero en la cocina de Alice Waters siempre hay un punto de calidad profundamente maternal. Oí el mensaje fuerte y claro: la naturaleza es nuestra madre, ella nos nutre. Debemos devolverle el favor, mantenerla fuerte y sana para las generaciones futuras, y alimentar nuestros cuerpos y espíritus. Como muestra de su legado, Waters merece sin lugar a dudas el apodo que le han puesto: «la madre de la comida estadounidense».

LEGUMBRES

En inglés, las legumbres se llaman *pulses*, y me parece un nombre de lo más adecuado, pues en mi opinión marcan el pulso de todas las dietas; son su corazón palpitante. Yo crecí dándolas por sentado. Tal vez en este sentido representen no solo la cocina de mi madre, sino la esencia de la cocina de todas las madres: constante y discreta, quizá algo anodina, hasta que un día te alejas de ella y te das cuenta de que a) está muy buena, b) demuestra una gran habilidad para poner en la mesa platos aparentemente sencillos y c) actúa como una caja de resonancia en la que reverberará y será juzgado todo lo que comamos en la vida.

Dado que me criaron para ser vegetariana, las legumbres nunca faltaron en la mesa. Las alubias rojas en invierno, las lentejas verdes de Puy frías en verano y un frigorífico siempre repleto de *hummus* de diferentes tipos (algunas cosas nunca cambian). Pero no fue hasta que me trasladé a Leeds para ir a la universidad y me llevé uno de los famosos «paquetes de supervivencia» de mamá cuando realmente descubrí lo imprescindibles que pueden resultar las legumbres. (La palabra *supervivencia* se usa aquí de manera laxa. El paquete de Layla, mi prima pequeña, contenía una cabeza de ajo, un tampón, un hámster de juguete y dos libras y media para comprar el *Guardian* del sábado en su primer fin de semana en la universidad.) En el mío había una serie de elementos insignificantemente esenciales, algunos, para ser sincera, más útiles que otros. En un primer momento supuse que mi madre tenía demasiados garbanzos en la despensa y que por eso me había puesto un par de latas, pero a finales del trimestre, cuando me quedé sin dinero, comprendí lo sabia que había sido al incluirlas. Con ellas, el paquete de supervivencia hizo verdadero honor a su nombre. Disponía, pues, de una cebolla y un diente de ajo, y recuerdo haber cortado una ramita de romero en el jardín delantero de una casa de Headingley. Sofritos a fuego lento, estos cuatro ingredientes se convirtieron en la base de muchas de mis comidas estudiantiles, unas veces con tomates picados y arroz, otras acompañados de más verduras y pasta para obtener una sopa italiana. Lo que al principio me pareció gris y soso acabó convirtiéndose en algo vital para mi cocina. Por supuesto, no solo hay garbanzos enlatados, y hay otras legumbres aparte de estos. De las legumbres podemos comernos las vainas, las semillas o ambas. La familia que forman es muy extensa y, al igual que todas las grandes familias, sabe cómo alimentar muchas bocas sin gastar demasiado ni comprometer el sabor o la pluralidad. En mi cocina solo alcanzo a abarcar algunas de las variedades de legumbres (nunca cocino con azukis o soja verde mungo, por ejemplo), y mis favoritas son los garbanzos, las lentejas y las alubias blancas, rojas y pintas. Si no he dedicado demasiado tiempo a pensar en lo que voy a cocinar y necesito una dosis rápida de proteínas para rellenar un guiso o para elaborar un acompañamiento rápido y rudimentario, las latas de legumbres son siempre recursos magníficos. Es cierto que los tarros de cristal suelen tener una calidad superior (con buenas marcas de *delicatessen* —a mí me gustan las españolas— pueden cocinarse garbanzos excelentes, de textura grasa y sabor intenso), pero no siempre es preferible usarlos. Para algunas recetas (como la que presento a continuación), la consistencia blanda de las alubias enlatadas es ideal.

Antes de empezar a escribir sobre comida, pasé por una fase en la que quise redactar un guión cinematográfico, y, como parte de mi investigación, leí el texto seminal de Robert McKee, *El guión*. En él sostiene que los personajes surgen de sus conflictos, en un choque inherente entre sus deseos conscientes e inconscientes, y que esto es lo que hace que un personaje resulte convincente (y, en el curso de un guión, que el conflicto se resuelva). Quizá esté yendo demasiado lejos al dotar de deseos conscientes e inconscientes a las semillas comestibles de las plantas leguminosas, pero, como grupo de ingredientes, las legumbres estarían sorprendentemente llenas de contradicciones: son básicas pero lujosas, antiguas pero modernas (y a veces incluso «de moda»), modestas pero capaces de hacerse cargo de muchos guisos, fáciles de cocinar pero algo exigentes, ligeras pero extrañamente pesadas, ávidas de agua pero insólitamente secas en la boca. Son estas contradicciones las que las mantienen siempre interesantes. Como verás en algunas de las recetas que aquí presento, mis favoritas, las legumbres crean platos realmente interesantes.

PURÉ DE ALUBIAS BLANCAS Y ACEITE DE OLIVA

He aquí una versión perezosa y accidental del hummus. *A mí me gusta especialmente emplear la variedad llamada garrofón porque se vuelve realmente cremosa cuando se ablanda, aunque la alubia blanca tradicional también funciona bien. Pueden cocinarse secas (en cuyo caso es preferible hervirlas con una hoja de laurel), pero cuando tengo invitados suelo concentrarme en el plato principal, así que para el acompañamiento uso las de lata. Siempre es útil tener un as en la manga, por si hay que hacer algún truco de magia.*

Para 2-4 personas

400 g de alubias blancas (mejor si son garrofones) cocidas en lata
 (o 100 g de las secas, que deberían dejarse en remojo toda la noche
 y hervirse hasta que estén blandas; luego escurrir y reservar un
 poco del agua de la cocción)
ralladura de piel de ½ limón
1 diente de ajo
2 cucharadas de aceite de oliva virgen extra, y un
 poco más para aliñar
3 ramitas de albahaca, eneldo o perejil, solo las hojas
sal y pimienta negra, al gusto

1. Coloca todos los ingredientes en la batidora junto con un poco de agua tibia (o de la que has reservado de la cocción de las alubias) y tritúralo durante unos 20 segundos. Ponlo todo en un cuenco de manera que quede una montaña y alíñalo con un poco de aceite de oliva virgen extra por encima. Sírvelo con verduras, pan de pita o lo que quieras.

:::::::::::: ENSALADA DE GARROFONES Y ATÚN :::::::::::::

Esta receta funcionaría mejor con alubias secas puestas en remojo, ya que así conservarían mejor su forma (a diferencia de las de lata, que pueden quedar un poco deshechas), pero entonces no sería la solución rápida que se pretende ofrecer con esta receta. La idea es proporcionar una alternativa algo más devota para estos tiempos de comidas rápidas a base de bocadillos, pícnics, picoteos o despensas vacías, y aunque no soy nada exigente sobre si el atún tiene que ser en aceite o en escabeche, sí que prefiero comprar filetes en conserva antes que frescos.

Para 2-4 personas

400 g de garrofones cocidos en lata, escurridos
120 g de filetes de atún en conserva (en aceite o escabeche), escurridos
1 cebolla roja, picada fina
1 cucharada de aceite de oliva virgen extra
ralladura de piel de ½ limón
un poco de perejil, picado fino (opcional)
sal y pimienta negra, al gusto

1. Mezcla las alubias y el atún en un cuenco. Desmenuza el atún a medida que lo vas sacando de la lata.
2. Añade la cebolla picada y el resto de los ingredientes, sin más. Mézclalo bien con el aliño y déjalo reposar a temperatura ambiente durante unos 30 minutos, para que los sabores tengan tiempo de mezclarse.

«¿Para qué molestarme en hacerlo yo misma si la casa Heinz ya las prepara tan bien?», te preguntarás. Pues porque, aunque ambas opciones sean igual de cómodas, la casera tiene mucho más sabor: especias, dulce, amargo... Todo.

Para 4 personas

250 g de alubias blancas secas
2 cucharadas de aceite de oliva virgen extra
2 cebollas, picadas finas
2-3 dientes de ajo, picados finos
1 cucharadita de curry
½ cucharadita de pimentón
1 cucharadita colmada de tomate triturado
400 g de tomate triturado o entero en conserva
3 cucharadas de vinagre (de vino tinto o blanco)
3 cucharadas de azúcar moreno
sal y pimienta negra

1. Sumerge las alubias en agua fría y déjalas en remojo toda la noche.
2. Al día siguiente, escúrrelas y ponlas en una olla grande. Cúbrelas con agua y llévalas a ebullición. Baja el fuego para que se cuezan lentamente durante 1 hora. Luego escúrrelas de nuevo, vuelve a echarlas en la olla y haz que hiervan otra vez con agua nueva, a fuego lento, hasta que se ablanden.
3. Calienta el aceite de oliva en una sartén honda a fuego medio y, cuando empiece a chisporrotear, echa la cebolla con un poco de sal. Sofríela durante un par de minutos, luego añade el ajo y déjalo unos minutos más, removiendo a menudo, hasta que se ablande.
4. Agrega el curry, el pimentón, el tomate triturado, los tomates enteros (echa agua en la lata para asegurarte de que las ha vaciado del todo y luego vierte su contenido en la sartén),

el vinagre, el azúcar y un poco de sal y pimienta. Si usas tomates enteros de lata, rómpelos en la sartén con una cuchara de madera.

5. Sofríe durante 5 minutos a fuego medio-alto y luego añade las alubias escurridas para que se calienten con la salsa. Puedes comértelo enseguida, aunque lo ideal es dejarlo reposar unas horas para que los sabores tengan tiempo de mezclarse. Sírvelo en tostadas de pan de centeno con mantequilla. Pocas cosas saben mejor.

:::::::::::::::::::::::::: «PASTA E FAGIOLI E CECI» ::::::::::::::::::::::::::

He aquí una versión de «despensa» de dos clásicos italianos —pasta con alubias y pasta con garbanzos— que sale de mi cocina cuando tengo cuatro bocas que alimentar, una lata de alubias y otra de garbanzos.

Para 4-6 personas

6 cucharadas de aceite de oliva virgen extra, y un
   poco más para aliñar
1 cebolla, picada fina
1 apio, picado fino
1 zanahoria, picada fina
1 hoja de laurel
1 ramita de romero
1 diente de ajo, picado fino
400 g de alubias en conserva, escurridas
400 g de garbanzos en conserva, escurridos
1 cucharada de tomate triturado
1,5 l de agua
Corteza de parmesano o 50 g de parmesano, rallado
200 g de pasta pequeña tipo pistón
sal y pimienta negra

1. Calienta el aceite de oliva en una sartén grande a fuego lento. Incorpora la cebolla, el apio, la zanahoria, la hoja de laurel y el romero. Sofríe poco a poco durante unos 10 minutos, después añade el ajo y sofríe un par de minutos más. Tendría que quedarte un aromático y suave sofrito.
2. Añade las alubias escurridas, los garbanzos y el tomate triturado y remueve bien, para que todo quede perfectamente mezclado. Agrega el agua y la corteza de parmesano (si no tienes corteza, añade los 50 g de parmesano rallado en el paso 4); llévalo a ebullición y luego reduce a fuego lento durante 15 minutos.
3. Saca la hoja de laurel, el romero y la corteza de parmesano (si habías puesto). Con la batidora, tritura a la máxima potencia la mezcla de las alubias; el objetivo es que quede triturado a medias, como una pasta densa con algunas alubias enteras.
4. Echa la pasta en una cazuela y hiérvela hasta que esté *al dente*. Ve vigilándola; puede que tengas que añadir un poco de agua. Si no has usado la corteza de parmesano, añade ahora los 50 g de queso rallado. Sazona al gusto y sírvelo con un poco más de aceite de oliva virgen extra en la mesa.

:::::::::::: PESCADO CON ESPECIAS Y ALUBIAS ::::::::::::

La merluza de Honey and Co. en salsa matbuha *«falsa» —publicada en una de las primeras columnas del suplemento* Cook *del* Guardian *— inspiró esta receta, aunque no sea exactamente igual que la original. Digo que es falsa porque la* matbuha *(«ensalada cocida» en árabe) del norte de África suele estar hecha con pimientos frescos, tomates y alubias remojadas. Y aquí, en cambio, como verás, es una de esas «sorpresas de la despensa». Yo acostumbro a hacerla con garbanzos, ya que es lo que suelo tener, aunque también funciona con cualquier tipo de alubias.*

Para 2 personas

3 cucharadas de aceite de oliva virgen extra
6 dientes de ajo, machacados
1 cucharada de comino molido
1 cucharadita de pimentón
1 cucharadita de cilantro molido
1 cucharadita de alcaravea molida
1 rama de canela
una pizca de copos de chile seco
1 cucharada de *harissa*
1 cucharada de tomate triturado
250 ml de agua
1 limón que no esté encerado, cortado en cuartos, y uno
    de los cuartos cortado en rodajas finas (con piel y todo)
400 g de alubias (las que quieras) en conserva, aclaradas
    y escurridas
una pizca de azúcar (opcional)
300-400 g de pescado blanco en filetes (merluza, bacalao
    o pescadilla), cortados por la mitad
pan tierno y crujiente, al servir
sal y pimienta negra

1. Calienta el aceite en una sartén a fuego bajo, luego añade el ajo y las especias y sofríelo, removiendo de vez en cuando, unos 2 minutos o hasta que el ajo esté cocido y un embriagador aroma especiado invada tu cocina. Agrega el tomate triturado, el agua, las rodajas de limón y las alubias; remuévelo y llévalo a una suave ebullición.

2. Rectifica la sazón; tendría que ser picante y ácida, y solo un pelín dulce. Añade sal y, si lo ves necesario, una pizca de azúcar.

3. Sala el pescado y después colócalo con cuidado en la salsa hirviendo, con la piel en la parte de arriba. Tapa la sartén y déjalo a fuego lento unos 5-6 minutos, hasta que el pescado esté cocido. Para comprobarlo, pínchalo con un cuchillo o

con la parte posterior de una cuchara; debería hundirse y recuperar la consistencia, o escamarse si ejerces más presión.
4. Échale un poco más de pimienta y sírvelo con pan tierno y crujiente y el limón cortado en cuartos.

En la medida de lo posible, vale la pena planificar cuándo vas a cocinar legumbres y ponerlas previamente en remojo. Trata de dejarlas así el mayor tiempo posible —lo ideal sería durante toda la noche para los garbanzos, y unas cuatro horas para las de tamaño inferior—, pues eso ayudará a darles una consistencia más uniforme una vez cocidas (en el caso de las lentejas sería suficiente con una hora). Después de tenerlas en remojo, hay que enjuagarlas, colocarlas en una cacerola y cubrirlas de nuevo con agua fría (aproximadamente un pulgar por encima de las legumbres; siempre estaremos a tiempo de añadir más si es necesario). Llegados a este punto, a mí me gusta poner una hoja de laurel en el agua para aromatizar las legumbres, pues, a mi juicio, este es uno de los aromas esenciales de la cocina casera. Llévalo a ebullición y luego baja el fuego para que las legumbres acaben de cocerse lentamente.

La aparente dureza de una legumbre seca no es más que eso, aparente. No te confundas; recuerda que en realidad son alimentos pequeños y delicados. Para evitar que se rompan, pues, agítalas lo menos posible mientras estén al fuego y no añadas la sal hasta que ya estén hechas, para evitar que la cocción se acelere prematuramente. Cuando se compran legumbres secas, es tentador hacerlo en grandes cantidades, pero lo cierto es que se vuelven muy duras con el tiempo y solo aguantan hasta un año. Por lo tanto, es mejor comprarlas en porciones más modestas, almacenarlas en recipientes herméticos e ir rellenándolos cada dos meses.

Por supuesto, las siguientes recetas funcionan mejor con legumbres previamente puestas en remojo y después cocidas.

LENTEJAS GUISADAS

Las comíamos en Sicilia el día de Nochevieja, cuando el reloj tocaba las doce. Cuantas más tomabas, mayor iba a ser tu suerte para el año que empezaba. Yo comía toneladas. Cruzando los dedos.

*Para 6 personas si es el plato principal
o para 10 si es el acompañamiento*

6 cucharadas de aceite de oliva virgen
   extra, y un poco más para aliñar
1 cebolla, picada fina
1 zanahoria, picada fina
1 apio, picado fino
4 dientes de ajo, picados finos
2 hojas de laurel
500 g de lentejas
1 vaso de vino blanco (opcional)
sal y pimienta negra

1. Calienta el aceite en una sartén honda a fuego lento, echa la cebolla, la zanahoria y el apio, sofríelo suavemente unos 10 minutos y después añade el ajo. Deja que se haga unos 3 minutos más, hasta que la mezcla esté blanda y desprenda su aroma, pero sin que se dore.
2. Agrega las hojas de laurel y las lentejas y sofríelo 1-2 minutos más, removiendo para asegurarte de que las lentejas queden bien incorporadas a la mezcla. Las hojas de laurel deberían empezar a desprender su aroma.
3. Cubre la mezcla con agua y vino si lo deseas. La cantidad de líquido variará en función de las lentejas. Empieza cubriéndolas con el líquido 2 cm por encima de ellas, aunque seguramente necesitarás más. Sube el fuego hasta que rompa a hervir, luego reduce a fuego medio y sofríelo a fuego lento.
4. Mis lentejas suelen tardar un poco más de 30 minutos en es-

tar cocidas, aunque el tiempo puede variar, así que vigílalas y prepárate para añadir más agua.

5. Sácalas del fuego, sazónalas generosamente con sal y pimienta y sírvelas con aceite de oliva. También son deliciosas con una cucharada de yogur natural.

:::::::::::::::::: 3 «DAL» DE LENTEJAS AL COCO ::::::::::::::::::

Una vez me dijeron que esta receta sonaba como si estuviera dando una dirección. Y es que, ciertamente, marca una ruta hacia un estómago feliz. El nombre se debe a las tres texturas de coco que contiene (aceite sólido, copos deshidratados y leche). Juntas definen una receta texturizada, cremosa, algo exótica y (accidentalmente) vegana. Crecí con el dal en diversas formas —normalmente con mezclas más básicas de lentejas, cebolla y curry—, y le tengo mucho cariño al suave punto fuerte del curry, así que lo he mantenido en la receta. Emplea lentejas rojas o negras y recuerda que necesitan mucha agua (especialmente las negras), así que controla el potaje cuando esté a fuego lento, remuévelo continuamente y estate siempre a punto para añadir más líquido. A las lentejas también les gusta la sal; a menudo he añadido lo que parecía demasiada a estos tipos de potaje, pero resulta que la absorben rápido y acaba condimentándolos perfectamente. La cantidad de agua y sal que emplear la decides tú. Solo tú sabes qué cantidad de sal y qué textura son las ideales (a mí me gustan los círculos indescifrables de lentejas en una masa satisfactoria). Recuerda que para «resucitar tu dal», como decía mi abuela, solo hace falta añadir agua al día siguiente y recalentar. Estará como nuevo.

Para 4 personas

1 cebolla
3-4 dientes de ajo
4 cm de raíz fresca de jengibre, pelada
1 cucharadita de semillas de comino

1 cucharadita de semillas de cebolla negra
1 cucharadita de semillas de fenogreco
½ cucharadita de copos de chile seco
1 ½ cucharadas de aceite de coco sólido
3 cucharadas de coco deshidratado
1 cucharadita de curry en polvo
1 cucharadita de cúrcuma molida
250 g de lentejas
400 g de leche de coco
800 ml-1 l de agua, según convenga
el zumo de ½ limón
sal

1. Tritura la cebolla, el ajo y el jengibre con la batidora o pícalos y muélelos en el mortero hasta conseguir una pasta.

2. Pon una sartén grande o una olla honda a fuego medio, echa las semillas de comino, las de cebolla y las de fenogreco, y tuéstalas un par de minutos hasta que desprendan su aroma. Sigue removiendo para que no se quemen.

3. Añade los copos de chile y 1 cucharada del aceite de coco. Una vez derretido, incorpora la mezcla de cebolla, ajo y jengibre. Baja un poco el fuego y deja que la mezcla sude unos 7 minutos hasta que empiece a coger color; después añade el coco deshidratado y fríelo poco a poco un par de minutos más. Agrega el curry, la cúrcuma, la otra media cucharada de aceite de coco y las lentejas. Te interesa que adquieran una cobertura brillante gracias al aceite. Saltéalo 1-2 minutos.

4. Añade la leche de coco y 400 ml de agua, sube el fuego y, cuando hierva, bájalo a fuego lento. Ahora es solo cuestión de ir controlándolo. Agrega agua (100-200 ml) cada vez que absorba el líquido y sigue haciéndolo hasta que el *dal* tenga la consistencia deseada. En mi caso, he visto que puede ser

hasta 1 litro, pero puede que necesites más o menos. Trabaja a ojo.

5. Añade una buena pizca de sal al gusto y aderézalo con zumo de limón. Sírvelo con arroz basmati y yogur.

ARROZ FRITO CON LENTEJAS Y CÚRCUMA

Es un acompañamiento prefecto para carne, pescado y estofados. También está bueno frío, al día siguiente, en una ensalada.

Para 6-8 personas

250 g de lentejas (yo prefiero las verdes)
300 g de arroz basmati
2 cucharadas de aceite de oliva virgen extra
1 cebolla, picada fina
1 cucharadita de cúrcuma molida
2 dientes de ajo, rallados
600 ml de caldo de verduras
1 manojo de cilantro, picado fino
sal y pimienta negra

1. Pon las lentejas en una olla, cúbrelas con agua fría y llévalas a ebullición. Cuando rompan a hervir, reduce a fuego lento y mantenlas así unos 15-20 minutos.

2. Mientras tanto, remoja el arroz en un cuenco con agua fría hasta que vayas a necesitarlo.

3. Calienta 1 cucharada de aceite en una sartén a fuego medio, añade la cebolla, sofríela durante 2 minutos y después incorpora la cúrcuma. Deja que se haga a fuego lento hasta que la cebolla se ablande y se ponga amarilla por la especia.

4. Controla las lentejas. Tendrías que retirarlas del fuego cuando estén aún *al dente* (es decir, crujientes al morderlas).

5. Escurre el arroz e incorpóralo a la sartén junto con el ajo, las lentejas y el resto del aceite de oliva, remueve para que todo se mezcle bien y sofríelo hasta que la mezcla quede brillante con el aceite y la cúrcuma. Sube el fuego al máximo, añade el caldo y deja que hierva durante 5 minutos; después remueve, baja el fuego al mínimo y tápalo. Deja que siga cocinándose lentamente durante unos 10 minutos, hasta que el arroz esté cocido y esponjoso.

6. Destápalo, sazónalo al gusto y échale el cilantro. Listo.

PASTEL DE LENTEJAS DEL PASTOR
CON PURÉ DE BONIATO

Sigo pensando en un nombre alternativo para esta receta, algo que sustituya a pastor y no lleve a pensar en ovejas o corderos. Pero es que «Pastel de lentejas del hortelano» no me suena igual de bien...

Para 6 personas

4 cucharadas de aceite de oliva virgen extra
2 zanahorias, cortadas en dados finos
2 apios, cortados en dados finos
1 cebolla blanca, cortada en dados finos
1 diente de ajo, picado
2 hojas de laurel
500 g de lentejas (yo prefiero las verdes)

2,2 l de agua fría, o un poco más si es necesario
la ralladura de 1 limón que no esté encerado y el zumo de ½
1 cucharadita de pimenta blanca en polvo
½ cucharadita de canela en polvo
½ cucharadita de pimentón
sal, al gusto (necesitarás bastante)

Para el puré de acompañamiento

2 boniatos
6 patatas medianas
1 cucharada de mostaza de Dijon
1 cucharada de aceite de oliva, y un poco más para aliñar
70 g de queso cheddar rallado (cuando puedo, uso el ahumado)
parmesano rallado, al gusto

1. Primero haz el sofrito. Calienta 3 cucharadas de aceite de oliva en una olla honda a fuego lento; añade las zanahorias, el apio y la cebolla, y sofríelo durante 10 minutos, hasta que se ablanden. Luego incorpora el ajo y las hojas de laurel y sofríelo 5 minutos más.
2. Precalienta el horno a 200 °C. Agrega las lentejas al sofrito de la olla y déjalo 1 minuto aproximadamente, removiendo para que se mezclen bien con el aceite brillante.
3. Cúbrelas con agua, sube el fuego, llévalas a ebullición y luego reduce otra vez a fuego lento, removiendo de vez en cuando, hasta que estén cocidas. Controla el nivel del agua y añade más si las lentejas la han absorbido y aún están duras.
4. Mientras tanto, pon los boniatos a asar en el horno unos 45 minutos y hierve las patatas durante 25 minutos o hasta que estén blandas. No hace falta que las peles. Saca los boniatos del horno cuando estén listos y déjalos enfriar unos minutos. Luego pártelos por la mitad, saca la carne naranja y ponla en un cuenco. Escurre bien las patatas y después incorpóralas a los boniatos.
5. Cuando las lentejas estén tiernas y hayan absorbido casi toda el agua, dejando justo un poco de jugo oscuro en el fondo de

la olla, añádeles la ralladura de limón, el zumo, la pimienta, la canela, el pimentón y el resto del aceite de oliva. Sazónalo bien y luego vierte la mezcla en una bandeja de horno.

6. Prepara el puré mezclando la patata y el boniato e incorpora la mostaza, el aceite de oliva, el queso y un poco de sal. Distribúyelo uniformemente por encima de las lentejas y cúbrelo con el parmesano rallado. Mételo en el horno unos 20 minutos, hasta que burbujee por los lados y se dore por la parte superior. Puedes comerlo con *chutney* y verduras.

::::::::: TAYÍN DE GARBANZOS, ACEITE Y PASAS :::::::::

Si fuese fiel a los nombres tradicionales marroquíes, esta receta no debería llamarse tayín *sino potaje a la cazuela de hierro fundido, en honor al recipiente en el que se cocina. Pero sería demasiado largo y embrollado, y este plato increíblemente fácil es todo lo contrario. Los garbanzos —que siempre me han parecido poco sustanciosos— son su columna vertebral, y las cebollas caramelizadas, las zanahorias y las frutas deshidratadas y con miel le dan una dulzura que compensa la acidez de los limones en conserva, las aceitunas* umami *y las especias aromáticas. ¡Ni que decir tiene, pues, que esta receta encierra una complejidad de sabores que la convierten en un espectáculo que no requiere esfuerzo!*

Para 6 personas

800 g de garbanzos secos
5-6 hebras de azafrán
50 g de mantequilla sin sal
4 cebollas, 1 rallada y 3 cortadas en medias lunas
3 cucharaditas de canela en polvo
2 cucharaditas de jengibre en polvo
$\frac{1}{2}$ cucharadita de nuez moscada fresca en polvo
1 cucharadita de sal
1 cucharadita de pimienta negra en polvo

4 zanahorias, peladas y cortadas en trozos de 2 cm
200 g de pasas sultanas (yo prefiero las doradas)
unos 350 g de aceitunas verdes sin hueso
1 cucharada de miel
1 cucharada de aceite de oliva virgen extra
1 limón en conserva, sin la pulpa y con la cáscara cortada fina
un buen puñado de almendras enteras, tostadas
1 cucharadita de *ras al hanut* (opcional)

1. Pon los garbanzos en remojo, en agua fría, durante toda la noche.
2. Haz agua de azafrán echando las hebras en una taza con dos cucharadas de agua caliente. Deja infusionar durante 10 minutos.
3. Derrite la mitad de la mantequilla en una olla honda o en una bandeja de horno a fuego bajo. Añade el agua de azafrán, la cebolla rallada, la canela, el jengibre, la nuez moscada, la sal y la pimienta. Cocínalo unos 10-15 minutos, removiéndolo hasta que la mezcla alcance una consistencia de masa aromática y la cebolla empiece a estar transparente y se deshaga con las especias.
4. Escurre los garbanzos, incorpóralos a la olla, cúbrelos con agua hasta que esta quede medio centímetro por encima, pon la tapa, sube el fuego hasta alcanzar el punto de ebullición, y déjalo a fuego lento durante 30 minutos. A continuación, incorpora las cebollas en rodajas y sigue a fuego lento unos 20 minutos más.
5. Precalienta el horno a 120 °C. Comprueba la sazón del caldo y luego agrega las zanahorias, las pasas y las aceitunas. Cuécelo a fuego lento hasta que las zanahorias estén tiernas (es decir, que mantengan la forma pero sin estar crujientes).
6. Reserva las verduras, los garbanzos y las pasas del caldo, y colócalas en un plato resistente al calor. Cubre el plato con papel de aluminio y mételo en el horno caliente.
7. Añade la miel, el aceite de oliva y el resto de la mantequilla

al caldo, llévalo a ebullición y mantenlo a fuego lento hasta que se reduzca y espese.

8. Coloca las verduras y los garbanzos calientes en un plato. Vierte por encima el caldo reducido y rocíalo con los trozos de limón en conserva, las almendras y un poco de *ras al hanut* —si te apetece— para darle un toque extra de belleza y especias. Sírvelo con cuscús, arroz y, si experimentas un rapto de bondad láctea, un poco de queso de cabra o feta por encima.

ENSALADA DE ALUBIAS BLANCAS Y ZANAHORIA

No conozco a nadie a quien no le guste esta receta. El secreto de esta ensalada radica en el aderezo, que se basa en el poder del zumo de limón para romper las emplumadas cebollas en suaves hebras con un toque violeta crujiente y endulzado con un poco de azúcar. El aliño cubre las alubias y cualquier verdura que elijas como complemento; a mí me gustan las zanahorias salteadas, aunque en verano el hinojo también está muy rico. En invierno puedes probar con trozos de boniato asados.

Como siempre, si quieres algo realmente bueno, añádele aceite de oliva virgen extra picante.

Para 4 personas

250 g de alubias blancas secas
1 cebolla roja, cortada en rodajas
la ralladura y el zumo de 1 limón sin encerar
1 cucharada de azúcar
6 cucharadas de aceite de oliva virgen extra,
    y un poco más para freír
6 zanahorias, lavadas y peladas (si quieres)
1 manojo de eneldo, picado fino
sal

1. Pon las alubias en un cuenco, cúbrelas con agua y déjalas en remojo durante 4 horas.
2. Escurre las alubias, ponlas en una olla y cúbrelas con agua fría; debería haber el doble de agua que de alubias. Llévalas a ebullición y después cuécelas a fuego lento durante 1 ½-2 horas, hasta que estén tiernas.
3. Mientras tanto, pon la cebolla roja en rodajas en un cuenco mediano y cúbrela con la ralladura y el zumo de limón, el azúcar, el aceite de oliva y un poco de sal. Déjalo reposar 1 hora (hasta que el color rojo de la cebolla empiece a filtrarse en el líquido y las rodajas estén blandas).
4. Después corta las zanahorias en diagonal para obtener trozos de 1,5 cm de grosor. Luego escurre las alubias.
5. Calienta un chorro generoso de aceite en una sartén a fuego medio e incorpora las zanahorias. Sofríelas 10 minutos hasta que empiecen a reblandecerse y coger color, y entonces echa la mitad del eneldo. Prueba un trozo de zanahoria; debe estar un poco crujiente. Añade las alubias escurridas y sigue salteando durante 2 minutos más.
6. Vierte la mitad en la mezcla con la cebolla y la otra mitad en la mezcla con el eneldo, después colócalo en un plato, cúbrelo con las rodajas de cebolla sobrantes y alíñalo con el resto del líquido de la maceración de la cebolla.

EQUILIBRIO

Para mí, las recetas son conversaciones, no lecturas.

RUTH REICHL, *My Kitchen Year*

Estoy convencido de que hay una comida para cada ocasión y cada momento. La necesidad de claridad y de firmeza ante lo que está bien y lo que está mal [...] todo eso debe aplicarse a los platos.

YOTAM OTTOLENGHI,
entrevistado en Londres, noviembre de 2015

ENTRANTES

Todos los sábados por la mañana voy a una clase de *spinning*. Eso significa que pedaleo sobre una bicicleta estática al ritmo de una música supermarchosa, y que durante cuarenta y cinco minutos siento una especie de dolor sordo y ardiente en los muslos. Me doy cuenta de que no estoy pintándolo demasiado apetecible, pero os aseguro que me gusta más de lo que parece. El entrenador, irlandés, suele poner música del espectáculo *Riverdance*, cuya banda sonora me carga siempre las pilas (es increíble lo que puede inspirar un ritmo popular). Entre los esprints, las subidas y las bajadas, el monitor nos aconseja que vayamos volviendo a nuestra «resistencia base», un ritmo cómodo que no nos exija un esfuerzo extenuante, pero en el que los músculos de las piernas sigan activos. Este nivel de resistencia es distinto para cada individuo —huelga decir que el mío no será igual que el tuyo—, por lo que al principio de cada clase se nos anima a encontrar el nuestro. A estas alturas, yo ya sé que el mío se sitúa en el nivel diez. La «resistencia base», en el *spinning*, es una zona de confort personal, normal (o, al menos, todo lo normal que pueda ser teniendo en cuenta que se está pedaleando en una bicicleta estática en una pequeña habitación oscura con luces de discoteca y música de *Riverdance*).

Pues bien, yo creo que con la comida sucede lo mismo: todos tenemos un punto de resistencia base en el que se hallan nuestros alimentos preferidos, los platos que nos dejan satisfechos, bien alimentados y saciados. Igual que mi nivel diez en *spinning*, estos alimentos son exigentes pero no agotadores; sin constituir por regla general grandes indulgencias, a menudo son justo las cosas que realmente nos apetece comer. Implican rutina, sí, pero una amable y casera, alejada de los subidones de probar recetas nuevas o salir a comer fuera. En mi caso, se trata de espaguetis con salsa de tomate, de tostadas de aguacate, de lentejas cocidas con yogur y aceite de oliva, de patatas al horno con verduras encurtidas de la marca Branston, de ensalada verde con vinagreta, de huevos duros con tiras de pan untadas de Marmite, de verduras con ajo y tostadas... Básicamente, de las cosas que he comido durante toda mi vida y que me sirven para definir el concepto de «comida de confort», esa que nos aporta combustible y serenidad al mismo tiempo. (Tal como yo lo veo, el concepto no me suena nada decadente.)

Cocinar con regularidad para los mismos comensales nos invita a reflexionar sobre esta «resistencia base» del avituallamiento. En estos momentos de mi vida comparto piso con dos personas, con una (Freddie) cuya base es la escalopa de pollo empanada con patatas asadas, y con otra que, casi todas las noches, come verduras al vapor con salsa de queso del supermercado. Para mí, estos antojos diarios —tanto del uno como de la otra— son un misterio insondable. Sea como sea, más allá de los juicios de cada uno, todos tenemos nuestro enfoque sobre el equilibrio dietético, y yo sé que el mío hunde sus raíces en la mesa de mi madre. (Y diría que el de Freddie también, pues la suya prepara unas patatas asadas superlativas, que, junto con los *nuggets* de pollo, fueron su principal fuente de alimentación durante la infancia; supongo que la escalopa empanada es una progresión natural.) En un mundo ideal, nuestros padres nos ofrecen consuelo; si nuestra experiencia paterna ha sido positiva, entonces tiene sentido que los alimentos que tomamos de pequeños, la comida que aprendimos a comer, sean aquellos a los que regresamos naturalmente cuando buscamos una base estable.

Quizá tengamos que sentirnos desequilibrados para darnos cuenta de lo importante que es el equilibrio para sentirse bien. Encontrar una ruta hacia el equilibrio físico y mental es, una vez más, algo que depende de cada uno. Mis sesiones de pedaleo con *Riverdance* comenzaron como un esfuerzo para compensar mis excesos de entre semana, por ejemplo. Y del mismo modo que intento leer una novela si solo he estado leyendo libros de recetas durante un tiempo, trataré de preparar algo como un curry de verduras si solo he estado comiendo bocadillos en mi escritorio durante la semana. El equilibrio evita el estancamiento y la sobrecarga; mantiene nuestro aprecio por las cosas que sabemos que nos gustan y hace que nuestra experiencia al respecto sea la mejor posible. Esto es aplicable a todo, y ciertamente también a la comida, a quien la prepara y a quien se la come. Pienso en esta idea del equilibrio de dos maneras distintas en relación con la comida. En primer lugar, el equilibrio de los sabores; una responsabilidad que recae principalmente en el cocinero, pero que el comensal puede ajustar cuando la comida ya está en su plato. El condimento aquí es esencial. En el *Guardian Cook*, la sal es prácticamente el único ingrediente para el que nunca proporcionamos una cantidad específica en las recetas, sino que lo dejamos al gusto del lector/cocinero, que será quien tome esa decisión. Por supuesto, deberán tener en cuenta sus preferencias personales (¿qué sentido tiene servir algo cuyo sabor no convence a quien lo prepara?), pero también deberán recordar que los comensales acostumbran a tener paladares diferentes. Por esta razón, y dado que el exceso de sal es muy difícil de arreglar, yo prefiero excederme por el lado de la precaución y subsanar luego el error en la mesa (a excepción del agua de la pasta; véase la página 77). También recomiendo salar de menos porque hay mucha gente que tiene el insólito y absurdo hábito de agregar sal a su plato antes de probarlo.

En segundo lugar, el equilibrio como una cuestión de salud, pero trascendiendo la idea de «estar sano». Comprender los ingredientes y, de paso, el modo en que se prepara la comida para ellos va más allá de tratar bien el cuerpo. La cocina conecta el hecho de comer como un acto físico y comer como un acto mental, y aborda el cisma entre la mente y la conciencia del cuerpo que planteo en la página 222, a partir de mi entrevista con Susie Orbach. No me refiero a estar todo el rato pensando en lo que comemos y poniéndolo en cuestión (como muchos han empezado a hacer en Occidente), sino a ver la comida como algo que necesitamos, tanto física como espiritualmente, y a comprender que al cocinar estamos alimentando al mismo tiempo el cuerpo y la mente.

YOTAM OTTOLENGHI

Si echas un vistazo a la lista de ingredientes de cualquiera de las recetas de Yotam Ottolenghi, verás que parecen mantener un delicado equilibrio. Tres cuartos de cucharada de vinagre de vino tinto; 15 hojas de albahaca picadas; 280 g de patatas cocidas; 65 g de nueces, 470 g de chalotes pequeños pelados...[1] Y si logras completar la desalentadora tarea de obtener algunos de los ingredientes menos conocidos, tendrás que considerar las cantidades; la precisión del escritor sugiere una necesidad, como si la hoja de albahaca número quince, que es justo la que no tienes, o los 5 g de nueces que te faltan, fueran a desbaratar irremediablemente el resultado final del plato. Cada receta es una sinfonía de ingredientes, y cada uno de ellos —o al menos eso parece— debe tener el tono, la intensidad y el volumen indicados por el director. Hay mucho que orquestar.

Dada la naturaleza de sus recetas, pues, una de las cosas que más me sorprende de Yotam es que se describa a sí mismo como un purista. Esta es una palabra que, en mi opinión, sugiere una sencillez inherente. Pero la comida por la que Ottolenghi se ha hecho famoso no es ni básica ni directa, sino que juega en cambio con unas influencias aparentemente ilimitadas y entrelazadas, más bien propias de la alquimia de un mago. *Perfeccionista*, sí, pero *puro*...; no es este, precisamente, el adjetivo que me viene a la cabeza.

En cualquier caso, esto solo afecta al cocinero. Como comensal, Yotam sí que es un purista, e insiste en dejarlo claro: le gustan la linealidad y la claridad, y no las mezclas en su comida. Por este motivo odia los asados de los domingos: por el inevi-

---

[1] Todas las cantidades proceden de diferentes recetas incluidas en *El gourmet vegetariano* y *Exuberancia. La vibrante cocina vegetariana.*

table y homogéneo mar amarronado, tan indigesto, que emerge delante de sus ojos mientras su plato acoge una verdadera cacofonía de la diversidad. La comida de Navidad es, para él, el horror.

Esto empieza a tener sentido para mí. Solo alguien con una mente pulida y perseverante podría acabar dando con algunos de los mejunjes de Ottolenghi, y esto hace que el orden resulte esencial. Le gusta comer secuencialmente, como a los italianos: primero ensalada, luego pasta, luego carne. Su padre, italiano, comparte con él la predilección por el orden, y lo mismo sucede con su hijo pequeño, Max, que lo separa todo en su plato. Al principio, cuando Max empezó a comer alimentos sólidos, Yotam observó que prefería la carne y el almidón a las verduras, así que empezó a emular la secuencia italiana, comenzando por las verduras, que tenía que comer primero si tenía hambre. Ahora comen juntos a las seis de la tarde, y Yotam se deleita con la sencillez de sus comidas caseras («pepino desnudo», aguacate, alubias, miso, pasta con aceite de oliva y ajo), que le ayudan a mantener el equilibrio ante el caos de las continuas pruebas de recetas, con las que come «más de lo que debería».

El equilibrio es importante para Ottolenghi y, como la mayoría de las cosas en las que se concentra, se le da muy bien. Hace malabarismos con su restaurante de Londres, su grupo de *delicatessen*, la columna para el *Guardian* y el proyecto de escribir toda una serie de libros con su adorada familia (su marido, Karl Allen, y sus dos hijos pequeños). La mañana en que quedamos, él ya iba por su tercer café cuando despegué los labios por primera vez en su restaurante del Soho, Nopi. Yotam acababa de participar en una «tertulia» en un pequeño café «deliberadamente anticuado» de Marylebone. Una vez por semana se reúne allí con un grupo de amigos y discuten sobre una noticia de actualidad. Esto me lleva a pensar que su acercamiento a la cocina debe de ser algo así, pero al revés; quizá necesite esa misma comprensión de los ingredientes de una situación para entender a fondo los platos que sirve. «Se trata de un instinto que todos tenemos: preguntar sobre lo que estamos haciendo, sea lo que sea, y entenderlo.»

Le pregunto por sus primeros recuerdos culinarios. «Es difícil —me dice—, los recuerdos están todos tan asentados...» Menciona de nuevo a Max (parece que pensar en su hijo le hace oír el eco de su propia infancia) y me explica que el pequeño tiene un catálogo de chocolate Fortnum & Mason al que se refiere como «el libro del chocolate». Pues bien, resulta que ha asignado cualidades a cada imagen que aparece en sus páginas («este es picante», etcétera). Max no ha probado ninguno de estos chocolates, pero, inspirado por su aspecto, proyecta en ellos los sabores que le parecen más adecuados. «Yo hacía lo mismo, creo», dice Yotam. La comida, y en particular el chocolate, era altamente sensual, llena de intriga, plagada de imaginación. «Mi madre tenía una caja llena de chocolate, con la tapa de formica, en el armario de la cocina. Yo solía subirme en secreto a una repisa para poder cogerla, y recuerdo perfectamente cómo me sentía al hacerlo: el ritual de sacarles el envoltorio a los bombones, de morder el chocolate...»

Entre las comidas de su infancia, Yotam recuerda especialmente los guisos que preparaba la mujer marroquí que cuidaba de sus hermanos y de él, a medio camino entre el pisto y el tayín. Sus padres trabajaban, y ambos cocinaban. La familia Ottolenghi solía compartir principalmente los ratos del desayuno, que se convertían en un verdadero acontecimiento: pan tostado, verduras crudas, queso fresco, mortadela en rodajas, mayonesa hecha por su madre con cilantro y ajo... En la actualidad, sus desayunos siguen siendo igual de copiosos. Yotam sonríe y dice: «Son lo mejor».

El horario de su padre era más flexible que el de su madre, y muchas veces era él quien preparaba la cena. Calentaba la leche para los niños y preparaba platos sencillos y sabrosos: cuscús gigante (*maftoul*), cebollas y tomates fritos, gachas de sémola, pasta... Fiel a sus raíces, siempre había un toque italiano en su cocina; aún hoy sigue preparando cosas como patatas fritas con romero y aceite de oliva, y su interpretación de la ensalada israelí es única, con los tomates en gajos bien gruesos.

La madre de Yotam, en cambio, de origen alemán, siempre fue más aventurera en la cocina, y estuvo menos anclada a la tradición. Aunque preparaba platos germánicos, como col o salchichas, tenía también en su estante —en sintonía con los tiempos— el popular libro de cocina estadounidense de Myra Waldo, *The International Encyclopedia of Cooking*, del que recuerda haber comido platos malayos y curries indios. «Yo diría que mis padres nunca prepararon realmente "comida judía". En Italia y Alemania, las comunidades judías eran más pequeñas y estaban más asimiladas que en el Mediterráneo oriental y el norte de África.»

Ottolenghi nació y creció en Jerusalén, en un momento en el que se animaba a la gente a olvidar su identidad cultural en favor de la israelí. Más recientemente, se han cansado de ello y se han propuesto redescubrir la verdadera comida de sus abuelas. Esto no siempre se corresponde con la búsqueda romántica de la que a veces nos han hablado, porque algunos platos simplemente no merecen seguir haciéndose (Yotam se ríe y cita una broma que oyó en una ocasión: «Solo tienes que comer pescado *gefilte*[2] si tu abuela sigue viva»), aunque «si hay algo inteligente que hacen tanto los cocineros caseros como los restaurantes es adaptar esas tradiciones a lo que está disponible en la actualidad. Tenemos una paleta cultural muy rica de la que escoger». Ahí están, por ejemplo, las salsas estilo *harissa*, de Trípoli; a la gente le encantan, y ahora están mezcladas con la comida palestina (y, por defecto, también con la israelí).

Nos ponemos a hablar de Israel. Uno de los problemas, dice, ha sido siempre que la cultura oficial israelí se basa tradicionalmente en la de los europeos orientales, en los padres fundadores askenazíes, mientras que los sefardíes son considerados in-

---

[2] El *gefilte* es un plato askenazí de pescado blanco hervido, como lucio o carpa, acompañado de especias, cebolla, zanahorias y a veces huevos. Normalmente se come como aperitivo en las fiestas judías.

MI MADRE TENÍA UNA CAJA DE CHOCOLATE, SOLÍA CON LA TAPA MILENA LLENA EN EL ARMARIO DE LA COCINA, CON REPISA PARA PODER COGERLA, CON SUBIRME EN SECRETO. YO RECUERDO PERFECTAMENTE CÓMO DE FINA. UNA DE HACERLO: EL RITUAL CRETO Y RECUERDO AL ENVOLTORIO LA, Y SENTÍA EL BOMBONES, DE ME SACARLES LOS MORDER EL A LOS DE CHOCOLATE...

Yotam Ottolenghi

feriores. «En el caso de la comida, por supuesto, esto es justo lo contrario, y la comida sefardí es la preferida de todos. La cultura judía se ha amalgamado más o menos en Israel, y la cultura culinaria ha ayudado realmente a que así fuera.» Hoy en día, las tensiones en el seno de la comunidad judía han disminuido, pero se mantienen, tristemente, entre los israelíes y los palestinos. Aunque los dos grupos están en completo desacuerdo, su cultura culinaria compartida tal vez sea algo nivelador; como dice Yotam: «La comida es un refugio seguro. Es un lugar donde la gente puede actuar con normalidad cuando todo lo demás no es en absoluto normal».

Los abuelos maternos de Yotam se mudaron una breve temporada a Suecia en los años treinta, antes de emigrar a lo que entonces era Palestina, en 1939. Su abuela empezó a trabajar para el Mossad (el servicio secreto israelí), pero cuando estaba en familia solía preparar comida alemana, como lengua de buey a las finas hierbas o patatas y coliflor asadas con pan y salsa de mantequilla. «Aunque mi abuela no gustaba a todo el mundo, todos la respetaban. Con modelos como ella, saltaba a la vista que una podía ser cocinera y trabajadora.» En su casa no existían las dicotomías del tipo hombre/mujer, madre/padre, sostén familiar/cocinera, y eso favoreció sin duda su comprensión del equilibrio.

Los abuelos paternos de Ottolenghi, de origen italiano, vivían en los suburbios de Tel Aviv. Los veía mucho menos que a los maternos, pero quizá precisamente por ello intensificó los recuerdos culinarios compartidos con ellos. Lo que más recuerda son los ñoquis de sémola al estilo romano que hacía su abuela, servidos en discos estratificados con mantequilla derretida y queso rallado. Yotam llevaba un tiempo tratando de recrear ese plato en la cocina de experimentación que tiene en Londres. Cada vez que lo acababa tenía la sensación de que había hecho un buen trabajo, pero, al probarlo, le parecía anodino, y nadie de los que lo degustaban se quedaba demasiado entusiasmado.

«Quizá mi recuerdo de aquel plato no sea más que una ilusión —dice Yotam—; ciertas cosas nunca llegarán a saber tan bien como las recordamos. Es lo mismo que sucede con la risa: yo ya no puedo reír con la misma alegría infantil que posee Max.» La emoción del sabor experimentado por primera vez palidece con la repetición, sin duda, y al oírle hablar sobre ello me doy cuenta de que es precisamente esa emoción la que Ottolenghi persigue todo el tiempo. ¿Acaso los adultos solo pueden sentir ese placer infantil por la comida a través de combinaciones siempre nuevas de sabores cuidadosamente estudiados? «Hay cierta magia en el hecho de probar algo por primera vez. Es sencillamente glorioso. Después de un tiempo se pierde la pureza, se desvanece la candidez del paladar...» Así que, con 15 hojas de albahaca aquí y 65 g de nueces allí, Yotam Ottolenghi sigue inventando.

ALIÑOS Y CONDIMENTOS

Un condimento es un intensificador del sabor que hace que las cosas se parezcan más a sí mismas. La sal y la pimienta suben el volumen de la esencia de un ingrediente, desbloquean y casan sabores para que el producto resulte lo mejor posible. Para mí, las palabras *aliño* y *condimento*, algo insólitas al principio, resultan especialmente significativas a la hora de trabajar con un ingrediente que no es de temporada. Pensad en la hosca ensalada de invierno y en cómo revive gracias a apenas una pizca de sal Maldon y un chorrito de limón. Los aliños vuelven «de temporada» lo que no lo es, y hacen que los brotes florezcan.

Los cocineros de los climas fríos a los que les guste usar tomates, por ejemplo, conocen bien el valor de los condimentos y seguramente confían mucho en ellos. Sin embargo, resulta que a menudo los países que producen más tomates, y que, por tanto, tienen menos necesidad de aliñarlos para mantener su sabor (Italia, España, los países del Mediterráneo), son los que parecen conocer más trucos para condimentarlos mejor. ¿Cómo explicar, si no, la sencilla felicidad de los tomates maduros con un buen chorrito de aceite de oliva, sal y pimienta, o los tomates con anchoas, o la ensalada griega?

Entonces ¿qué son los condimentos? Por lo general, pensamos solo en la sal y la pimienta. Efectivamente, a menos que se indique lo contrario, cuando una receta dice «sazonar al gusto» suele referirse a este dúo. La sal puede ser tu mejor amigo o tu peor enemigo, la gloria de un plato que está en su punto de sazón o la ruina de aquel otro en el que se ha calculado mal. No se me ocurre ningún otro elemento que intervenga en el sabor de un plato y que, pese a tener una medida tan pequeña como «una pizca», pueda marcar una diferencia tan significativa. (Y me refiero también a la pimienta negra; si bien es cierto que su contraparte blanca desempeña un papel más relevante, la pimienta negra trabaja más silenciosamente...)

Pero hay otros ingredientes que también utilizo a menudo como condimentos, ya sea para recuperar el sabor profundo y esencial de un plato, o para darles un toque final simpático o estimulante. Salvo honrosas excepciones, la mayoría de estos ingredientes suelen ser salados (tocino, anchoa, parmesano), principalmente por la forma en que se han conservado, y el sabor que generan lo es también por dos razones:

1. Contenían sal previamente, aunque a la vez incluyen algo más: por lo general, una dimensión animal. El beicon o la panceta son salados, sí, pero también saben a cerdo y a ahumado y aportan un contenido de grasa, de modo que, si estás sofriendo una cebolla, por ejemplo, su sabor se mezcla con el de la sal y la grasa que libera el beicon. Al parmesano, por su parte, se le añade una generosa cantidad de sal a medida que se elabora, pero su sabor cuenta también con el delicioso toque del lácteo. Y las anchoas saben intensamente a mar antes de conservarse en aceite y sal.

2. Es más difícil pasarse con la sal cuando estamos condimentando un plato con tocino, anchoa o parmesano en lugar de hacerlo directamente con sal. A todos nos ha pasado eso de poner de lado el recipiente de la sal y sacudirlo con cuidado sobre una sartén cuando, de pronto, se nos cae un montón de golpe, antes de que tengamos tiempo de reaccionar. Eso es insalvable. Pasarse con la sal es probablemente lo más difícil de remediar en la cocina, y por esta razón recomiendo siempre añadirla a mano. La sal de mar escamosa, como la Maldon, es perfecta para esto, porque su tacto crujiente entre los dedos ayuda a valorar cuánto se está salando en realidad. Una base con tocino o anchoa, o un último toque de parmesano, contribuyen a ofrecer un condimento equilibrado, moderado y maduro.

A continuación, pues, los ingredientes que más uso para sazonar mi comida. Todos son, obviamente, ingredientes en sí mismos:

ANCHOAS

La anchoa, tan conflictiva en lo que a gustos se refiere, es la razón por la que no me resigno a volver a ser vegetariana.

Comer una anchoa, o cualquier plato en el que esta esté presente, me provoca una gran satisfacción cada vez que siento un leve impulso carnívoro. La anchoa logra recordarme que estoy viva, despierta mi paladar tras un día de comidas tristes o aburridas. En mi casa es un ingrediente recurrente en la cena, y me resulta particularmente útil cuando no tengo muchas cosas en la despensa.

En su libro *An Everlasting Meal*, la escritora gastronómica estadounidense Tamar Adler escribe sobre ellas en un capítulo titulado «How To Feel Powerful». En él indica que las anchoas pueden lograr que el cocinero se sienta realmente audaz. Yo misma me siento más tranquila cuando tengo un tarro a mano, y nunca me quedo sin repuestos en la nevera. Las latas no están mal, y son una opción económica, pero en los tarros se conservan mejor, y además tienen una mejor relación calidad-precio. (Las anchoas suelen usarse en pequeñas cantidades y es poco frecuente usar un tarro o una lata entera en un solo plato.)

También prefiero las anchoas en aceite a las envasadas en sal. El aceite es un ingrediente en sí mismo (podrá utilizarse para freír —y enriquecer— cebollas, y es perfecto para el aliño de las ensaladas). Además, eliminar el exceso de sal de las anchoas envasadas así me parece, honestamente, una tontería.

Sea como fuere, hay mucha gente a la que no le gustan las anchoas —incluso a algunos de los comensales a los que más respeto—, así que tiendo a utilizarlas en la seguridad de mi propio hogar, ante un grupo pequeño y muy unido de amigos entusiastas. Por esta razón, los usos favoritos que les doy a las anchoas son sencillos y sin complicaciones.

1. Con huevos. Este plato es como apostar al caballo ganador: extendemos las anchoas sobre una tostada y las cubrimos con huevos re-

vueltos o escalfados; las mezclamos con mantequilla para extenderlas sobre huevos cocidos; las usamos para acompañar a los huevos Pegaso (páginas 41-42), o para darle un toque exótico a la salsa verde... La lista sería larga.

2. Mezcladas con mantequilla o mayonesa (véase más arriba).

3. A la *puttanesca*, o un equivalente no tan auténtico (véase la «Pasta "a la despensa"» de las páginas 85-86).

4. En una ensalada, con tomates y perejil. Así de simple: un trío formado por el pescado, la fruta y las hierbas, coronado con un buen chorro de aceite de oliva y pimienta negra.

5. Para cubrir verduras amargas. A mí me encanta la *puntarelle*, esa verdura romana, alargada, que solo puede encontrarse fugazmente en invierno. Pues bien, se come tradicionalmente con anchoas y un aderezo de limón, que también funcionaría bien con achicoria, como la roja o *radicchio*.

6. En *bagna cauda* o *anchoïade* (*fondues* de legumbres con anchoas) y otras salsas para *crudités*.

PARMESANO Y AMIGOS

Recuerdo una época lúgubre del siglo pasado en la que *parmesano* significaba tinas llenas de un queso rallado, o fundido, y con un olor apestoso. Atrás quedan esos días, por suerte para nosotros, y ahora una cuña de ese queso no es más que algo magnífico para cortar, y un condimento de lo más versátil que presta un sabor intenso y lácteo a un sinfín de platos de lo más diverso.

Yo siempre tengo cerca un queso bueno, versátil y salado, y, aunque suelo decantarme por el parmesano, también me encanta el pecorino de olor intenso; el grana padano es un sustituto barato si necesitas mayor cantidad, y recientemente he utilizado el berkswell, un queso británico de leche de oveja que parte de la misma idea que sus homólogos italianos: es muy sabroso, algo duro y fácil de rallar.

A mí me gusta rallar el parmesano en sopas y salsas, no solo porque añade profundidad al sabor, sino porque, al ser tan cremoso, da cuerpo a los platos y les aporta espesor. También queda muy bueno con las legumbres: un puñado de parmesano rallado añadido a una sartén de garbanzos cocidos, por ejemplo, o espolvoreado sobre un puré de patatas, o en un *risotto*, o mezclado en una salsa tipo pesto (véanse las páginas 275-276)... Por supuesto, cualquier plato de pasta agradece un gratinado de parmesano o pecorino; y cuando, tras una larga noche, y al comprobar que no le quedaba sal, mi amigo Joe Woodhouse (fotógrafo culinario y cocinero profesional) ralló una cuña de parmesano directamente sobre la salsa de tomate y chile que había preparado para la pasta que nos hizo de desayuno, todos los comensales nos quedamos absolutamente encantados. Después de aquello le he copiado la idea muchas veces. (El queso feta también funcionaría bien aquí.)

Una vez utilizada toda la cuña, cuando ya solo queda la corteza, no la tires a la basura. Guárdala en papel de aluminio en la nevera hasta el día en que hagas un guiso o una sopa. Saca entonces la corteza y deja que vaya deshaciéndose en la sartén a fuego lento. No te arrepentirás.

LIMÓN

Puede que haya más frutas que las naranjas, pero si me obligaran a escoger solo una, creo que serían los limones. Como sucede con los ingredientes más útiles, el limón adereza la comida con varios componentes distintos pero complementarios: su jugo y su piel. Ambos podrían ser utilizados en una misma receta, aunque a menudo yo los uso por separado, lo cual concede a los limones dos vidas distintas en mi cocina.

Sucede a menudo que, cuando están demasiado verdes para utilizar su jugo, los limones están en su mejor momento para rallarlos, y eso implica, inevitablemente, que me quede un plato lleno de limones calvos. Por otra parte, resulta muy difícil rallar un limón maduro, pues su interior jugoso hace que la cáscara resulte más esquiva. Un rallador siempre es útil, aunque ahora hay herramientas modernas para pelar fruta que consiguen unas virutas perfectas. Yo uso la ralladura de limón para agregar acidez a lo siguiente:

1. Verduras o ensaladas que puedan resultar demasiado dulces. Los boniatos al horno quedan buenísimos con ralladura de limón por encima, y cuando aso calabazas en invierno o calabacines en verano, me gusta hacerlo con algunos trozos gruesos y generosos de cáscara de limón para añadir unas notas agudas y cítricas.

2. Para dar un punto ácido a salsas, aliños y acompañamientos, sin cambiar su consistencia (algo que sí sucedería con el zumo de limón).

3. En compotas y frutas cocidas, cuando están muy maduras o dulces.

4. Una de mis recetas favoritas de los últimos años, también muy fácil, es del libro titulado *Morito*. En ella se nos explica cómo hundir pequeños triángulos de limón —con la carne y la cáscara— en un baño de agua, sal y azúcar, para suavizar el sabor cítrico, y luego se nos invita a ponerlos sobre unas espinacas cubiertas con zumo de limón y aceite de oliva.

5. ¡Para que las cosas parezcan más bonitas! La ralladura amarilla y brillante de la cáscara de limón queda preciosa en la presentación de muchos platos.

Para preparar un limón (o cualquier cítrico) del que se quiere obtener el jugo, hazlo rodar varias veces sobre una superficie dura para ablandar la carne del interior. Otro buen truco consiste en cortar un limón por la mitad y ponerlo en una sartén (con el lado cortado hacia abajo) o debajo del gratinador (con el lado cortado hacia arriba) para que la carne empiece a oscurecerse. Esto hace que sea más fácil sacar el jugo, que al ser calentado pierde algo de la dureza de su sabor. Y también uso zumo de limón para cocinar los días de cada día, de este modo:

1. La ensalada verde no necesita nada más que aceite de oliva virgen extra, zumo de limón y sal. Si los ingredientes que acabo de mencionar son de la mejor calidad, la gente se te acercará para preguntarte por el secreto de tu receta.

2. Otro gran aliño, supersencillo, que ofrece varias posibilidades, es el aceite de oliva virgen extra con zumo de limón, un diente de ajo (picado) y una cucharadita de canela molida (página 262).

3. Pasta rellena con mantequilla de salvia y un toque de limón.

4. En la salsa: coge las dos mitades de limón que sueles poner para acompaña al pollo asado y exprímelas en la salsa de la carne. Es la mejor manera de compensar el exceso de grasa.

5. Con pescado y pollo frito, siempre.

6. Exprimido sobre el aguacate previamente triturado.

7. Creo que nunca he tomado ningún cereal, como la cebada, el bulgur o la quinoa, sin exprimir por encima zumo de limón. Este intensifica la riqueza, pero al mismo tiempo añade carácter a los ingredientes más pobres, blandos o ligeros, como estos.

8. Exprimido sobre el brócoli o las espinacas hervidas. Esto forma parte de mi dieta diaria (aunque la receta de *Morito* citada en la página 137 lo lleva a otro nivel).

9. Para poner en remojo hortalizas aliáceas, sobre todo cebollas. Suaviza su textura y contrarresta cualquier aspereza, porque cuando se agrega un poco de aceite, azúcar y sal en la ecuación, las cebollas casi se caramelizan. Este truco es brillante y sería un gran acompañamiento tanto para pescado como para pollo. También lo uso en la ensalada de las páginas 117-118.

ACEITE DE OLIVA VIRGEN EXTRA

Siempre me quedo perpleja ante las recetas que piden «aceite de oliva para freír» y luego «aceite de oliva virgen extra para el aliño». En mi opinión, el aceite con el que se inicia una receta debe ser de la misma calidad que aquel con el que se acaba. Freír una cebolla o un ajo o hacer un sofrito consisten en desarrollar una base dulce, sabrosa y consistente sobre la que empezar a construir. Lo lógico, pues, es que esta base sea lo más rica posible, ¿no? Como acostumbra a pasar, el argumento en contra es, a menudo, el coste. Hay muchas maneras de ahorrar dinero al comprar la comida, pero yo sugeriría no hacerlo precisamente con el aceite de oliva. Yo uso el virgen extra para todo; un día me habitué a comprar una garrafa de cinco litros de aceite de la Toscana, que me dura al menos cuatro meses, de modo que el ingrediente que más uso para cocinar —aparte de la sal— me sale a 25 peniques al día, unos 30 céntimos de euro. Yo hago las matemáticas, tú pones la lógica.

A mí me gustan los aceites de oliva virgen extra sin filtrar, con un color verdoso y un toque picante. Su opacidad, de algún modo, realza su misterio y su sabor. (Como he dicho más arriba, la comida es una experiencia mucho más imaginativa que tangible. Ya lo dijo Lionel Shriver en su novela *Big Brother*: «Más concepto que sustancia, la comida es la idea de la satisfacción, mucho más poderosa que la propia satisfacción en sí».)

Además de como base para ablandar o freír, también uso el aceite de oliva virgen extra en determinados momentos durante el proceso de cocción —a menudo echo un chorrito en la salsa de tomate que se está cociendo a fuego lento, por ejemplo—, y siempre lo dejo sobre la mesa para que cada uno pueda aliñar a su gusto el plato. Junto con la sal y el molinillo de pimienta, siempre está al alcance de la mano. Son la trinidad de la mesa. Imagina un guiso de invierno, unas lentejas cocidas o una sopa densa con un chorrito de aceite de oliva virgen extra y un poco de pimienta negra.

CERDO CURADO

Este condimento lo uso menos a menudo que los otros que presento en este capítulo, principalmente porque cocino para muchos vegetarianos. Cuando quiero una base sutil de carne ahumada, uso tocino, panceta, chorizo, beicon, *'nduja* (salchicha poco picante del sur de Italia), etc. para dar sabor a las primeras fases de la cocina. Por ejemplo:

1. Incorpora unas tiras de panceta en una sartén con cebollas o en un sofrito suavemente chisporroteante antes de hacer una salsa boloñesa,

por ejemplo, o en las estupendas zanahorias con beicon de mi abuela (véase la página 214).

2. Freír unos cuantos trozos de chorizo, de nuevo con una cebolla, antes de añadir lentejas o alubias, da como resultado un intenso potaje con carácter español. (Si quieres conseguir este efecto pero evitando la carne, una cucharadita de pimentón picante o de pimentón ahumado crea la ilusión de que sabe a chorizo...)

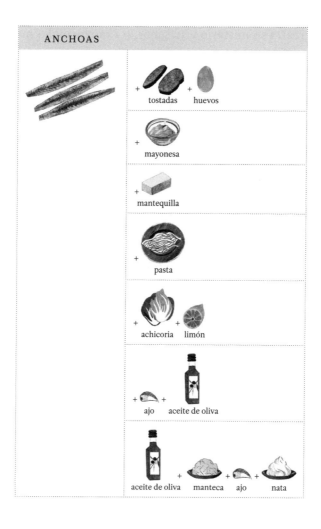

ANCHOAS

+ tostadas + huevos

+ mayonesa

+ mantequilla

+ pasta

+ achicoria + limón

+ ajo + aceite de oliva

aceite de oliva + manteca + ajo + nata

PARMESANO (y compañía)

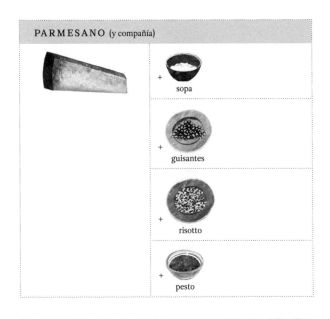

+ sopa

+ guisantes

+ risotto

+ pesto

LIMÓN

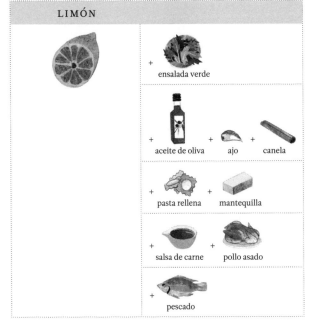

+ ensalada verde

+ aceite de oliva   + ajo   + canela

+ pasta rellena   + mantequilla

+ salsa de carne   + pollo asado

+ pescado

MUJERES

Me aventuraría a decir que Anon, que escribió tantos poemas sin firmar, era a menudo una mujer.

VIRGINIA WOOLF, *Una habitación propia*

Existe una diferencia entre el enfoque masculino y el femenino en relación con la comida [...] Las mujeres producen alimentos, y los hombres proporcionan alimentos. En otras palabras, nosotras amamantábamos mientras los hombres salían al campo y cazaban. Ambos eran necesarios.

MARGOT HENDERSON, «Where Are All the Women Chefs?», en *Lucky Peach*

Nuestra tradición clásica ha sido doméstica, con las virtudes domésticas del goce tranquilo y la generosidad.

JANE GRIGSON, *English Food*

ENTRANTES

En una ocasión, el chef italiano Francesco Mazzei describió la comida de su restaurante como «la cocina de mamá con gorros de cocinero». Pues bien, esta idea de ponerle ropa a la comida con la que me crié se me ha quedado grabada. Creo que, por regla general, es precisamente este toque de cocina casera (de la que nunca se desvían demasiado) lo que diferencia a los restaurantes italianos de aquellos que se basan en otras cocinas. La comida italiana hunde sus raíces en el hogar, en la pericia adquirida y el alma de las *mammas* y *nonnas* que trabajan en sus cocinas para llevar alimentos nutritivos y económicos a la mesa. En la mayoría de los casos, no se trata de un esfuerzo excesivo ni demasiado elaborado. La cuestión es sacarle el máximo partido a cada ingrediente, por barato o humilde que sea, con la ayuda de los acompañamientos e intensificadores del sabor que se usan cotidianamente: agua, sal y grasa.

Como cualquier otra destreza, la cocina es un arte que mejora con la práctica. Y de ahí se deriva que las personas que cocinan a diario tienen más posibilidades de dominarla. Históricamente, eso señalaba a las mujeres, las grandes —e invisibles— cocineras caseras. La historiadora gastronómica Paula Wolfert me dijo una vez que había conseguido recetas de esposas marroquíes «con besos, abrazos y cucharas de medir». Dicho en otras palabras, las recetas no estaban por escrito, sino que eran transmitidas oralmente, compartidas por amistad y tal vez un poco alteradas por los piropos que incluían. Cuando decidí escribir sobre la herencia culinaria y la influencia de la educación en la alimentación, el doble significado de *mamá* (esto es, la influencia de mi propia madre y el legado de la cocina materna —del hogar— en toda la comida) me pareció perfecto para el título. (Solo tenía que rezar para que los lectores no se quedaran pensando en la canción de las Spice Girls con el mismo título.) Sin embargo, con el paso del tiempo he empezado a dudar y a cuestionármelo.

¿Es presuntuoso, me he estado preguntando, pensar que todas las madres cocinan? ¿O que a todos nos han preparado comidas de pequeños? ¿Es eso lo que la gente pensaría que yo pienso? ¿Estoy perpetuando con este título la idea de «mamá en la cocina y papá en el trabajo, o cortando leña, o encargándose de la matanza del cerdo»? Así que, para que conste, el título de este libro no pretende ser más que una manifestación inocente de lo que yo veo como cocinas gestionadas por mujeres, cocinas caseras, con una voluntad gastronómica y de perpetuarse generación tras generación.

Mis recuerdos más tempranos de la cocina están relacionados con las mujeres: salpicando a mi madre con la espuma mientras ella trataba de lavar los platos, lamiendo los tazones en los que la abuela había mezclado la masa para el pastel de café, observando cuidadosamente cómo mi tía Mary templaba las semillas de alcaravea en mantequilla salada antes de añadir repollo Savoy a la correspondiente espuma especiada, o perejil cortado fino —muy fino— para la salsa cremosa que siempre ponía de acompañamiento la víspera de Navidad. Sí, a lo largo de mi vida las mujeres han estado siempre en la primera línea culinaria y los hombres se han encargado de los recados (comprar algo que ellas olvidaron, cortar cebollas) mientras se oye una sinfonía de actividad de la cocina.

Si el modelo de una niña es su madre (o los papeles maternos que la rodean), su inclinación natural será parecerse a ella. Yo me he enfrentado a muchas de las debilidades de mi madre —como su rechazo a comprar una centrifugadora de verduras (¡oh, la lechuga seca!) o su tendencia a la ropa chillona—, pero ella siempre se hacía cargo de la cocina. Comíamos de sus menús. Yo también he tomado las riendas para ser la jefa de cocina en todas las casas en las que he vivido desde que abandoné la de mis padres. No puedo soportar que la comida sea una idea de última hora o, peor aún, que nadie piense en ella, así que mi planificación compulsiva de las comidas afecta irremediablemente a quienquiera que viva conmigo en ese momento.

Nunca se me había ocurrido pensar que el género podría tener algo que ver con todo esto hasta que me fui a vivir con un compañero y llegamos a una especie de acuerdo que podría haber parecido muy irritante de no ser porque, en mi caso particular, me resultó muy conveniente: él me preguntaba todos los días qué había para cenar y se dedicaba a ordenar y hacer las tareas domésticas que menos me gustan (mi propensión al desorden impide que un día llegue a ser chef). Era una máquina bien engrasada, si bien a veces me molestaba un poco la sensación de que todas las comidas dependían de mí. A veces me imagino sufriendo incesantemente con el delantal puesto, o preparando con diligencia una buena cena para cuando mi marido vuelva del trabajo; me veo como una chica a la antigua, de las que nacieron para estar en casa, detrás del gran hombre, siempre invisibles... Y entonces me flagelo y caigo en un terrible frenesí, martirizada por la idea de que mi amor por la cocina pueda derivar en que sea siempre yo quien prepare la cena... Luego divago sobre la posibilidad de ser madre y me veo como la «vaca pesada y floral» que Sylvia Plath llevaba dibujada en su camisón, y me veo convertida en un ser sin rostro, en un abastecedor de alimentos para una multitud de pequeñas bocas hambrientas y el ávido estómago de un marido exitoso...

Lo que trato de decir es lo siguiente: que a pesar de que preparar (la mayor parte de) la comida en casa es una elección y un proceso que me encanta, a veces aún me provoca alguna tensión. ¿La cocina va a ser siempre un espacio dedicado a las mujeres modernas que aman cocinar?

Yo creo que no, siempre y cuando siga siendo una elección en lugar de una expectativa. Cuando hablé con Margot Henderson, cocinera, dueña de la cantina londinense Rochelle y esposa de Fergus, el chef del restaurante St. John, ella lo expresó así: «Cuando me convertí en mamá preparaba platos buenísimos.

Luego perdí toda la confianza en mi cocina y Fergus tuvo que encargarse de ello. Esto es lo que pasa con la maternidad: que pierdes confianza, que te centras tanto en una sola cosa, en los niños, que es fácil desatender el resto. Tienes que esforzarte en cuidar de ti misma».

Está claro que Margot aún disfruta cocinando. Al fin y al cabo, hablamos de todo esto sentadas en su restaurante —una casa de la vieja escuela, de paredes blancas, en el Arnold Circus de Londres—, frente a un plato de albóndigas de cerdo (ella), un guiso de berenjena y garbanzos (yo) y una o dos botellas de chardonnay (ambas). Ella le concede el mérito a su marido en esto: «Fue Fergus quien, con toda su sabiduría, pensó que si yo tenía mi propio negocio [Rochelle] sería mejor para nosotros». Pese a todo, el punto que Margot planteaba al principio es válido: esta idea de que las mujeres quedan eclipsadas con la maternidad es un clásico, y constituye uno de los temas centrales de *Una habitación propia*, de Virginia Woolf. Las mujeres, dice la escritora, necesitan su espacio sagrado, tanto para la cordura personal como para la causa feminista. Para Woolf, esa «habitación» era su escritura; para otros, quizá sea cocinar. Sea lo que sea, el mensaje es que hay que encontrarlo y cuidarlo como un tesoro, y evitar que la maternidad se convierta en lo que te define.

Es bien sabido que la comida era muy importante para Woolf. De ahí que apareciera en muchas de sus novelas, para empezar, en *Una habitación propia*, en la que escribió: «Una buena cena es de gran importancia para una buena charla. Uno no puede pensar bien, amar bien, dormir bien, si no ha cenado bien». Y sin embargo, pese a todo su entusiasmo por la comida, la preparación de los alimentos constituye una distracción para que la mujer encuentre su voz y se decida a escribir.

Y si alguien le preguntara, anhelando precisar el momento con fecha y estación, «pero ¿qué hacía usted el 5 de abril de 1868 o el 2 de noviembre de 1875?», miraría distraída y diría que no se acuerda de nada, puesto que todas las cenas están cocinadas, los platos y tazas están lavados, los niños han sido enviados al colegio y se han abierto camino en el mundo. Nada queda de todo ello. Todo se ha desvanecido. Ninguna biografía o libro de historia dice nada al respecto.

Preparar la cena, lavar los platos y las tazas, educar a los niños... Para Woolf, estos son los deberes que se han asignado a las mujeres cuando podrían haber estado escribiendo o haciendo historia de cualquier otro modo.

Aun así, incluso la cocina ha sido en gran medida anónima. Solo podemos imaginar los rostros y los nombres de las cocineras que trabajaron en las cocinas de siglos anteriores; hay una batería entera de recetas cuya historia sigue resultando confusa. ¿Acaso la cita al comienzo de este capítulo podría referirse tan fácilmente a las recetas como a los poemas? («Me aventuraría a decir que Anon, que escribió tantos poemas sin firmar, era a menudo una mujer».)

Como aún no he tenido hijos, no he experimentado esa sensación de desvanecimiento que algunas madres primerizas dicen sentir, pero sí sé que —hombre o mujer, viejo o joven, con o sin hijos— es importante tener y atesorar un pasado que sea tuyo. Para muchos, entre ellos yo misma, este pasado se halla en la cocina. Me encanta cocinar porque es una oportunidad cotidiana de crear, porque me gusta llevar las riendas de mi bienestar personal y porque es el camino que conduce a la hora de comer. La cocina es, después de todo, la mejor manera de saber exactamente con qué estás alimentando tu cuerpo, desde el origen de sus ingredientes hasta cómo los has procesado. Es más, tanto si estoy sola, removiendo tranquilamente un *risotto* mientras suena la radio, como cocinando con alguien más, charlando y probablemente bebiendo vino, preparar la comida —para mí o para otros— es algo que me encanta. ¿Por qué motivo debería mi género interponerse en todo esto?

Entre los que cocinan, persiste un cisma entre las nociones de *cocinero* y *chef*, pues en cada una de estas palabras sigue estando implícita una alusión al sexo. A pesar de la cantidad de cocineras talentosas que están trabajando como chefs hoy en día —April Bloomfield, Margot Henderson, Gabrielle Hamilton, por nombrar solo tres que admiro—, la palabra *chef*, lamentablemente, sugiere un tipo con un gran sombrero blanco, mientras que *cocinero* apela a una humildad algo más doméstica. Pero una cosa es segura: la comida casera sin pretensiones nunca ha sido más popular que ahora, y, tal vez más que nunca, los libros escritos por cocineros cuyo único campo de entrenamiento ha sido la cocina casera están ganando terreno.

Cuando entrevisté a Jamie Oliver, me habló de su primer programa de televisión, *The Naked Chef*, utilizando estas palabras: «[El programa] era más político de lo que al principio creí. Cuando yo empecé [a finales de los años noventa], se consideraba que cocinar era algo "para chicas", y cuando acabé, era más bien "para ligarte a las chicas". Ahora casi pienso que los hombres cocinan más que las mujeres». Siento que estamos llegando a un lugar en el que la cocina puede empezar a ser vista como algo abierto a cualquiera de los dos sexos, sin desacreditar a las mujeres ni castrar a los hombres; solo como un modo ingenioso de cuidarnos.

En cualquier caso, espero que no lleguemos tan lejos como para difuminar las diferencias entre la cocina masculina y la femenina. Porque somos diferentes —y eso hay que celebrarlo— tanto en la cocina como en cualquier otro lugar.

ANNA DEL CONTE

La primera vez que fui a comer con Anna Del Conte fue un lunes, después de una sesión particularmente larga en el pub. Había decidido tener una semana tranquila.

Pero entonces, a las once y media de la mañana, llegué al restaurante de Anna en Shaftesbury y me preguntó si quería un jerez. Y yo, en un acto reflejo que atestigua mi absoluta falta de autocontrol, respondí: «Hum, ¿tú te tomas uno?», a lo que ella contestó: «¡Por supuesto!». Así que empecé mi semana de buen comportamiento con una manzanilla... seguida de un vino tinto.

La segunda vez que fui a comer con Anna Del Conte ya sabía que no valía la pena tratar de evitar la bebida, así que me llevé una botella de Gavi di Gavi —a temperatura de tren— que acabó sirviendo para el doble propósito de acompañarnos durante la preparación de la receta (unos espaguetis *alle vongole*) y de acompañar también, añadiéndolo a la salsa, las almejas. Anna sugirió que nos sirviéramos una copa cada una; yo me disculpé porque el vino estaba caliente, y ella, mirándome con sorpresa, me dijo: «No importa, no soy francesa». Así que serví el Gavi, cuya temperatura parecía acorde con el tiempo: fuera, la lluvia caía sobre el valle de Blackmoor, en Dorset (la imagen verde, casi frondosa, que puede verse desde la ventana de la cocina de Del Conte).

Anna bebe, muy moderadamente, con cada comida (excepto con el desayuno, supongo); fuma dos cigarrillos al día, uno antes de la siesta del mediodía y otro antes de acostarse —¿será que el humo le da sueño?—; no puede imaginar una comida sin fruta, y prefiere tomar dos o tres platos pequeños a comer mucho de lo mismo. Es una criatura de hábitos —«como todo el mundo», dice— y también es muy italiana, pese a llevar unos setenta años en suelo británico. Ahora tiene noventa y uno, y resulta insólitamente glamurosa; viaja a menudo, vive en una casa independiente al lado de la de su hija Julia y ya se había leído las cuatro novelas de la napolitana Elena Ferrante cuando yo acababa de oír hablar de la primera.

Por lo que puedo decir, Anna posee una serie de hábitos, interiorizados como un código, en lo que respecta a la comida y la bebida: se mueve por su cocina con la gracia de quien lleva toda la vida haciéndolo, se la conoce como la palma de su mano (resulta que solo cocina si es allí) y no se detiene a pensar en lo que está haciendo, sino que, simplemente, lo hace. Teniendo en cuenta que convirtió en un oficio tanto la tarea de escribir recetas como la de impartir sus conocimientos de cocina a los lectores ingleses, la realidad es de lo más irónica al respecto: no le gusta que la interrumpan con preguntas sobre cantidades de esto o aquello, o de por qué está, o no está, haciendo algo. Le pregunto cuánto picante ha puesto en el *vongole* y, poniendo los ojos en blanco, me responde: «No tengo ni la más remota idea, lo siento». A pesar de haber adaptado y traducido cientos de recetas italianas para los hogares británicos —comenzó a escribir sobre gastronomía cuando tenía cincuenta años, primero con un libro sobre pasta y después con una adaptación al mercado inglés de los libros de recetas que la estadounidense Marcella Hazan escribió sobre la cocina italiana—, me parece que una de las cosas que más le gustan a Anna Del Conte es la ausencia de lenguaje, lo innecesario de la traducción.

Del Conte nació en Milán en 1925. Hija de un corredor de bolsa, antes de que estallara la guerra recuerda que tenían una cocinera en casa —«Maria, mi amiga», dice, pues suele forjar amistades en el ámbito laboral—, a la que de niña observaba atentamente mientras cocinaba. En la introducción a *Amaretto, Apple Cake and Artichokes: The Best of Anna Del Conte*, la autora escribió: «Mientras trabajaba, Maria cantaba las canciones comunistas que estaban prohibidas durante los años fascistas, y yo la miraba, fascinada [...] observando su destreza al dar forma a los ñoquis de patata. La oía hablar con mi madre sobre lo que podrían hacer con la montaña de *porcini* que había sobre la mesa de la cocina, o señalar que las lonchas de *prosciutto di Parma* tenían la cantidad justa de grasa, y así fueron sentándose las bases de mis conocimientos culinarios». De modo que mamá cocina, pues, a partir de otra mamá.

Anna también echa mucho de menos las excelentes *polpette* de Maria, las albóndigas que durante el otoño preparaba con trufas; un acompañamiento extraordinario para una comida de lo más corriente, algo que solo pudo haber ocurrido en el norte de Italia, una tierra famosa por sus trufas. Efectivamente, Anna habla de la riqueza culinaria de su patria lombarda: «Incluso durante la guerra, comíamos muy bien. Tuvimos suerte. La gente de todo el país pasaba hambre, pero en torno a Milán la tierra es muy fértil, así que teníamos de todo: uvas, vacas, cerdos, pollos, verduras... Todo excepto aceite de oliva». Este énfasis en los matices regionales italianos es importante para Anna; en 1987 fue la primera en detallar los ingredientes, las recetas y las tradiciones de las veinte regiones de su país en el libro *Gastronomy of Italy*. Lo que entonces podría haber parecido una información superflua para sus lectores británicos, era —y es— absolutamente esencial e intuitivo para cualquier cocinero italiano (el hecho de que cuanto más al sur menos rato se cuece la pasta, por ejemplo —los espaguetis *alle vongole* que preparamos juntas estaban perfectos para ella, nacida en Milán, pero seguro que a un napolitano le parecerían demasiado hechos—, o el modo en que una salsa de tomate delata el territorio del que procede —aceite y ajo en el sur, mantequilla y cebolla en el norte—).

Del Conte va dando a conocer estos pequeños detalles de un modo automático, con parsimonia, con verdadero deleite, como si estuviera lamiendo un *gelato*: el agua de la pasta debe «saber como el Mediterráneo, no como el Atlántico» (porque es más salada), y «en la cocina italiana, lo que dejas fuera del plato es tan importante como lo que decides meter» (así, por ejemplo, eliminar el ajo del sofrito, o el tomate de los espaguetis *alle vongole*, hace que las recetas sean mejores debido, precisamente, a su sencillez). «Nunca he usado un libro de recetas, excepto el de Artusi.[1] Todo lo he ido aprendiendo de manera muy natural», dice Anna. Resulta obvio que su aprendizaje empezó temprano, con Maria, y que, a partir de la guerra («con la que perdimos todo nuestro dinero»), el referente pasó a ser su madre.

Mamma Del Conte era una cocinera paciente, excelente en los *risotti*, la *cassola* (un *cassoulet* italiano con alubias) y el *arrosto all'acqua*, su especialidad, un corte de carne asada en agua, con solo un poco de sal y romero, junto a la que permanecía durante una hora y media, vigilando la olla del fuego, añadiéndole agua, con mucha paciencia, cucharada a cucharada, muy lentamente.

Cocinar en los fogones es lo que más le gusta a Del Conte, algo que heredó no solo de su madre, sino también de muchas otras *mammas* y *nonnas* italianas antes que ella. «Me gusta ver y oler lo que voy cocinando.» Así, Anna explica que sabe cuándo están hervidas las judías verdes porque empiezan a oler, y explica que tradicionalmente era una prioridad mantener la casa fresca, de modo que la mayoría de las cocinas italianas no tenían ni fogones ni horno. El horno de la panadería local suministraba el alimento a la comunidad cuando era necesario; de lo contrario, las familias debían usar la estufa o la chimenea para calentarse y cocinar. «Mi madre tenía un olfato y un paladar extremadamente finos. Recuerdo que en una ocasión, cuando ya era bastante mayor, más o menos como yo ahora, mi hijo volcó parte del contenido de una cazuela mientras ella estaba fuera de la habitación. Cuando volvió, lo supo al instante.» Así pues, la preparación de la comida es algo sensorial, que Del Conte ha ido interiorizando a través de la naturaleza y la alimentación, a partir de sus instintos más básicos.

La naturaleza es todo un tema en la cocina italiana, pero creo que para Anna Del Conte lo es especialmente. Gran Bretaña le dio la bienvenida en 1949 con lo que ella llama «una triste his-

---

[1] Pellegrino Artusi fue un escritor italiano del siglo XIX, autor de *La scienza in cucina e l'arte di mangiar bene*.

MI MADRE TENÍA UN OLFATO Y UN PA-
LADAR EXTREMADAMENTE FINOS.
RECUERDO QUE EN UNA OCASIÓN, CUANDO
YA ERA BASTANTE MAYOR, MÁS
O MENOS COMO YO AHORA, MI HIJO VOL-
CÓ PARTE DEL CONTENIDO DE UNA
CAZUELA MIENTRAS ELLA ES-
TABA FUERA DE LA HA-
BITACIÓN. CUANDO VOLVIÓ,
LO SUPO AL INSTANTE.

Anna Del Conte

toria», que solo se volvió más triste en los años sesenta, cuando los ingredientes básicos se industrializaron. Tras casarse con un inglés, el difunto Oliver Waley, y tener con él tres hijos, a Anna no le quedó más remedio que sacar fuerzas de flaqueza y convertir en bueno todo lo malo que le había pasado. Los tomates parecían anémicos, el pan estaba lleno de aditivos (en 1961 se introdujo el método Chorleywood para industrializar la producción de pan) y el aceite de oliva era casi imposible de encontrar. La única excepción era el Soho de Londres, por supuesto, donde Anna, que residía en West London, podía conseguir lo que, en su opinión, eran las provisiones italianas más básicas. «Incluso en los años cincuenta, cuando todavía había racionamiento, en el Soho se podía encontrar de todo. Había un carnicero francés que vendía sesos, mollejas e infinidad de alimentos que los ingleses nunca comían. Hasta se podían encontrar berenjenas y pimientos. Eso era cuando todavía se podía aparcar en el Soho, por supuesto.» No cabe duda de que Del Conte ha tenido una vida privilegiada, pero, en la opulenta Gran Bretaña que siempre he conocido, es curioso pensar en los pimientos rojos como en un lujo. Al igual que Claudia Roden (página 31), Anna encontró formas de adecuar sus apetitos autóctonos a su hogar adoptivo. «Aprendí a poner pequeños toques —sal, mantequilla, aceite— en los platos, para compensar unos ingredientes que eran peores.»

Este tipo de experimentos no solo han ayudado a los cocineros caseros británicos a emular los platos de las vacaciones pasadas, sino que también animaron a Anna en su propia cocina. Por mucho que haya reglas en la cocina italiana, reglas que ella obedece, tengo la impresión de que en el transcurso de los años ha ido relajando sus puntos de vista sobre algunos de ellos. A saber, su desdén por lo que a menudo ha descrito como cocina «britaliana», el modo británico de imitar la comida italiana, con demasiados ingredientes y sabores, demasiado fuertes y demasiado poco sutiles. «Soy tradicional, pero menos purista ahora», dice. Platos como la pasta con Marmite (página 84), y otros platos de pasta que hace con puerros picados finos y curry en polvo (¿la respuesta de la pasta al pollo de la coronación?), demuestran la aproximación más delicada a la ortodoxia en la cocina, la coexistencia tranquila (y deliciosa) de Gran Bretaña e Italia en la mesa.

En 2016 le pedí que escribiera un texto titulado «Los diez mandamientos de la cocina italiana». Al principio se mostró preocupada por el encargo, pues temía que el punto de partida fuera demasiado rígido, pero lo hizo, y lo que escribió para nosotros fue un artículo en el que aconsejaba buscar ingredientes de buena calidad, sazonar a medida que se prepara el plato, no poner parmesano en el pescado y comer la pasta y el *risotto* sin acompañamiento. Su nota introductoria pretendía atemperar el dogmatismo implícito de su título: «No iréis al infierno si no los seguís [estos mandamientos], ni al cielo si lo hacéis, aunque el resultado de vuestros esfuerzos os pueda enviar allí, seguro. Aquí están: no vienen escritos en dos tablas de piedra, sino en un papel de periódico».

Más recientemente, Del Conte se ha ido alejando considerablemente del purismo, y lo ha hecho de la mano de *FreeFrom all'Italiana*, una guía de bolsillo para preparar comida italiana sin gluten ni productos lácteos. Al principio Anna se resistió a tomar parte en un proyecto que inevitablemente excluía su «querida» pasta de trigo, hasta que probó algunas alternativas... gratamente sorprendentes. Cuando nos reunimos, Del Conte estaba en plena experimentación de recetas y las alacenas rebosaban de pastas sin gluten: macarrones de arroz y *fusilli* de maíz, espaguetis de alubias negras y algunas formas que no pude identificar, hechas con soja verde mungo y edamame. A los noventa y un años, podría haberse mantenido al margen de un territorio tan dudoso como es la exclusión de grupos enteros de alimentos. Pero ahora sé que disfruta con los desafíos.

Hoy, sin embargo, sentadas de nuevo a su mesa de Dorset, estamos siguiendo un clásico. Aquí hay espacio para el purismo y el desafío. Su actitud respecto a las reglas se ha relajado, como hiciera también la mía el lunes, al empezar (bastante rápido) a beber. En su sauna cubierta de Gavi, las almejas también se han relajado y han abierto las conchas, extendidas en su desnudez.

Juntas, nos sentamos a comerlas acompañándolas de un chorrito de aceite, ajo y perejil, y mezclándolas con unos buenos espaguetis a la antigua.

PATATAS

Los trabajadores de la cantina de la universidad dejaron de preguntarme lo que quería después de un tiempo. Siempre era lo mismo: patatas asadas con queso, por favor, sí, y una ensalada también, gracias (iceberg, pepino y berro, ese triunvirato de todas las cafeterías). La patata era inconfundible: tenía la piel holgada, no crujiente. A mí me encantan así, no por la piel, que siempre es mejor crujiente, sino porque su interior había adquirido esa cualidad dulce, amarillenta y mantecosa de las patatas al horno recalentadas después de ser cocinadas.

Este plato diario de la cafetería de la Universidad de Leeds durante el invierno de 2004 me brindó un consuelo profundo e inesperado. Yo me sentía muy descolocada y sola durante los primeros meses. Todo lo que me identificaba, mi vida londinense, me quedaba muy lejos, y la rutina de ir a la cantina a comer y a hacer los crucigramas de los periódicos se convirtió en una pequeña tabla de salvación a la que asirme para sentirme como en casa.

La mayoría de esos días se confunden en mi memoria y emergen como si fueran uno solo. Pero hubo un día, uno en particular, en el que, en torno a unas patatas cocidas, conocí a la que acabaría siendo mi mejor amiga. Como de costumbre, los estudiantes de primer año se amontonaban en el comedor y se ponían al día con las payasadas de la noche anterior. También como de costumbre, la cantina olía a cerveza y a lejía para fregar el suelo. Como de costumbre a esa hora, era muy probable que los Shapeshifters estuvieran sonando en la radio, y que yo estuviera haciendo un crucigrama mientras comía.

—¡Mina! —Levanté la vista, con la boca llena. No la conocía de nada—. Soy Sophie, de la audición.

Ah, sí. La última vez que había visto a esa chica, a la que no llegaron a presentarme, ella había estado gritando «coño» una y otra vez. Todo lo que hice durante mis primeros días en la universidad (todo excepto pedir unas patatas al horno con queso y ensalada para comer) lo hice con una cierta ambivalencia.

Mi madre me había animado a unirme a un grupo de teatro estudiantil y yo había ido a la audición de *Los monólogos de la vagina*. No me aceptaron para la obra, y, la verdad, no quería ponerme a hablar con esa chica sobre mi estéril e improductiva interpretación. Y tampoco quería que me mirara mientras me comía mis patatas.

Sin embargo, en un gesto que en los años siguientes se repetiría infinidad de veces, Sophie echó un vistazo a lo que yo estaba comiendo y se fue a pedir exactamente lo mismo.

Es curioso ver cómo difieren las perspectivas sobre las cosas. Yo me sentía bastante ridícula ante ella, comiendo sola, haciendo crucigramas, siendo una actriz fracasada... En cambio, Sophie dice que me miró y supo que quería ser mi amiga. Ahora que sé lo mucho que le gustan las patatas al horno, he pensado que quizá fuera aquello lo que la sedujo. Sea como fuere, aquel día hice mi primera amistad en la universidad. Hoy somos viejas amigas, y debo agradecérselo a las patatas. Si Sophie no se hubiera pedido también una ración para ella, si aquel día no hubiéramos comido juntas y hubiésemos lamentado la ausencia de encurtidos Branston con los que acompañar las patatas, nunca habríamos acabado compartiendo tantas comidas —por todo el mundo, desde Berkeley hasta Belice pasando por Brixton— durante todo un decenio. Sí, Sophie y yo les debemos mucho a las patatas. Y hoy en día siempre nos aseguramos de que las pieles estén crujientes.

La presencia de la patata en los hogares occidentales ha sido bastante constante desde el siglo XVIII.[2] Hemos confiado en la humilde capacidad del tubérculo para darnos de comer por un

---

[2] En *A History of Food in 100 Recipes*, William Sitwell muestra el progreso de las patatas en Europa desde su descubrimiento en el Nuevo Mundo en el siglo XVI hasta su eventual aceptación en las cocinas británicas.

precio módico, aunque tal vez no le hayamos dado el amor que merecería. Muy a menudo dependemos de las patatas en una comida, pero descuidamos alabarlas y nos concentramos en la carne, la salsa o cualquier otra verdura —tal vez una de temporada, más exótica y fugaz—. Si fuera una patata, estaría bastante enfadada.

Refiriéndose al trío formado por la carne, las patatas y una verdura, Virginia Woolf habló de «trinidad hogareña», aunque los demás mortales solemos llamarlo «carne y dos verduras». Ciertamente, una de las verduras es siempre la patata (a diferencia de la segunda e incluso de la carne, que suelen cambiar de un día a otro). Estoy bastante segura de que las patatas deben de sentirse como las Supremes mientras Diana Ross ocupaba el centro del escenario y se llevaba toda la atención. Vaya tela.

Dicho esto, todo el mundo se queja cuando algo «no está bien» respecto a las patatas. Es curioso hasta qué punto puede crear discrepancias este alimento tan querido, familiar y aparentemente tranquilizador. Todos tenemos una opinión al respecto. Sé de enemistades familiares a raíz de si es mejor asar las patatas en aceite de oliva o en grasa de pato. Hasta he sabido que mi padre se ha saltado alguna comida porque las patatas estaban asadas y no hechas al horno. Por otra parte, he comprobado que, para mi novio, algunas comidas maravillosas de restaurante pueden irse al traste porque las patatas no están en su punto.

Las patatas son fáciles de cultivar, baratas y muy versátiles, lo cual explica en gran medida no solo su ubicuidad, sino también la razón por la que son fácilmente comercializadas frente a ingredientes más caros (a saber, la carne). Como Elizabeth David dijo en su obra *French Country Cooking*, no era difícil que las patatas aparecieran acompañadas de otros alimentos, porque muchas veces las amas de casa no sabían del todo qué hacer con ellas. «En nuestros días hemos visto a algunas amas de casa británicas enfurecidas, y respaldadas por una prensa indignada, privadas de sus derechos nacionales de nacimiento, obligadas a hacer cola por una libra o dos de patatas. Sabemos cómo se usarán esas patatas. Hervidas en exceso por fuera y duras por dentro, machacadas con un instrumento contundente hasta quedar convertidas en puré, intercaladas entre otros alimentos, como el colchón de una casa de huéspedes.» Pobres patatas: como si la presunción de su disponibilidad no fuera lo suficientemente dura (saber que estarán ahí llueva o haga sol, estalle la guerra o se decrete la paz; el racionamiento de la patata no empezó hasta 1947, después de que una terrible helada destruyera las cosechas), también se abusa de ellas en la cocina.

De hecho, hervir las patatas «hasta arruinarlas» —es decir, hervirlas mucho rato— es el secreto para asar las patatas en mi casa. Pasé años mirando por encima del fogón, tratando de calibrar el punto de cocción óptimo, antes de darme cuenta. La pelusa que se forma en las patatas hervidas en exceso se combina con la grasa —yo siempre uso aceite de oliva— para formar una capa crujiente incomparable y protege el almidón, gloriosamente suave, del interior.

:::::::::::::::::::::: **PATATAS ASADAS FREDDIE** ::::::::::::::::::::::

Para esta receta es mejor usar patatas harinosas. Si se pasan de cocción, su textura hace que la pelusa que se forma se vuelva deliciosamente crujiente. Para la variedad en puré, utiliza patatas nuevas y golpéalas con un cucharón de madera cuando ya estén hervidas.

1 kg de patatas, cortadas en cuartos
6 cucharadas de aceite de oliva virgen extra
sal

1. Precalienta el horno a 220 °C. Pon las patatas en una cazuela grande, cúbrelas con agua fría y sálala generosamente. Ponlas a fuego medio-alto, llévalas a ebullición y cuécelas durante unos 30 minutos, o hasta que estén suaves y cedan fácilmente a un cuchillo. Si tus patatas empiezan a deshacerse,

vale la pena dejar que se sequen un poco antes de agregar el aceite de oliva.

2. Pasa las patatas a una bandeja de hornear grande. Cúbrelas con aceite de oliva y ásalas en el horno durante 40 minutos, removiéndolas 2-3 veces durante la cocción para asegurarte de que se doran uniformemente. Cocina hasta que estén crujientes. Espolvoréalas con sal y... listo.

Es posible que muchos no estén de acuerdo con esta manera de cocinar las patatas. Tal como yo lo veo, es un buen ejemplo de tradición negociadora. Cocinar es una cuestión de ensayo y error, a fin de encontrar la forma en que te gusten más las cosas. Aquí están mis observaciones sobre la preparación de la patata:

1. Las patatas son almidonadas. La eliminación de almidón hace que se vuelvan más crujientes, por lo que si vas a hacer patatas asadas o fritas, después de pelarlas y cortarlas deberías lavarlas a fondo, varias veces. Si vas a lavarlas de todos modos, sean del tipo que sean, pienso que lo que tiene más sentido es comprar las patatas arenosas. ¿Por qué no? Vale la pena recordar que, al fin y al cabo, provienen de la tierra (y de ahí que se llamen *pommes de terre*, «manzanas de la tierra», en francés).

2. El almidón de las patatas también provoca que absorban peor la sal. Es, por tanto, importante que seas generoso con ella cuando estés hirviendo patatas (igual que con la pasta).

3. Para comprobar cuándo está hecha una patata hervida (suponiendo que no quieras hervirla de más, como para un asado), coge un cuchillo afilado y clávaselo. Si la patata se desliza lentamente por él y cae de nuevo en el agua, sabrás que ya está lista para comer.

4. Siempre me han confundido, incluso molestado, las recetas que usan los términos *cerosas* o *harinosas* para referirse a las patatas, como si pudiésemos distinguirlas cuando hacemos la compra en el supermercado. Por regla general, las patatas cerosas mantienen bien su forma original, por lo que son idóneas para hervir o hacer ensaladas. En cambio, las patatas harinosas se deshacen con más facilidad, que es la cualidad que busco si quiero asarlas, y son ideales para hacer purés y cocinarlas al horno.

Las patatas necesitan poco más que sal y grasa, y tal vez en ocasiones algo aromático —romero, alguna especia...— para ser uno de los mejores alimentos que se puedan comer. Por esta razón, las recetas no son esenciales. Manteniéndome fiel a la mayor parte de mi forma de cocinar, los platos con patatas giran más en torno a un conjunto de ideas que a una firma. Aquí están las cosas que hacemos con las patatas en casa:

1. Las variedades de patatas se viven como un regalo (por ejemplo, monalisa, agria, spunta, kennebec, flamenco, draga y un largo etcétera). Pocas cosas suenan tanto a «confort hogareño» como el olor de las patatas que hierven suavemente en agua salada con una ramita de menta. Pura aromaterapia tras el frío invierno. Sírvelas con mantequilla y un poco de sal si es necesario (recuerda hervir con mucha sal y luego poner muy muy poca para servir). También soy partidaria de echar pimienta blanca.

2. Las patatas al horno son sin duda mejores con la piel crujiente. Si se hace correctamente, estoy segura de que resultan inmejorables. Asegúrate de que el horno está bien caliente (unos 200 °C) para garantizar el éxito del resultado, y no te olvides de pinchar las patatas de antemano. Una vez más, en este caso es difícil superar a la mantequilla (y a los encurtidos Branston), pero a mí me gusta preparar un yogur con ajo: 5 cucharadas de yogur natural, una pizca de sal, pimienta negra y un pequeño diente de ajo rallado. Más adelante podrías convertirlo incluso en un *tzatziki*, con un poco de pepino rallado o zanahoria y una pizca de aceite de oliva. Las patatas cocidas al horno dos veces suelen ser el feliz resultado de unas que no se comieron la primera vez. Al recalentarse en el horno por segunda vez, la patata se vuelve algo más amarillenta, más tostada, como las patatas cocinadas en exceso que solía comer en la Universidad de Leeds. También puedes mezclar el interior con un poco de mantequilla, queso, cebolla y perejil, y ponerlas en el horno durante 10 minutos más; una excelente comida si la acompañas de una sencilla ensalada verde.

3. En casa nos tomamos muy en serio las tortillas. Pelamos y cortamos en medias lunas 1 kg de patatas, más o menos. Las freímos en mantequilla con una sola cebolla cortada en rodajas, y luego les secamos el exceso de grasa. A continuación batimos 6 huevos, los salamos

generosamente y mezclamos las patatas y la cebolla en el huevo antes de freírlo a fuego medio-alto en una sartén pequeña (el tamaño de la sartén es crucial para que la tortilla tenga una consistencia uniforme). Al cabo de 5 minutos le damos la vuelta y dejamos cocer otros 3 minutos. Caliente resulta deliciosa, pero fría, en un bocadillo, es incluso mejor.

4. Cada cual tiene su propia manera de hacer puré. A mí me gusta con mantequilla, leche entera, sal y nuez moscada. Siempre vale la pena hacer el doble de lo que necesitas y aprovechar estos sencillos preparativos para tener una tarta o un pastel de pescado al día siguiente. El puré es mucho mejor si le añades una generosa cucharada de Dijon y mostaza integral. También me encanta mezclar otra verdura en el puré: los nabos son deliciosos, al igual que el apionabo o el colinabo. En lugar de leche o crema, puedes probar también con yogur; su ligera acidez combina bien con la mostaza integral. Me gusta convertir el puré que ha sobrado en una cama blanda para los huevos al horno (como los huevos cocidos con puré de apionabo de las páginas 48-49) o para croquetas.

5. Comemos un montón de patatas asadas (soy consciente de que esto es fatal para mi salud cardíaca), y a menudo también fritas y en ensaladas. Una vez más, las encontrarás en las recetas que siguen. Piensa que los aderezos y las salsas que las acompañan son una manera fácil de convertir algo tan humilde como la patata en un verdadero lujo.

∷∷∷∷∷∷∷∷∷∷ PATATAS AL ROMERO ∷∷∷∷∷∷∷∷∷∷

Una de mis comidas favoritas.

Para 2-4 personas

1 kg de patatas cortadas en dados de 1 cm (sin pelar)
2 cucharadas de aceite de oliva virgen extra
4 ramitas de romero, solo las agujas, picado
5 dientes de ajo, aplastados
sal

1. Lleva a ebullición una cacerola con agua generosamente salada; después agrega las patatas cortadas en dados.

2. Mientras las patatas se están cociendo, calienta el aceite en una sartén grande a fuego lento y agrega el romero y el ajo. Fríelos suavemente durante unos minutos para permitir que el aceite se mezcle con el sabor de ambos.

3. Comprueba con un cuchillo que las patatas están hechas. Escúrrelas bien y luego incorpóralas a la sartén. Asegúrate de que cada pedazo de patata brilla con el aceite. A continuación, sube el fuego y fríelas más intensamente, removiendo, hasta que las patatas adquieran un crujiente color dorado.

Sazona con sal al gusto y sírvelas, quizá con salsa brava (páginas 281-282)... o con lo que te apetezca.

LA ENSALADA DE PATATA

... es un concepto con el que la gente parece estar de acuerdo. La simple combinación de patatas dulces, de principios de temporada, y mayonesa resulta suficiente; es un poco mejor con una buena cucharada de mostaza de Dijon; mejor aún con la adición de mostaza integral, y de altas cotas con un poco de pepinillo picado, alcaparras, eneldo o perejil. Como la salsa verde y la salsa de tomate, la ensalada de patatas es un arte impreciso casi garantizado para ser delicioso.

PATATAS DE CORONACIÓN CON ALMENDRAS Y RÁBANOS EN ESCABECHE

La respuesta de la ensalada de patatas al pollo de la coronación.

Para 4 personas

500 g de patatas nuevas, cortadas en dados de unos 3 cm
2 cucharadas de mayonesa
2 cucharadas de yogur natural
1 cucharadita de curry en polvo suave
sal

un manojo de cebollas de primavera, picadas
un puñado de almendras, ligeramente tostadas
cilantro picado, para servir (opcional)

Para los rábanos en escabeche

un buen manojo de rábanos, en rodajas muy finas
4 cucharadas de vinagre de vino blanco
4 cucharadas de azúcar glas
el zumo de ½ limón
una buena pizca de sal
½ cucharadita de cúrcuma molida

1. Cuece las patatas en una cacerola con agua hirviendo, abundantemente salada, durante unos 10 minutos, hasta que estén listas, pero sin perder su forma. Escúrrelas y transfiérelas a un recipiente para servir.
2. Combina el rábano con los demás ingredientes en un cuenco y déjalo en vinagre entre 15 minutos y 1 hora.
3. Mezcla la mayonesa, el yogur y el curry en polvo, sazónalo y luego añade las patatas con las cebollas.
4. Espolvorea por encima las almendras tostadas, coloca los rábanos en escabeche en la parte superior y añádele cilantro si lo deseas.

PATATAS «BOULANGÈRE»

Reciben este nombre por las panaderías francesas en las que los cocineros caseros sacaban del horno sus bandejas rebosantes de la mezcla de patatas lista para ser cocinada. No es un plato con el que crecí, pero me gusta mucho. Ocupa un espacio entre lo sibarita y lo inocente a la hora de hornear verduras asadas. Es difícil mejorar esta combinación de patatas endulzadas con cebollas, hierbas, condimentos y un poco de mantequilla; obtienes una buena cantidad de comida deliciosa sin tener que utilizar un montón de aceite o crema (lo cual es, probablemente, la razón por la que aparece tan a menudo en mi mesa).

Para 4 personas

1,5 kg de patatas, peladas y cortadas en rodajas finas
2 cebollas blancas, cortadas en medias lunas
hojas de un manojo de tomillo y/o romero (hay que
frotarlas suavemente para liberar su aroma)
350 ml de caldo de verduras o de pollo
unas perlas de mantequilla
sal y pimienta negra

1. Precalienta el horno a 190 °C.
2. Coloca las patatas en rodajas finas en una bandeja (de esas en las que prepararías un pollo) y añade las capas de cebolla, hierbas, sal y pimienta. Reserva las rodajas de patata, que son más estéticas, para la capa superior.
3. Vierte el caldo sobre las patatas, espolvoréalo con más sal y pimienta, y salpica pequeñas perlas de mantequilla por encima.
4. Mete la bandeja en el horno y déjalo aproximadamente 1 hora, hasta que las patatas estén doradas por la parte superior y bien cocidas por dentro (tendrías que poder insertar sin resistencia un cuchillo afilado). Esto sería suficiente para ofrecer una buena comida, pero también es estupendo si lo acompañas con una montaña de ensalada verde fresca.

::::::: QUICHE DE PATATA, TALEGGIO Y ROMERO :::::::

En mi infancia, a menudo teníamos una comida que llamábamos «de picoteo», algo que provocaba que en casa lo «devoráramos todo», tal como solía decir mi papá: restos recientes, ensaladas algo pasadas, queso edam un pelín pasado, etc. (una serie de cosas que papá iba aprovechando y convirtiendo en aliños y salsas de los que se sen-

tía muy orgulloso). Esto ha continuado así con el paso del tiempo, y hoy en día sigue siendo lo que mis padres preparan para la comida del sábado: una mezcla de carnes frías y cosas recalentadas (la comida favorita de mi padre, llena de oportunidades para el chutney, la salsa picante y el Marmite, todo al mismo tiempo). Y a veces también aprovechábamos para hacer un quiche, en el que podían incluirse también los restos que tuviéramos en casa. Desde abril hasta principios del verano, yo suelo tener patatas nuevas hervidas en frío de una comida anterior, que aquí he añadido a la receta básica pero brillantemente versátil de mi amigo Oliver Rowe, junto con algunas cebolletas ligeramente fritas y picadas, una pizca de romero y queso taleggio (todos reemplazables por otras alternativas, como siempre). Con los sabores adecuados (un buen queso, un toque de limón, una hierba), el quiche de patatas sirve para preparar una comida realmente completa junto con una ensalada. Disfrutarás devorándolo, ya sea caliente, recién sacada del horno, o como restos fríos.

PARA 1 QUICHE GRANDE

Para la masa

225 g de mantequilla sin sal fría, en dados, y un poco más
    para engrasar
450 g de harina común, y un poco más para espolvorear
3 huevos
1 chorrito de leche

Para el relleno

500 g de patatas nuevas (usa las sobras de patatas cocidas
    si tienes)
aceite de oliva virgen extra, para freír
un manojo de cebolletas
3 ramitas de romero
2 dientes de ajo, picados finos
4 huevos, ligeramente batidos

200 ml de crema doble
200 g de nata líquida
1 cucharada de mostaza (Dijon o integral)
la cáscara rallada de ½ limón no encerado
100 g de taleggio (75 g rallados y 25 g en porciones)
50 g de parmesano, rallado
100 g de puntas de espárrago, cocidos al vapor o hervidos, picados en trozos de 2 cm

1. Primero, la masa. Mezcla la mantequilla y la harina con las puntas de los dedos hasta que la mezcla alcance la consistencia de la miga de pan. Bate 2 de los huevos, agrégalos a la mezcla e incorpóralos solo hasta que la masa empiece a formar una bola. Aprieta hasta formar un disco grueso, envuélvelo en papel de aluminio y ponlo en la nevera al menos 1 hora.

2. Unta con mantequilla un molde para tartas (de esos a los que se les desmonta la base). Retira la masa de la nevera y déjala reposar durante 15 minutos; luego desenróllala y, sobre una superficie ligeramente enharinada, extiende un disco de unos 4 mm de grosor y algo más grande que el molde para tartas. Cubre con un trapo la masa sobre la tarta, empújala suavemente hacia los bordes y deja que cuelgue y casi toque la superficie de trabajo. Moviendo de manera circular con los dedos, vuelve a introducir en el molde la parte que sobresale, presionando en los lados y las esquinas para crear una capa doble. La masa debe ser ligeramente más alta que el borde del molde para permitir que se contraiga. Pincha la parte inferior con las púas de un tenedor y déjala de nuevo en la nevera. Precalienta el horno a 180 °C.

3. Una vez frío, forra el recipiente de la masa con papel de hornear arrugado y llénalo con bolas de cerámica para hornear. Asegúrate de usar suficientes para inmovilizar la masa y mantenerla en su sitio. Hornéalo hasta que la masa empiece a tomar color por los bordes. Retira el papel y las bolas y vuelve a meterlo en el horno hasta que la masa esté dorada.

Bate juntos el resto de los huevos y la leche y viértelo sobre la masa. Vuelve a meterlo en el horno hasta que el huevo esté cocido y brillante. Retíralo del horno y déjalo enfriar antes de incorporar el relleno.

4. Baja la temperatura del horno a 170 °C. Si no tienes restos de patatas, hierve unas cuantas y déjalas enfriar. Corta las patatas en rodajas de 0,5 cm de grosor.

5. Calienta un chorrito de aceite de oliva en una sartén. A continuación, añade la cebolleta, el romero y el ajo, y fríelos suavemente durante unos minutos hasta que estén blandos y fragantes.

6. Mezcla en un cuenco los huevos, la crema, la nata líquida, la mostaza, la ralladura de limón, el queso rallado, la cebolla, las hierbas, el ajo y las patatas. Viértelo en el molde, pon las puntas de espárrago en la parte superior y luego espolvorea por encima el taleggio. Ponlo en el centro del horno durante unos 25 minutos, hasta que empiece a subir y a coger color. No dejes que se cueza demasiado o de lo contrario la mezcla de huevo se partirá. Retíralo del horno y déjalo enfriar antes de servir. A mí me gusta a temperatura ambiente, aunque algunos lo prefieren más caliente.

:::::::::::: «PASTA E PATATE» DE RACHEL RODDY ::::::::::::

A primera vista, poner dos carbohidratos juntos en un plato no tiene sentido para mí, pero tal es mi devoción por la pasta y las patatas que decidí que debía de valer la pena intentarlo. Gracias a Dios que lo hice.

Para 4 personas

6 cucharadas de aceite de oliva virgen extra,
y un poco más para rociar
1 cebolla, cortada en cuadritos
1 zanahoria, cortada en cuadritos

1 tallo de apio, cortado en cuadritos
2 hojas de laurel o una ramita de romero
600 g de patatas de cualquier tipo (unas 2 medianas), peladas
   y cortadas en trozos
1,4 l de agua o de caldo ligero (como pollo o verdura)
170 g de pasta (*quadrucci*, *pastina*, *farfalle* o espaguetis rotos)
pecorino o parmesano, rallado, para servir
sal y pimienta negra

1. Calienta el aceite de oliva en una cacerola de base gruesa a
   fuego medio-bajo, agrega la cebolla, la zanahoria y el apio,
   junto con una pizca de sal, y fríelo hasta que quede blando y
   la cebolla, translúcida. Añade las hojas de laurel o romero y
   las patatas y fríelas, removiendo durante un par de minutos
   más de tal modo que cada dado quede recubierto de aceite.
2. Agrega el agua o el caldo y otra pequeña pizca de sal, llévalo a ebullición, luego baja a fuego lento y déjalo así durante 15 minutos, o hasta que la patata esté suave y se rompa
   ligeramente si se presiona con la parte posterior de una cuchara de madera. Agrega la pasta, sube ligeramente el fuego y cuécelo durante otros 10 minutos aproximadamente, o
   hasta que la pasta esté cocida, removiéndola y añadiendo un
   poco más de agua si parece que se está espesando demasiado. Comprueba la sazón (recuerda que vas a agregar queso
   salado) y muele algo de pimienta negra. Sírvelo con pecorino o parmesano rallado espolvoreado por encima, o simplemente con un chorrito de aceite de oliva.

:::::: PATATA, PIMIENTO ROJO Y ACEITE DE OLIVA ::::::

*Los sabores de este guiso se inspiran en España: vino, ajo, aceite de
oliva y pimentón. El reto es conseguir que las patatas absorban completamente todos los aromas que las rodean, y la clave para ello es
prepararlas el día o la mañana previos a la comida.*

Para 4 personas

10 cucharadas de aceite de oliva virgen extra
1 cebolla picada
4 dientes de ajo picados
4 pimientos rojos, sin semillas y cortados en tiras
500 g de patatas nuevas, cortadas en trozos de 1 × 2 cm
400 g de tomates ciruela enteros en lata
1 vaso pequeño de vino blanco
2 vasos pequeños de agua
1 hoja de laurel
una pizca de pimentón
un chorrito de zumo de limón
sal y pimienta negra

1. Calienta 6 cucharadas de aceite de oliva en una cacerola de base gruesa a fuego medio-bajo, luego echa la cebolla y saltéala ligeramente durante un par de minutos antes de agregar el ajo. Deja que se cocinen juntos, suavemente, durante un par de minutos más.
2. Agrega los pimientos, recubriendo cada tira con una fina capa de aceite de oliva, luego tápalo y déjalo 10-15 minutos.
3. Añade las patatas, los tomates, el vino, el agua, la hoja de laurel, el pimentón, el zumo de limón y 2 cucharadas de aceite de oliva, remuévelo y salpiméntalo generosamente. Vuelve a taparlo y deja que hierva suavemente a fuego medio durante al menos 30 minutos, removiéndolo de vez en cuando. Después, baja un poco el fuego, ladea la tapa y déjalo a fuego lento durante 30 minutos más.
4. Prueba las patatas; quizá haya que cocerlas un poco más. Si es así, agrega un poco más de agua (o vino, ¿por qué no?), o bien aplasta todas las patatas o algunas de ellas para que se impregnen de la salsa mientras prosigue la cocción.
5. Creo que esto es mejor dejarlo toda la noche y luego recalentarlo para comérselo al día siguiente. Si lo haces, asegúrate de tener a mano pan crujiente. Sírvelo con yogur si te apetece.

COMER CARNE

Ser vegetariano no debe significar automática-
mente una negación de los alimentos placente-
ros o una aceptación de los desagradables.

ANNIE BELL, *Evergreen*

Creo que arrebatamos la vida a los seres vivos a
cada paso, ya sea al sacrificar una vaca o cose-
char un cereal. No creo en un lugar puro, y creo
que es ingenuo pensar que hay uno.

DEBORAH MADISON,
entrevistada en enero de 2016

ENTRANTES

La culpa es de la mortadela. Cada vez que decidía dejar de comer carne, llegaba el sábado por la mañana y me acercaba al mostrador de la charcutería de Sainsbury's con mamá, donde reaparecía la mortadela. Ahí estaba, sí: grasienta, moteada de pistacho, obscenamente rosada.

Para las dos, la mortadela siempre ha sido una debilidad. A los diez años de edad, me parecía imposible resistirme a mi embutido preferido un sábado por la mañana. Ese olor maravilloso, esa discreta riqueza al acompañar el pan, el queso, los tomates en rodajas, los restos de lo que habíamos comido la noche anterior...

Sin embargo, finalmente lo logré. Visualicé a los corderos y las vacas paciendo felices en los campos y a los cerdos retozando en el barro, y dejé de comer carne en 1995. Mi tempestuosa vida social (oh, los colegios de chicas...) provocó que me sintiera particularmente incoherente al comerme a los que yo consideraba mis verdaderos amigos en el mundo, los animales. Mi celo no llegaba al extremo de incluir en la lista a los peces, a los que nunca he llegado a visualizar como amigos, pero al menos me sentía mejor excluyendo de mis platos a los mamíferos terrestres. Me asaltaban preguntas del tipo «¿qué hace que la vida de una vaca sea más importante que la de una mujer?», etc., y, lo admito, realmente no encontraba respuestas. De modo que me limité a ser coherente con lo que me hacía sentir bien. Me basé en parte en el ejemplo (mi madre era igual de selectiva, porque comía pescado y, muy de vez en cuando, una loncha de jamón que le resultaba especialmente atractiva por el aspecto, pero no mucho más), y en parte también en el hecho de que me identificaba más con las vacas que con los peces. Por algún motivo, el sufrimiento de los rumiantes resultaba más real para mi imaginación infantil. Además, el pescado me gustaba más que la carne. A los diez años, todo esto tenía pleno sentido para mí.

Aunque mis hábitos alimentarios han cambiado bastante desde entonces, mantengo mi decisión ante el agresivo cuestionamiento del hecho de comer carne. Creo que el uso de *vegetariano* como un término general que se refiere a diferentes enfoques sobre la exclusión de la carne y el pescado está disminuyendo, y estoy de acuerdo en que es incorrecto etiquetarme como vegetariana si en realidad como pescado. Pero, en algún momento, esta etiqueta me permitió escuchar mis instintos y elegir cómo comía basándome en ellos (¿un mecanismo de defensa tal vez?). Aún hoy en día, no quiero comer pescado o carne solo porque estén ahí, tirados en mi plato. Que pueda comerlos debe convertirse en una celebración de la vida que el animal ha dado a la buena cocina.

La verdad es que cuando volví a comer carne, la mortadela no fue la responsable. Era el verano de 2006 y fueron unas brochetas de pollo, que silbaban mientras se ennegrecían en una barbacoa, las que me sedujeron. La idea de comer de nuevo carne me resultaba extraña, incluso un anatema, pero al final resultó ser un feliz reencuentro. Era el verano antes de que me trasladara al norte de California, donde, más que en cualquier otro lugar donde haya vivido, se anima al consumidor a tener conciencia de los alimentos que escoge y a disfrutarlos. A lo largo de aquel año, experimenté mi camino de regreso al reino del pollo con algo parecido a una resaca. Era una montaña rusa: oleadas de alegría al comerla y oleadas de culpa después. Algo parecido a lo que Shakespeare parecía sentir sobre el sexo: «Una bendición al probarlo y, una vez probado, una gran aflicción».

Hoy en día, no me considero vegetariana, pero sí soy selectiva con la carne y el pescado que como. En mi caso, el menú de una semana típica no incluye carne salvo por el ocasional pollo asado de los domingos y las sobras con las que hacer caldo al día siguiente. Puedo pasar semanas sin comer pescado, sal-

vo por mi modesta adición de los filetes de anchoa con los que
doy sabor a algunos de mis platos (véanse las páginas 134-135).
Por lo tanto, soy básicamente vegetariana. Puede que esta
no sea una etiqueta con una amplia aceptación, pero se hace
por lo general demasiado hincapié en poner nombre a las cosas, en identificarse como vegetariano o vegano, como esto o lo
de más allá, y en cambio no ponemos el énfasis en las decisiones de cada persona sobre lo que come o deja de comer. La decisión más pertinente, a mi juicio, afecta a una dicotomía citada por Sandra M. Gilbert en *The Culinary Imagination*: «[...] en el
mundo industrializado hemos llegado a habitar un paisaje culinario marcado por la dicotomía entre la comida "completa"
("lenta", "real") y la comida "rápida", producida tecnológica-
mente». Hay una enorme diferencia entre los animales que se
mantienen en condiciones de precariedad, que nunca ven la luz
del día y comen alimentos producidos en masa, y los que va-
gan y pastan en libertad. Y, dado que la mejor agricultura sostenible involucra a animales y plantas que trabajan en tándem
—las plantas alimentan a los animales, los animales devuelven
a las plantas, y viceversa—, creo que es importante apoyar este
sistema. Es un sistema que funciona, que mantiene las criatu-
ras y la tierra en equilibrio, y, si se hace lo más éticamente posible, es una buena cosa.

El argumento no es tanto «¿debo comer carne o no?» como
«¿qué carne debo comer y cuál no?». El mensaje es básico, y
nos recuerda lo que dijo Alice Waters (véase la página 93): es
importante saber de dónde viene tu comida y cocinarla desde
cero. Además, como Deborah Madison me dijo (véase la página 186), «tomar el camino del medio puede ser más complejo».
Estas observaciones parten de una verdad universal, y es que los
seres humanos son omnívoros (con —como Michael Pollan ti-
tuló su libro—[1] un «dilema»), lo cual implica una dieta basada
en animales y plantas. Eso no significa que tengas que comer

---

[1] Michael Pollan, *El dilema del omnívoro*, Barcelona, Debate, 2017.

ambos, y es sensato comer más plantas que animales. Pero, en lugar de eliminar a los animales por completo, hay sólidos argumentos a favor de mejorar la producción de carne —algo inevitable—. Me parece responsable familiarizarnos con el modo en que se producen la carne y el pescado, y encontrar formas de ajustar nuestro presupuesto para comida a fin de compensar lo que uno pueda gastarse de más en comprar carne y pescado de mejor calidad.

UN APUNTE SOBRE LA NOSTALGIA POR LA SOJA

La habitación está descomprimiéndose. El éxtasis ha dado paso a lo que solo puede describirse como una especie de *savasana* tántrica y todo el mundo está acostado; los ojos cerrados, los cuerpos pegajosos, el vello suave y (como también otras cosas) erecto.

Estoy estirada mirando al techo, con un arco iris clavado a unos toldos que necesitan una mano de pintura. A mi izquierda hay una repisa de chimenea sobre la que Buda resplandece entre las ofrendas de hoy: una lata de leche condensada portuguesa y una vieja foto de tres personas escasas de ropa en el carnaval de Río. Por el rabillo del ojo puedo ver a mi amiga estirada en un colchón, ovillada con su nuevo novio, un carpintero. Sus posturas son muy parecidas a las de las otras parejas esparcidas por el suelo, jadeando, parpadeando, temblando.

Acabo de pasar la última hora en un taller de respiración de chakras. Ha sido como un microcosmos y ha cerrado todo el fin de semana que he pasado aquí, en mi Dorset rural. (Este es el regalo que la amiga con la que estoy aquí me ha hecho por mi trigésimo cumpleaños; no tanto el «retiro de yoga» que me prometieron como una comunidad *new age* con una manifiesta inclinación por el tantra.) Durante cuarenta y cinco minutos, una pista de acompañamiento electrónica nos ha escoltado a través de nuestros siete chakras, pero estoy segura de que casi nadie ha pasado del segundo (el sexual). Se suponía que teníamos los ojos cerrados, pero, intrigada por saber quién estaba haciendo cada uno de los gruñidos rítmicos, los ronroneos y los gritos, he acabado por entreabrir los ojos y espiarlos a todos, sentada frígidamente sobre mi solitario trasero. Una mujer se mueve tan vigorosamente sobre el suyo —con el hueso púbico acoplado sobre una mano y con la otra elevándose al cielo— que parece que vaya a catapultarse por la habitación.

Ahora, sin embargo, con el audio apagado, ya solo puedo oír el susurro de las feromonas y el ruido extraño de la placa de la cocina de al lado. Mientras los otros disfrutan de su epifanía sensual, los cilios de la nariz se me estremecen. Puedo oler la comida. Un olor fluye a través de la ventana que da a la bahía, un olor curiosamente reconfortante dada mi extrema incomodidad.

Hay algo de fruto seco en ella. Y hay también ajo (por supuesto, aquí todo el mundo emana un cierto olor a él), pero también reconozco el olor dulce de las alubias y el puré de verduras. Cuando se trata de un festín culinario, no suelo equivocarme mucho. Hay también lechuga, naturalmente, y un montón de yogur natural, y el tipo de *hummus* casero espeso que parece cemento húmedo. Es el tipo de cocina vegetariana con la que crecí. Esa de «tiene un aspecto horrible, pero sabe muy bien». ¡Y hay soja en abundancia! Es el tipo de comida vegetariana que tiene peor fama, pero que yo amo irremediablemente.

Comí mucha soja cuando era joven. Por aquel entonces, ser vegetariano redujo considerablemente mis opciones, y la soja era uno de los pocos ingredientes proteínicos que a la vez daban sustento y potenciaban el sabor. Mamá lo usaba sobre todo en su forma seca, y tengo un vivo recuerdo del envase, insólitamente transparente, para que pudieran verse los granitos grisáceos del interior. Mamá acostumbraba a utilizar la soja, para salsas y pastas, y les daba siempre mucho sabor. (A mí me gustaba —y me gusta— mucho, pero os ahorraré un apartado sobre la soja.)

Sea como fuere, puesto que crecí comiendo soja, y dado también que su fuente solía ser mamá, considero que es uno de los ingredientes más nutritivos para acompañar a las comidas en cualquier momento; su textura es una bendición, y su precio y versatilidad, un distintivo del hogar. Si podía haber algo bueno para salir de mis vacaciones tántricas accidentales, era el olor y el sabor asociados a la soja.

DEBORAH MADISON

Es viernes por la tarde y, justo cuando estoy observando mi campari, Deborah Madison llega con su café matinal. (Es la diferencia horaria entre Londres y Galisteo, la pequeña ciudad de Nuevo México desde la que me habla, al otro lado de la línea.) No conocía a Madison de antes, pero había sentido una agradable calidez en nuestro breve intercambio de correos electrónicos previo a la llamada; había compartido conmigo pequeños detalles de su vida —referencias a esa taza de café con la que acaba de sentarse, y también a su marido (el pintor Patrick McFarlin) paseando al perro—, de manera que la llamada resultó mucho más cálida y cercana. Además, llevo años admirando sus libros: *The Greens Cookbook*; *Vegetarian Cooking for Everyone*, la enciclopedia seminal, recientemente actualizada; *Vegetable Literacy*, que cultiva entre sus lectores la intuición a la hora de cocinar con plantas, y la encantadora biblia ilustrada dedicada al «cenar a solas», *What We Eat When We Eat Alone*, que coescribió con McFarlin.

Madison es la decana accidental de la cocina vegetariana en Estados Unidos. Accidental porque, según ella, el vegetarianismo la encontró. En 1969 se fue a vivir al Centro Zen de San Francisco para practicar la meditación. El grupo de veinticinco personas con el que vivía en la cooperativa decidió hacerse vegetariano desde el principio. «Entre nosotros había una enfermera a la que le habían dado un pavo en el hospital, y así empezó la conversación [...] había una regla acerca del hecho de quitarle la vida a un ser vivo.» Necesitaban un cocinero, y Madison levantó la mano. La carne no era muy importante para ella, y le pareció que excluirla de sus menús no iba a resultar un sacrificio. Más bien al contrario: cocinar alimentos vegetarianos le supuso un desafío. Era como si nunca antes hubiera comido. Comenzó a experimentar con macrobióticos, pero «no les gustaban a todos, así que pronto los dejé. El propósito era practicar con la meditación zen, no con la comida. Pero compartir las comidas era importante, y la gente necesitaba relacionarse también con los alimentos». Así que empezó a combinar algunos ingredientes japoneses menos conocidos —algas hijiki, miso...— con los ingredientes más habituales, como los huevos y el queso.

En los años setenta, la comida vegetariana era, dice Madison, «una cosa revolucionaria pero monótona, parte de lo que estaba sucediendo en torno a Haight-Ashbury». Era, en otras palabras, la contracultura comestible. «Nos alarmaron con los alimentos procesados. Las primeras incursiones de los jóvenes en la comida vegetariana resultaron ser bastante sombrías: cereales, sémola, avena a medio moler... y no demasiada destreza.» Fue entonces, en el Centro Zen, cuando Madison empezó a cocinar solo con productos que no incluyeran carne, pero también se abrió a la posibilidad de producir sus propios alimentos. A pesar de que tanto su padre como su hermano son botánicos, admite que hasta los treinta y tantos años no supo cómo cultivarlos. Recuerda que un día plantó salvia en el suelo del centro con un pico y que de repente se sintió «enganchada».

Oigo que Madison sorbe su café al otro lado del teléfono. La había estado escuchando con tanta atención que hacía tiempo que había olvidado mi campari (uno de mis mantras al investigar para este libro era que no quería dar un halo romántico a las cosas, pero esto es especialmente difícil cuando imagino, melancólicamente, la vida en California en los años setenta). Volviendo al relato de Madison, por aquel entonces no había muchos lugares donde hallar buenas verduras, y la variedad era escasa; es algo que parece increíble al compararlo con la zona de la Bahía de hoy en día, donde las posibilidades son infinitas si vas en busca de variedades antiguas de tomate y otros productos de temporada. Desde el «supermercado» de los sueños, Berkeley Bowl, hasta el mercado agrícola de Ferry Building, la oferta es una verdadera utopía. En los años setenta, la cocina emergente de California se basó en productos frescos y locales que incluían la carne; pero el especial énfasis en la estacionalidad —esto es, en comer de acuerdo con lo que el clima cambiante y las estaciones ponían a disposición del público— se centraba a su vez en ampliar la gama de plantas disponibles para cultivar, cocinar y comer. «Las verduras empezaban a resultar atractivas y había un gran interés por las nuevas variedades. Yo misma me traía semillas de Francia para experimentar con ellas en la cocina.»

Por aquel entonces, Madison centró sus esfuerzos en Greens, un restaurante vegetariano sin ánimo de lucro que, con la ayuda del Centro Zen, abrió sus puertas en 1979, en el distrito de Marina de San Francisco. Madison era una de las chefs fundadoras. «Probablemente —me dijo—, Greens fue el primer restaurante cuyos productos de proximidad se cultivaban allí mismo.» Allí trabajó con las nuevas variedades que había encontrado en Francia (lechugas de un rojo intenso, remolacha dorada, rúcula...). En cada mesa servían una calabaza rellena de sopa hecha con su pulpa, así como crema, salvia y queso gruyère. El estilo era rústico y casero, y se alejaba de los clichés. «Yo tenía claro que no quería los típicos brotes, el perejil y las rodajas de naranja en los platos; era muy estricta en eso.» En Greens plantaron hierbas como borraja y levístico, acedera, pepinos, tomates cherry Sweet 100 y calabazas. Sin embargo, Madison se apresura a aclarar que no todo lo que usaban en la cocina provenía de la huerta, pues «la costa de California es muy neblinosa y resulta imposible cultivar solanáceas, como pimientos, tomates, berenjenas; por eso empezamos a forjar una red de productores de confianza».

Greens catapultó la carrera de Madison como autoridad popular de la comida vegetariana, «pero me quedé atrapada en esa etiqueta», afirma. (Lo que aún tarda un rato en revelarme es que en realidad ya había sido etiquetada como «algo verde» desde mucho antes: su segundo nombre es Leafy [«frondosa»];

¡la casualidad no puede ser más brillante! No sabemos si la elección del nombre fue un guiño de su padre, que era botánico, o un error de transcripción del médico que la trajo al mundo, un tal doctor Leary.) Madison admite ser más intuitiva con las verduras que con la carne y sentirse más cómoda al escribir sobre aquellas. Sin embargo, se resiste a que la tilden de vegetariana. Es un concepto restrictivo, arbitrario. «No quería estar en la plataforma vegetariana porque siento que es mejor cambiar el sistema que darle la espalda.» Oigo cansancio en su voz. Está harta de ser considerada una cocinera vegetariana —«eso no es lo que soy»— y también de tratar de convencer a los periodistas. Su interés se centra más en la biodiversidad que en dar a los vegetarianos alternativas a la carne ricas en proteínas, que sería simplemente un subproducto de la especialización en la cocina basada en plantas. «Esta es mi postura —dice—, no compro carne. Pero a menudo me dan, porque muchos de mis vecinos son granjeros, y en esos casos la acepto, les doy las gracias, la cocino y me la como. Siento que rechazar la comida de alguien es como hacerle un feo.»

Comer de todo, pero ser selectivo al hacerlo, permite a las personas desempeñar un papel más proactivo a la hora de remediar algunos de los problemas que han ido surgiendo de la mano de la producción industrial. También nos permite participar activamente y ayudar a que la cadena alimentaria funcione como un sistema holísticamente integrado, que es como fue diseñado. Madison promueve este enfoque más matizado: «Tomar el camino del medio puede ser más complejo [que eliminar la proteína animal de tu dieta]». A pesar del carácter involuntariamente vegano de muchas de sus recetas, afirma: «En este momento parece que los veganos acaparan la atención de todo el mundo. La radicalidad de su elección es una característica que usan como algo que les honra. Pero la opción vegana no está tan clara ni es tan pura como todos parecen pensar. Cuando uno prepara un campo para cultivar maíz, por ejemplo... bueno, los pájaros podrían anidar allí, ¿no? De modo que se les está privando de su hábitat. ¿Alguien ha pensado en eso? Al final, resulta que la vida es extraordinariamente compleja y caótica. Los seres mueren, hagas lo que hagas. No te libras de ello solo por ser vegano». Pero también hay implicaciones humanas muy significativas en la conversión generalizada al veganismo. «Nos hace dar la espalda a la tradición cultural de elaborar nuestros propios alimentos, como el queso, que las familias han heredado durante generaciones [...] todo esto importa, por supuesto. Si la gente sigue renunciando al queso, perderemos cientos de años de talento, arte, destreza [...] me parece espeluznante.» Yo no creo que los veganos acumulen el poder suficiente para apoderarse del mundo, o al menos no todavía, pero entiendo lo que Madison intenta decir: que su rechazo —aunque sea intermitente— hacia grupos enteros de alimentos supone un retroceso y no tiene en cuenta posibles implicaciones más amplias. «Que un alimento contenga proteínas animales no quiere decir necesariamente que sea el resultado de un acto cruel», dice, y cita a un monje tibetano al que conoció una vez: este postulaba que es más ético comer un yak que un pollo, porque un yak, al ser más grande, alimenta a más gente. Es una reflexión que me llega al alma, y de pronto todos los «vegetarianos» que comen pescado y a veces pollo me parecen más absurdos aún.

Como hice con todos los personajes que he entrevistado para este libro, inicialmente me acerqué a Madison para pedirle una entrevista cuyo objetivo era hablar sobre la comida con la que creció. Cuando me decido a encauzar la conversación hacia este punto, se produce una pausa, una inspiración profunda. Me confiesa que le preocupaba que llegara el momento de responder a estas preguntas, y me explica que creció con una comida «horrible». Su madre, Winifred, era una artista, y no estaba en absoluto interesada en cocinar; de hecho, redujo el presupuesto destinado a la comida para asegurarse de que sus hijos recibieran clases de música. Es algo que parece entrar en contradicción con el hecho de que el padre de Madison hubiera tenido granjas lecheras en el norte de Nueva York, unas granjas que producían una mantequilla y una nata maravillosas, afirma, con leche de vacas Guernsey. Más adelante, la familia se trasladó al valle de San Joaquín, en California, y vivió rodeada de una plantación de nogales. Aunque es posible que estas circunstancias forjaran el futuro entusiasmo de Madison por los productos de calidad, lo cierto es que los ingredientes que la acompañaron en su infancia no se tradujeron en comidas fantásticas y emocionantes. «La comida en nuestra casa era bastante aburrida. Nos sentábamos a la mesa todas las noches, por supuesto, pero con una indiferencia pasmosa.» Cuando su madre fue a comer a Greens por primera vez, nadie pudo convencerla de que tomara más que un tazón de sopa y una ensalada verde.

Aun así, cuando presiono a Madison para que comparta conmigo algún ejemplo culinario que le provoque aunque solo sea un poco de nostalgia, finalmente da con uno. Cada septiembre, su padre hacía un pastel de uvas concord; molía la pulpa y la piel de la uva, lo mezclaba con harina, almidón de maíz y azúcar, y lo horneaba. «Las uvas concord llegaron a Estados Unidos en 1853 y mi familia se mudó a California en 1953, exactamente cien años después. Siempre me ha gustado esa sincronicidad.» Madison todavía elabora el pastel una vez al año. Y luego está la tarta de ciruelas con crema de almendras, que hace por Acción de Gracias. Oh, y el pastel de calabaza, por supuesto. «Me sentiría triste si no tuviera ese espacio para los pequeños recuerdos relacionados con la comida. Son los pilares del pasado.» Aunque los tres platos que acabo de citar son postres, supongo que el motivo es que son para una ocasión especial y que la memoria de Madison los retiene como recuerdos dorados. Sus padres, por otra parte, eran muy críticos con la comida basura que, «en los años cincuenta y sesenta, ya estaba en todas partes. A lo sumo, por ejemplo, nos tomábamos un refresco de helado una vez al año. Yo quería probar todo aquello —la Coca-Cola, las patatas fritas, los caramelos— porque quería ser parte de la normalidad, pero ahora estoy muy agradecida de que me lo prohibieran... Simplemente, no tengo recuerdos de la comida basura». Que

ME SENTIRÍA TRISTE SI NO TUVIERA ESE ESPACIO PARA LOS PEQUEÑOS RECUERDOS RELACIONADOS CON LA COMIDA. SON LOS PILARES DEL PASADO.

Deborah Madison

Madison sea ambivalente sobre el azúcar nos recuerda la tesis de Bee Wilson en *El primer bocado*: que nuestros hábitos culinarios se aprenden en los primeros años de la infancia.

De lo que no cabe ninguna duda, en cualquier caso, es de que a ella le gusta el café y a mí el campari. Justo cuando el día de Madison empieza en Nuevo México, el mío está llegando a su fin en Londres. Acordamos hablar de nuevo —más sobre la biodiversidad y menos sobre los vegetarianos— y nos despedimos. Ella tiene un labrador con el que ir a dar un paseo y yo, una cocina en la que servirme otra copa.

VERDURAS

En Madrid vivía encima de un colmado Eroski, una de esas versiones en miniatura de una gran cadena. Tenía todos los elementos esenciales que podría necesitar de una tienda local. En mi caso, vino, botes gigantes de lentejas y unas asombrosas patatas fritas saladas que en España se han perfeccionado mucho más que en Gran Bretaña. (Una serie de pequeños lujos, en definitiva, que en Londres habrían sido un verdadero lujo.) Pero lo mejor de todo, mejor aún que una atrevida portada del *¡Hola!*, eran las verduras. Oh, las verduras.

Por lo que se refiere a las verduras españolas, no creo que las de Eroski fueran nada especiales. Probablemente podría haberme acercado al nuevo mercado de San Juan, en Chueca, y comprar distintos tipos de maíz, lechuga y brócoli mucho más impresionantes, y posiblemente orgánicos, colocados en pirámides altísimas que convertirían la selección del colmado en algo más bien pobre. Pero lo que hacía que el surtido de verduras de mi Eroski me pareciera tan maravilloso era precisamente la normalidad de esas variedades de verduras que no eran solo «distintas» para mí, sino que, por lo que pude ver, eran genuinamente españolas y predominantemente de temporada. Así, por ejemplo, el espárrago blanco que crece en la oscuridad tan cruelmente asfixiado, o eso pensaba yo hasta que cociné con él y me maravillé de su ternura. O las cebollas gigantes, dulces y amarillas que pedían a gritos ser caramelizadas. O los tomates raf de invierno, mi descubrimiento favorito, tan feos en comparación con los otros tomates, con sus profundas grietas y su piel engañosamente verde y gruesa. Me preguntaba por qué las abuelas los compraban a carretadas. Parecen tan poco maduros...; ¿dónde está ese color rojo que promete dulzura? Con el paso del tiempo me he dado cuenta de que los tomates raf son fantásticamente dulces y resultan ideales para que los rellenen, o para cortar en cuñas y obtener un plato de gran sabor añadiendo simplemente un buen chorrito de aceite de oliva, tal vez una o dos anchoas y alguna hierba.

En el pequeño Eroski de mi calle de Madrid se vendían buenos productos frescos autóctonos, y lo mismo ocurre con los supermercados de toda Europa. En Sicilia encontré cantidades ingentes de limones, naranjas de ombligo y kumquats, berenjenas largas, alcachofas y deliciosos tomates datterino en el Carrefour local. En Francia, en el valle del Loira (Borgoña), pasé por campos de cebollas lodosas que llenaban el aire con su olor intenso y de frutales cargados de manzanas, peras y ciruelas mirabel, a la espera de ser seleccionadas para ser vendidas en el supermercado Monoprix. No estoy diciendo que todos debamos comprar en los supermercados, pero la realidad es que, la mayor parte del tiempo, muchos de nosotros lo hacemos. El lujo consiste, pues, en que muchos de estos supermercados ofrezcan con toda naturalidad productos locales y de temporada y no cobren por encima de sus posibilidades, ni los presenten como algo inasequible ni los releguen a los mercados especializados. Según mi experiencia, los supermercados europeos son lugares donde la buena comida fresca está disponible para todos. (Aunque algunas personas otorguen, con razón, un cierto halo poético a los mercados especializados y defiendan a los pequeños agricultores y productores cuyos intereses radican en la excelencia más allá del volumen, creo que los productos locales y de temporada deberían estar más disponibles y ser más fáciles de adquirir.)

Cocinar mucho con verduras me ha convertido en una compradora más exigente. Tengo la suerte de vivir cerca de una muy buena tienda de frutas y verduras, así que evito comprar productos frescos en el supermercado siempre que me sea posible. De una semana a la siguiente, puedo ver cómo el producto crece y se marchita, cómo aumenta o disminuye la calidad de cada verdura de temporada; cómo —dado que escribí esto en febrero— el brócoli morado empieza a brillar con un color suntuoso mientras los romanescos empiezan a encogerse; cómo el saco de boniatos rebosa mientras las berenjenas fenecen melancólicas bajo el sol. Unos cuantos meses más tarde —mientras corregía el manuscrito, a finales de mayo—, el abultado espárrago del valle de Wye, que llegó tan temprano este año, se jactaba de su físico sobre un saco lleno de patatas jersey royals y un manojo de rábanos, globos magentas picantes que me recuerdan a Peter Rabbit. Pienso que las estaciones son el motivo de que muchos de mis recuerdos culinarios incluyan las verduras. Jalonan y delimitan el año gastronómico. Morder la dulzura de una tierna patata nueva hervida con menta y mezclada con mantequilla y sal anunciaba la cuenta atrás para las vacaciones de verano, cuando desembarcábamos en el norte de Norfolk, un punto que dividía el año en dos y que duraba desde que el grano de trigo era de color verde hasta que se volvía de color amarillo cuando llegaba la cosecha, después de la cual me divertía apisonando con mis zapatillas los tallos sesgados. ¿Cómo es posible que unas patatas al horno o unas coliflores con queso gratinado (de esas que se preparan con queso, encurtidos y kétchup) anunciasen el regreso a la escuela, la vuelta al invierno? El período durante el que se prolongó mi juventud —cuando no se esperaba nada de mí, cuando todo era posible— se vio acentuado por la marea de alimentos que llegaban con las estaciones, dando al año un marco narrativo.

Trato de cocinar con productos de temporada tanto como sea posible, simplemente porque los resultados me saben mejor. Por supuesto, en el caso de las verduras tiene sentido dictar lo que comes: si sigues el calendario y te atienes a las estaciones, obtendrás los mejores ejemplos de productos frescos y disfrutarás de las verduras de verano (espárragos, calabacines, guisantes...) y de las verduras de raíz de invierno (alcachofas, remolachas, nabos...). No se puede negar la palpitación proustiana que siento al morder todos los años un dulce y crujiente pepino de junio. Dicho lo dicho, cabe añadir que no pretendo evangelizar a nadie para que coma alimentos de temporada, puesto que, como ya he indicado antes, en ocasiones pueden resultar demasiado elitistas.

Me gustaría que este capítulo os inspirara a seguir el calendario de alimentos cuando sea posible, pero, lo que es más importante, a dejar que las verduras entren en vuestras cocinas, con todo lo que eso implique, ya se trate de agenciarse de aquello que nos parece tan vistoso y apetecible en una tienda un día determinado, o de tomar el menos vistoso y más mundano de los productos y darle un toque de *chutzpah*, un toque encantador y audaz.

Todo esto está en consonancia con lo que está empezando a ser popular en el mundo de los restaurantes. Las verduras ya no desempeñan esos papeles secundarios que tenían cuando yo era niña. Los cocineros como Ottolenghi les han dado los papeles protagonistas, y ahora son estrellas glamurosas bajo el foco del escenario en el que se ha convertido la mesa. Las berenjenas, por ejemplo, ya no quedan limitadas exclusivamente a los rebozados, y la perspectiva de que unos vegetarianos vengan a casa a cenar suscita muchos menos suspiros de irritación que antaño. En los últimos tiempos, algunas revistas femeninas me han pedido que escriba sobre la transformación sin precedentes de la berenjena, el aguacate o la coliflor en piezas centrales de un plato, alrededor de los cuales giran otros ingredientes. Y es que las verduras son frescas, y muy guais. Y como yo nunca he sido nada fresca, ni nada guay, siempre he tratado de cocinar de esta manera (no necesariamente de un modo consciente, sino por la herencia vegetariana, la animadversión familiar a la carne y las demandas de mi pasado familiar).

Cocinar con verduras debería ser un acto de complementar, no de interrumpir ni disimular, sus sabores y texturas. A continuación he esbozado algunas cosas que me gusta hacer para que las verduras, de temporada o no, sean todo lo buenas que sea posible. Se trata de un conjunto de recetas que utilizan algunas de las más cotidianas, los alimentos básicos que siempre puedes encontrar, ya sean autóctonos o importados, y son, por tanto, los que sentaron las bases de mis primeras experiencias vegetales: remolachas, brócolis y coliflores, zanahorias, boniatos, cebollas, coles, judías verdes, calabazas y berenjenas.

1. ENSALADAS

Una ensalada es una orquesta, una entidad única formada por diversos ingredientes que armonizan entre sí. Lo que constituye la armonía de la ensalada es más subjetivo que en la música, una cuestión de gusto individual.

Sí, una ensalada es también un asunto personal, una mezcla de ingredientes crudos y hechos, frescos y enlatados, de ácidos, sales, grasas, texturas y a veces dulzor. Yo tomo ensalada a todas horas, entendiendo por *ensalada* aquello que consiste en un revoltijo *ad hoc* de «cosas que corto en pequeños trozos y que me apetece comer». A veces eso significa ser poco ortodoxa y quizá, si alguien está observando, enfrentarme silenciosamente a la idea de que no es así como esa persona haría las cosas. De modo que, como tanta otra gente, comer ensalada es algo que a menudo prefiero hacer en privado.

Cuando era niña, mi *pièce de résistance* culinaria era un plato de pasta hervida cubierta de vinagreta, mayonesa y salsa de tomate, al que luego iba añadiendo el contenido de distintas latas: aceitunas, maíz dulce, atún... Pasé mis estudios de secundaria comiendo lechuga iceberg con atún (de nuevo), queso feta y vinagre balsámico. La otra noche pasé por la verdulería y vi berros y eneldo. Me entraron muchas ganas de comerlos y combiné un manojo de cada uno en un cuenco con algo de remolacha cruda rallada y un poco de canela, limón y ajo (véase la página 262). La ensalada es el lugar donde mis antojos se congregan y esperan convertirse en realidad. También es una gran iglesia en la que cada uno parece tener un enfoque diferente, a menudo muy prescrito, de lo que debe ser una ensalada. Para mí, lo más importante en una ensalada es que cada rincón de la boca se me ilumine mientras la como. Un plato de arroz frío o de cebada puede formar la base para una ensalada, igual que cualquier hoja o cualquier cosa que prometa verduras y variedad.

Para una ensalada que les resulte agradable a todos, a menudo preparo una cortada muy fina e inspirada en Oriente Próximo (más conservadora, pero no menos deliciosa): cogollos, buenos tomates, pepino, cebolleta y algunas hierbas verdes, todo cortado en cuadritos y cubierto de aceite de oliva, limón y sal (agrega picatostes y tendrás una *fattoush*, una ensalada libanesa, o quita la lechuga, sustituye la cebolleta por cebolla roja, introduce algunas aceitunas y feta, y tendrás una ensalada griega).

2. HERVIR

Crecí entre verduras hervidas que tendían hacia lo «demasiado crujiente». A veces esto es agradable, en particular en el caso de los tallos (que, en mi opinión, son sin duda la mejor parte de un brócoli, por ejemplo, aunque es obvio que no todo el mundo está de acuerdo). Pero en muchas ocasiones las verduras demasiado crujientes se pueden interpretar como un castigo. Vamos a seguir utilizando el brócoli como ejemplo, y supongamos que lo hemos hervido lo suficiente para que al clavarle un cuchillo se deslice suavemente a través del tallo. Yo prefiero hervir al vapor porque eso significa que puedes dejar que la sal en el agua sazone suavemente la verdura en cuestión. Y también significa que necesitas agregar menos sal (o nada) al final de la cocción. La mejor manera de servir verduras hervidas, como el brócoli, es con estas combinaciones:

1. Un buen aceite de oliva virgen extra y un chorrito de limón.
2. Con salsa de soja y un poco de jengibre rallado.
3. Fríe ligeramente 1 diente de ajo picado y una buena pizca de copos de chile en 2 cucharadas de aceite de oliva virgen extra, y luego incorpora las verduras.

4. Sancocha las verduras, y luego ponlas en una lata de leche de coco con un chorrito de lima y una pizca de sal.

5. Haz lo mismo que mi colega Dale Berning Sawa (mi autoridad de referencia en cuanto a *freestyling* con ingredientes japoneses) y hierve una verdura normal o de raíz —las mejores son el boniato, el nabo, el rábano blanco o la calabaza— hasta que esté tierna antes de freírla en una mezcla que incluya 1 cucharada de miso, 1 de salsa de soja y 1 de miel. Fríelo durante 5 minutos más o menos por cada lado, a fuego medio-alto, y obtendrás una hermosa cubierta, bellamente caramelizada, para un cuenco de arroz o un aliño frío y potente para una fiambrera.

3. ASAR

Para asar una verdura dura, como las de raíz y las calabazas, córtala en trozos pequeños (a mí no me molesta pelarlas). Precalienta el horno a 200 °C, coloca los pedazos en una fuente refractaria y agrega un chorrito de aceite de oliva virgen extra para que todo brille. Condiméntalo generosamente. A mí me gusta ponerle una o dos mitades de limón y luego una cabeza de ajo entera que parto por la mitad al cabo de un rato. Ásalos en el horno hasta que estén tiernos (si empiezan a quemarse pero no se cocinan por dentro, cúbrelos con papel de aluminio y continúa asándolos durante un tiempo). Después, exprime el ajo asado y el limón ligeramente ennegrecido sobre las verduras. Cualquiera de los condimentos de yogur de las páginas 233-238 puede servir de perfecto acompañamiento.

Como alternativa, espera a que una bandeja de verduras asadas se enfríe y, a continuación, cúbrelas con un aliño a base de aceite, o bien integra en una ensalada los restos de las verduras asadas. Una de mis opciones favoritas es poner calabaza asada encima de hojas de rúcula y luego cortar el limón y esparcirlo por encima, tal vez junto con un puñado de semillas, un buen chorrito de aceite y limón o vinagre y sal. Si tienes ajo asado para añadir, tanto mejor.

También puedes convertir las verduras asadas sobrantes en sopas, como la de calabaza asada y coco de las páginas 204-205. Fríe un poco de cebolla picada y un diente de ajo, a continuación añádelos a cualquier resto de verduras asadas, cúbrelo con caldo de verduras y, si lo deseas, añade también un bote de leche de coco. Cuécelo todo a fuego lento hasta que las verduras queden bien tiernas, y entonces condiméntalo y alíñalo con un chorrito de limón si crees que necesita un toque ácido. Sírvelo con un remolino de aceite de oliva y una cucharada de yogur.

4. RUSTIR

A mí no me gustan las placas de inducción por dos razones: en primer lugar, porque me gusta ser capaz de medir a ojo el poder del calor que estoy utilizando, y, en segundo lugar, porque la llama es esencial para rustir ciertas verduras, como las berenjenas y las cebollas. Las verduras rustidas ofrecen la oportunidad ideal para poner a trabajar una mezcla de salsa de yogur, algo para lo que, tal vez ya os habéis dado cuenta, no necesito que me alienten.

5. ESTOFAR

Estofar es freír y luego guisar ligeramente un ingrediente; en cierta forma, cocinar dos veces. También se puede hervir y luego saltear un ingrediente, algo que en italiano se llama *ripassati*, o «repasar». Aprendí esto de nuestra columnista del *Guardian Cook* Rachel Roddy. Podrías hacerlo con cualquier verdura que estuvieras a punto de comer hervida, porque eso es lo que haces primero. Hierve la verdura en abundante agua salada y luego fríela suavemente en aceite de oliva virgen extra con un diente de ajo; es una técnica maravillosa para el brócoli, el romanesco, la coliflor, el hinojo y el calabacín. Supongo que hacer al curry es otra forma de estofar: freír y luego hervir ingredientes en combinaciones que incluyan picante, cebolla, ajo y un líquido en el que cocinarlo todo. Para un curry sencillo, fríe en seco 1 cucharadita de comino, 1 de cilantro y 1 de semillas de cebolla en una sartén a fuego lento para liberar sus aromas, luego agrega aceite, cebolla en juliana, ajo picado y jengibre, seguido de 1 cucharadita de *garam masala* o curry en polvo, 1 de cilantro molido y una pizca de sal, y a continuación añade la verdura que quieras y fríela, removiéndolo con frecuencia, antes de añadir 1 cucharada de salsa de tomate, 1 bote de leche de coco y un poco de zumo de limón o lima. Llévalo a ebullición, reduce a fuego lento y deja que vaya burbujeando hasta que las verduras estén cocidas y tiernas. Está mucho más bueno cuando se deja enfriar y luego se recalienta, y se sirve con arroz, yogur y *chutney*.

:::::::::::::::::::::::::: CURRY DE REMOLACHA ::::::::::::::::::::::::::

Como la canción de Prince, esta es una «lluvia púrpura» que va a hacer que quieras bailar. Pero, a diferencia de aquella, esta receta resulta increíblemente sencilla de hacer, tan fácil que casi resulta embarazoso. La remolacha absorbe muy bien el sabor y, una vez rallada, se cocina enseguida. Lo ideal es tener todo lo demás preparado 15 minutos antes de comer y entonces añadir la remolacha. A mí me gusta comerla con un dal, *dos tipos de acompañamiento que combinan a la perfección para obtener una comida completa. Por último, cúbrelo todo con un poco de yogur natural.*

Para 4-6 personas

2 cucharadas de aceite de coco sólido
2 cucharaditas de semillas de mostaza
2 cucharaditas de semillas de comino
2 cebollas picadas
3 dientes de ajo, picados finos

4 cm de raíz fresca de jengibre, rallada
½ cucharadita de chiles secos en copos
2 remolachas grandes, ralladas gruesas
½ cucharadita de cardamomo molido
1 cucharadita de comino molido
1 cucharadita de *garam masala*
1 cucharadita de cúrcuma molida
sal y pimienta

1. Calienta el aceite de coco en una sartén honda o una cacerola de base gruesa a fuego medio-bajo, agrega las semillas de mostaza y comino, y fríelas durante un par de minutos. Comenzarán a reventar y a desprender su aroma.
2. Añade las cebollas, el ajo, el jengibre y el chile a las especias y déjalo a fuego medio durante unos minutos más, hasta que se reblandezca.
3. Agrega las remolachas y el resto de las especias, removiéndolo para asegurar la distribución uniforme del sabor, y luego continúa cocinando a fuego medio durante unos 3 minutos, hasta que la remolacha se ablande y absorba los aromas que la rodean. Sazónalo y sírvelo con arroz y yogur, o como acompañamiento de otros curries.

:::::::::::::::::::: REMOLACHA, FETA Y ENELDO ::::::::::::::::::::

A menudo uso el queso feta, desmenuzándolo sobre innumerables verduras asadas. La dulzura natural de las de raíz, como la remolacha, la chirivía y la zanahoria, me parece maravillosa, pero sé que enseguida se vuelve monótona. Para evitarlo, el feta es un buen remedio, fresco y salado, y el queso de cabra también funciona muy bien. Aparte del eneldo, que compro en la verdulería, en casa siempre suelo tener todos los ingredientes de esta receta. Esto muestra mi amor por las hierbas y sus aromas casi chocantes, tan bellamente mezclados por la dulzura de las remolachas frescas y el feta salado.

un manojo de remolachas (4-5 remolachas medianas)
2 cucharadas de aceite de oliva virgen extra
1 cucharada de vinagre de vino tinto o blanco
o de vinagre de jerez
un puñado de feta, desmenuzado
un ramillete de eneldo, picado
sal y pimienta negra

1. Pon las remolachas en una cazuela grande y honda y cúbrelas con agua. Llévalas a ebullición, luego bájalo a fuego lento y espera hasta que estén tiernas. Escúrrelas, déjalas enfriar y luego pélalas.
2. Pica las remolachas, mézclalas con el aceite, el vinagre y algún condimento, y, por último, espolvorea por encima el queso feta y el eneldo.

ROMANESCO Y MIGAS DE ANCHOA

Esta receta también podría hacerse con coliflor o brócoli, pero no necesito ninguna excusa para cocinar con el horripilante y monstruoso romanesco, con sus enormes ramilletes puntiagudos. A mi juicio, que la aliñes o no con aceite antes de mezclarla con las migas depende de la riqueza del resto de tu menú, pero el matrimonio de la verdura, el aceite y el zumo de limón es algo hermoso. Es mi modesta opinión...

Para 2-4 personas

1 romanesco, en ramilletes
el zumo de 1 limón
un chorrito de aceite de oliva virgen extra (opcional)
sal

Para las migas de anchoa

2 cucharadas de aceite de oliva virgen extra
½ lata de filetes de anchoa en aceite (alrededor
de 25 g) y 1 cucharada de su aceite
una pizca de copos de chile seco
la ralladura de 1 limón sin encerar
40 g de pan rallado

1. Pon a hervir una cacerola grande con agua generosamente salada. Échale primero los ramilletes más grandes de romanesco, seguidos de los más pequeños 1-2 minutos después. Hiérvelo hasta que, al clavar un cuchillo en un ramillete, este se deslice sin esfuerzo por el filo y caiga en la cacerola. Entonces, escúrrelo bien.
2. Mientras el romanesco se está cociendo, prepara las migas de anchoa. Calienta el aceite (el de oliva y el de las anchoas) en una sartén, añade el chile y las anchoas, y fríelo durante 1 minuto. Agrega la ralladura de limón y el pan rallado y fríe la mezcla durante un par de minutos, hasta que esté crujiente.
3. Seca la coliflor y mézclala con el zumo de limón, un chorrito de aceite y la mitad de las migas de anchoa. Emplátalo y esparce por encima el resto de las migas a modo de decoración.

:::::::::::: BONIATOS CON JENGIBRE Y CHILE ::::::::::::

Es un plato muy sencillo, muy saludable y muy sabroso. Para muchos podría ser una cena de entre semana en casa, con espinacas hervidas y lentejas cocidas.

Para 2 personas

2 boniatos
2 cucharaditas de aceite de coco sólido

4 cm de raíz de jengibre fresca, pelada y rallada
½ chile, desmenuzado y picado

1. Precalienta el horno a 200 °C. Pincha con un tenedor los boniatos y pásalos al horno para que se asen durante unos 45 minutos. Comenzarán a exudar el azúcar, que burbujeará donde los has pinchado, y se ablandarán cuando estén hechos.
2. Abre cada boniato y ponle una cucharadita de aceite de coco, una pizca de jengibre rallado y un poco de chile picado.

:::::::: **COLIFLOR REVOLUCIONARIA AL HORNO** ::::::::

Cuando mi amiga Rosie Birkett nos preparó este plato, logró que mi novio dejara de ser un cínico detractor de la coliflor y se convirtiera en un admirador devoto. En efecto, en una casa donde normalmente no se come carne, este plato ha tenido un efecto revolucionario y nos ha cambiado las cenas de la semana. Cortada en «filetes» y servida con un buen condimento —el yogur condimentado de la página 233 o la salsa de aguacate y estragón de las páginas 279-280—, se logra la pieza central alrededor de la cual pueden servirse patatas o arroz y zanahorias. Un plato de altos vuelos, en efecto. Mark Twain dijo una vez que «la coliflor no es más que una col con estudios universitarios». Yo añadiría que esta en concreto se ha doctorado con todos los honores.

1 coliflor grande
aceite de oliva virgen extra
sal marina

1. Precalienta el horno a 200 °C. Retira todas las hojas de la coliflor y corta un trozo del tallo principal, aproximadamente de la mitad del tamaño de una pelota de pimpón. Así, el duro y denso tallo se cocinará a la misma velocidad que el resto de la verdura.

2. Rocía la coliflor con aceite y asegúrate de que queda completamente cubierta; luego ponla en una fuente refractaria con una generosa pizca de sal.

3. Métela en el horno y déjala durante 1-1½ horas. Estará lista cuando esté dorada por la parte superior. Lo ideal sería que los tallos de la coliflor mantuvieran cierta dureza para que permanezcan intactos al cortarlos. Sírvela cortada en «filetes».

4. Una variación de lo anterior es cortar la coliflor en filetes gruesos mientras todavía está cruda y luego darles un toque de vapor, de modo que solo se cocinen parcialmente. Luego, échales un chorrito de aceite de oliva y pásalos por la barbacoa.

:::::::::::: CALABAZA ASADA Y SOPA DE COCO ::::::::::::

La calabaza puede ser monótona y empalagosamente dulce. No me disgusta, pero a menudo tengo la sensación de que falta algo. El cítrico y el jengibre con los que se asa aquí le dan un poco de sabor, añadiendo capas a la verdura —con la que se entremezcla la leche de coco— para darle acidez, riqueza y complejidad. Sírvelo con un remolino del yogur condimentado de la página 233.

Para 4-6 personas

1 calabaza cacahuete, pelada, sin semillas
   y cortada en dados
4 cucharadas de aceite de oliva virgen extra
2 pizcas generosas de sal marina
2 cucharadas de aceite de coco
4 cm de raíz de jengibre fresco, cortado fino
la ralladura y el zumo de 1 lima
1 cucharadita de miel
1 cebolla picada fina
un bote de 400 g de leche de coco
500 ml de caldo de verduras

pimienta negra
yogur, al servir

1. Precalienta el horno a 200 °C. Coloca la calabaza en una fuente refractaria, échale 3 cucharadas de aceite de oliva, espolvoréala con la sal y mézclalo hasta que la calabaza quede brillante con el aceite. Hornéala durante 25 minutos.
2. Retira la fuente del horno, agrega el aceite de coco, el jengibre picado, la ralladura y el jugo de lima y la miel, mézclalo y vuelve a meter la fuente en el horno durante otros 10-15 minutos, hasta que la calabaza esté tierna.
3. Mientras la calabaza se esté asando, calienta el resto del aceite en una sartén, añade la cebolla y fríela hasta que se reblandezca y comience a tomar un poco de color; luego pásala a una cazuela grande junto con la leche de coco y el caldo de verduras.
4. Saca la calabaza del horno y coloca todo el contenido de la fuente en la cazuela. Llévalo a ebullición a fuego medio; luego retíralo y bátelo con una batidora de mano hasta que quede bien suave. Sírvelo con abundante pimienta negra y una cucharada de yogur.

:::::::::::::::::::::::::::::::: «CAPONATA» ::::::::::::::::::::::::::::::::

Opino que este clásico estofado siciliano agridulce convierte esta receta (gracias a la berenjena, sospecho) en un plato principal vegetariano con mucho menos esfuerzo que otros platos sin carne. Mi versión es bastante ortodoxa, salvo por la inclusión opcional de la harissa, que descubrí gracias a un feliz accidente en una ocasión en que me encontré sin salsa de tomate. Añade un toque de picante agradable y, aunque no sea auténtico, no queda demasiado artificial dada la proximidad del norte de África y Sicilia... A mí me va el sabor intenso; para una caponata más suave, utiliza solo una cucharadita de vinagre y azúcar.

Para 4-6 personas

6 cucharadas de aceite de oliva virgen extra
2-3 berenjenas cortadas en dados
2 cebollas picadas
2 tallos de apio, picados gruesos
1 cucharadita de orégano seco
1 cucharada de puré de tomate
1 cucharada de *harissa* (opcional)
1-2 puñados de aceitunas sin hueso
2 cucharadas de alcaparras
2 cucharadas de vinagre de vino tinto o blanco
2 cucharadas de azúcar
sal y pimienta negra

1. Calienta 2 cucharadas de aceite de oliva en una sartén grande, agrega las berenjenas y una pizca de sal, y fríelas hasta que queden doradas y crujientes por fuera. Puede que necesites añadir 1-2 cucharadas más de aceite. Cuando estés satisfecho con su aspecto, sácalas del fuego y resérvalas.

2. Calienta el resto del aceite en una sartén, incorpora las cebollas, el apio y el orégano, y fríelo durante unos 10 minutos; nos interesa que las cebollas queden suaves, translúcidas y brillantes con el aceite.

3. Agrega el resto de los ingredientes, mézclalo bien, reduce a fuego bajo y cocínalo, tapado, durante 30-40 minutos, removiendo de manera intermitente, hasta obtener un estofado suave y aromático. Si te parece que está un poco seco, agrega un chorrito de agua (no demasiada; no queremos crear una salsa ligera).

BERENJENA ASADA, AJO AHUMADO
Y SALSA DE NUECES

La combinación de la berenjena asada, agridulce, y el ajo hace que sientas una discoteca en la boca. Para esta receta necesitas una cocina de gas o algún tipo de llama abierta.

Para 4 personas

2 berenjenas
100 g de nueces
1 diente de ajo ahumado
2 cucharadas de aceite de oliva virgen extra,
    y un poco más para rociar
2 cucharaditas de melaza de granada
un chorrito de zumo de limón
una buena pizca de sal
un puñado grande de eneldo
semillas de granada fresca, al servir (opcional)

1. Pincha cada berenjena con un tenedor o un instrumento adecuado. Sostenlas sobre una llama y déjalas ahí unos 10 minutos, dándoles la vuelta de vez en cuando. Comenzarás a oler sus pieles carbonizándose, y seguramente podrás oír cómo sueltan vapor y se rompe la piel mientras se asan. ¡Esto es bueno! Cuando estén suaves por dentro y carbonizadas por fuera, retíralas de la llama y, en una tabla, córtales los rabos y luego pártelas por la mitad, a lo largo.
2. Trocea las nueces y tuéstalas ligeramente en una sartén. Mantente atento y remuévelas a menudo, puesto que se queman rápidamente.
3. En cuanto las berenjenas se enfríen lo suficiente para poder tocarlas, quítales las pieles negras y deséchalas. Procura que en la pulpa quede la menor cantidad posible de trocitos de piel carbonizada. Deja la pulpa sobre un papel absorben-

te colocado sobre el fregadero y deja que suelte el exceso de líquido durante 5-10 minutos.

4. Mete la pulpa en una licuadora junto con el diente de ajo ahumado, el aceite de oliva, la melaza de granada, el zumo de limón y una buena pizca de sal, y bátelo todo hasta que quede suave. Echa la mezcla en un cuenco y añádele las nueces tostadas y el eneldo, reservando un poquito de cada uno para adornar el plato. Vierte por encima un poco más de aceite de oliva virgen extra, el resto de las nueces, las semillas de granada (si optas por ellas) y el eneldo, y sírvelo con tostadas.

JUDÍAS VERDES ESTOFADAS CON TOMATES Y VINO

Para que las judías —y, de hecho, muchas otras verduras— y una salsa como esta queden bien conjuntadas, creo que debes cocinarlas más allá de lo que parece razonable. Que sean tiernas depende de la época y el lugar, pero en esta receta deberían doblarse como las orejas de un conejo en un guiso carmesí. Delicioso como un plato caliente, es incluso mejor frío al día siguiente, acompañado de un buen pan y quizá algo de ensalada y queso.

Para 4 personas

4 cucharadas de aceite de oliva virgen extra
1 cebolla, cortada en medias lunas
2-3 dientes de ajo, picados finos
400 g de tomates pera enlatados de buena calidad
300 g de judías verdes, despuntadas y cortadas por la mitad
1 vaso de vino blanco seco
½ cucharadita de vinagre de vino tinto o blanco
el zumo de ½ limón, más un poco para servir
½ cucharadita de canela molida
un puñado de eneldo, picado
sal

1. Calienta el aceite en una sartén a fuego lento. Echa la cebolla, el ajo y un poco de sal y rehógalo durante unos 10 minutos, hasta que esté dorado.

2. Agrega los tomates, rómpelos en la sartén con la parte posterior de una cuchara o un cuchillo y mézclalo bien. Prosigue con la cocción otros 5 minutos.

3. Incorpora las judías, remueve para integrarlas en la mezcla de tomate, después añade el vino, el vinagre, el zumo de limón y la canela, y llévalos a ebullición. Reduce a fuego muy lento, tápalo y déjalo 45 minutos/1 hora, hasta que las judías estén suaves, dulces y bien mezcladas con la salsa de tomate y vino. Condiméntalo con sal y zumo de limón al gusto, espolvorea por encima el eneldo picado y sírvelo.

:::::::::: JUDÍAS VERDES CON HOJAS DE CURRY ::::::::::

El olor embriagador de las hojas de curry es contagioso, entre otras cosas porque anuncia su sabor. A mí me gusta usarlas en platos sencillos en los que puedan dar el do de pecho. En esta receta, la idea es que impregnen el aceite y envuelvan a las judías, acentuado todo ello por el calor del chile, el chorrito de lima y el aroma del ajo.

Para 2-4 personas

400 g de judías verdes, despuntadas y cortadas en 3
1 cucharada de aceite de coco sólido
2 dientes de ajo, picados finos
10 hojas de curry
½ cucharadita de chile seco
150 g de cacahuates tostados y luego machacados (opcional)
el zumo de 1 lima
un puñado de cilantro, troceado
sal

1. Escalda las judías verdes en agua con abundante sal durante 4-5 minutos o hasta que estén tiernas. Luego escúrrelas y refréscalas bajo el grifo. Resérvalas.

2. Derrite el aceite de coco en una sartén a fuego medio, luego añade el ajo, las hojas de curry, los copos de chile y las judías, y cocínalo durante 3-4 minutos, hasta que empiecen a formarse burbujas en las judías. Emplátalas.

3. Si tienes pensado utilizar los cacahuetes, tuéstalos en seco en una sartén y luego cháfalos hasta que queden como una masa crujiente.

4. Mezcla las judías con el zumo de lima, el cilantro, la sal y (en caso de que vayas a usarlos) los cacahuetes, y sírvelo.

A veces me llevo a casa una cesta de verduras de una granja llamada Nama Yasai, en Lewes. La dirige un matrimonio —él es británico y ella, japonesa— y el resultado de la unión incluye ingredientes japoneses adecuados para el calendario de cultivos del sur de Gran Bretaña: cosas con nombres tan musicales como kabu, daikon, mizuna *y hojas de* shiso, *así como raíz de bardana, calabazas japonesas, capuchinas y cebollinos... Yo me he tomado la cesta de Nama Yasai como una oportunidad para jugar con los sabores japoneses, sin ninguna pretensión ni voluntad siquiera de autenticidad, solo con un cálido aprecio por la forma en que los sabores japoneses pueden convertir las verduras más comunes en algo completamente distinto. Preparé estas judías verdes con* miso *mezcladas con cebollino y hojas de* shiso *—ambos ingredientes son totalmente opcionales—, y desde entonces he vuelto a hacerlo a menudo porque a) siempre tengo* miso *y salsa de soja a mano y b) ¿a quién no le gustan las judías verdes?*

un buen puñado de judías verdes (unos 300 g), despuntadas
1 cucharada de mantequilla
1 diente de ajo, picado
1 cucharada de pasta de *miso*, rojo o blanco
1 cucharada de salsa de soja

el zumo de ½ limón

sal

cebollino, picado, y/u hojas de *shiso*, para adornar (opcional)

1. Cuece las judías verdes en una cacerola grande con agua generosamente salada durante 4-5 minutos, o hasta que estén tiernas y ya no crujan. Escúrrelas y resérvalas.
2. Derrite la mantequilla en una sartén a fuego medio-bajo y añade el ajo. Rehógalo durante 1 minuto antes de incorporar el *miso*, la salsa de soja y el zumo de limón. Remueve los ingredientes. El *miso* puede necesitar un empujoncito para licuarse; si te parece necesario, agrega 1 cucharadita de agua hirviendo.
3. Sube el fuego e incorpora las judías. Caliéntalas y, por último, emplátalas y espolvorea por encima el cebollino picado y/o las hojas de *shiso* para servir, en caso de que las utilices.

:::::::::::::::::: ESTOFADO DE COL LOMBARDA ::::::::::::::::::
:::::::::::::::::::::::::::: CON MANZANA ::::::::::::::::::::::::::::

Si estás siempre rodeado de productos frescos y vibrantes, como suelen estarlo en el Mediterráneo, entonces preparar los alimentos puede ser una cuestión de intuición: dejar que los sabores buenos y sencillos se congreguen en un plato en lugar de someterlos a una larga cocción. En Gran Bretaña, sin embargo, estamos convencidos de que las verduras necesitan un empujón. Aunque rezo por disponer de mayor variedad que las patatas y la col en invierno, últimamente estoy agradecida por las limitaciones que el clima ha impuesto en la cocina del norte de Europa, volviéndonos ingeniosos con la despensa cuando los campos dan poco fruto. De no ser por esta escasez, creo que este clásico plato agridulce no existiría. Era uno de los dos que mi abuela materna solía cocinar; el otro era faisán asado. Ambos solían aparecer en la mesa —de primero col, de segundo faisán— cuando mi madre era una niña. La abuela fue dejando de cocinar, sobre todo cuando ella y mi abuelo se divorciaron, en los años ochenta. Los recuerdos de alimentos que conservo de ella incluyen principalmente galletas y canapés precocinados de Marks & Spencer, de modo que imaginármela en la cocina preparando esta receta, conjuntando el ave con esta salsa agridulce, me provoca una gran ternura. Necesitarás al menos 3 cucharaditas de vinagre y de azúcar, yo soy partidaria, pero eso ya depende de tus gustos.

Para 6-8 personas

aceite de oliva, para freír
1 cebolla, bien picada
una copa de vino tinto
1 manzana, sin pelar y cortada en dados pequeños
1 col lombarda mediana, rallada fina
vinagre de vino tinto y azúcar moreno a partes iguales
200 ml de caldo de verduras
sal y pimienta negra

1. Calienta un chorrito de aceite en una cazuela de base gruesa, echa la cebolla y saltéala hasta que quede translúcida.
2. Añade la mitad del vino tinto a la cazuela, así como media manzana, media col rallada, la mitad del vinagre de vino tinto y la mitad del azúcar moreno, y remuévelo bien. Repite la operación añadiendo el resto del vino, la manzana, la col y el vinagre.
3. Cúbrelo con el caldo, llévalo a ebullición a fuego lento y déjalo durante 30 minutos, removiendo de vez en cuando, hasta que la col esté cocida, tierna y gloriosamente púrpura. Sazónalo al gusto.
4. Si prefieres que sea más ácido o más dulce, agrega más vinagre de vino tinto o azúcar, respectivamente, para satisfacer tus gustos.

Este es otro plato con el que crecí, y me lleva de vuelta a la mesa de la cocina de mi abuela los domingos por la mañana. Es una receta bastante relajada, así que no te la tomes demasiado en serio y juega con las cantidades. Sabe mejor si se hace unas horas (o un día) antes, dando tiempo para que se asiente. Como dijo mi tía Mary al respecto: «En realidad no importa si terminas cocinándolo demasiado, ¡porque sigue siendo la hostia de delicioso!».

Para 4-6 personas

una nuez de mantequilla
aceite de oliva, para freír
1 cebolla amarilla o blanca, bien picada
unas cuantas lonchas de beicon ahumado, bien picado
6 zanahorias, cortadas en rodajas de 0,5 cm
sal y pimienta negra

1. Derrite la mantequilla en una sartén con un chorrito de aceite; a continuación, añade la cebolla y el tocino y fríelos hasta que estén blandos y empiecen a tomar un color acaramelado.
2. Agrega las zanahorias, una pizca de sal y un chorrito de agua, remuévelo y tápalo. Cocínalo durante unos minutos, hasta que las zanahorias estén tiernas. Sírvelo espolvoreado con pimienta negra o, mejor aún, déjalo reposar un rato antes de servir.

OBSESIONES

[...] en cada sesión tenía al menos a dieciséis chicas con «alergias» [...] Me temo que las habían
desarrollado de manera inteligente: eran alérgi-
cas a los alimentos que sus madres acababan te-
miendo y aborreciendo a medida que las modas
dietéticas pasajeras pasaban por sus casas.

GABRIELLE HAMILTON, *Blood, Bones & Butter*

Cada cuerpo lleva impreso el sello íntimo de la
historia corporal de la familia.

SUSIE ORBACH, *La tiranía del culto al cuerpo*

ENTRANTES

De una forma u otra, he pasado la mayor parte de mi vida obsesionada con la comida. Me despierto pensando en ella y, para cuando estoy vestida y lista para trabajar, ya tengo perfilados todos los platos del día. Eso es en parte un placer. Me encanta comer y adoro todos los ritos asociados a ello: comprar comida, cocinarla y, sí, también probarla mientras preparo la receta; saber de dónde procede (el país, la región, el restaurante, el chef, el campo donde creció), y, como atestiguará este libro, desvelar las historias que la cultura, la familia y las personas atribuyen a ciertos alimentos.

También vivo con el horror de sentir hambre, de no tener acceso a la comida cuando el cuerpo me lo exija. Saber dónde tendrá lugar mi próxima comida actúa como una especie de chaleco salvavidas mental. En una ocasión mi madre me dijo que este miedo se remonta a un tiempo de insomnio que sufrí en mi infancia, hasta que ella, desesperada y sin poder tampoco dormir, me llevó a un curandero. Este me arrancó un mechón de pelo y dijo que no debía tomar lácteos, trigo ni fruta, de modo que, de un día para otro, los apartaron de mi dieta (debo decir que, hasta ese momento, aquellos habían sido prácticamente sus únicos componentes). En palabras de mamá, me morí de hambre. Durante unos meses trató de que me gustaran la leche de soja, las galletas de arroz y el aguacate. Al ver que el insomnio no remitía, probablemente por estar tan hambrienta, mi madre se rindió y yo volví a una dieta normal.

Esta anécdota fue una especie de revelación para mí, y de algún modo me sirve para explicar la posibilidad de una infancia en la que se coma en exceso por miedo a no tener comida cuando uno la necesite. Me parece bastante increíble que los hábitos que he desarrollado en torno a los alimentos —llenarme neuróticamente el estómago por temor a que quede vacío antes de que surja otra oportunidad— se remonten a un tiempo que no logro recordar. En la actualidad sigo llevando fatal el hecho de tener hambre, y reconozco que en ese caso me vuelvo absurdamente irascible y soy incapaz de controlar mis emociones.

También me cuesta entender a la gente que «se ha olvidado de comer». Perdona, pero... ¿te has olvidado? ¿Cómo es posible? ¿El estómago no te ha rugido para recordártelo? ¿No has visto u olido la comida de otro y has pensado, quizá, que era la hora de comer? ¿No te has sentido débil a media tarde y has pensado que, cuando menos, una taza de té y unas galletas podrían ayudarte? Las preguntas se me acumulan en la cabeza; preguntas con respuestas que nunca entenderé.

Puedo tomármelo con ironía, considerarme «profesionalmente codiciosa» o citar a Julia Child cuando afirmó: «La gente que ama la comida es siempre la mejor» (algo que suscribo). Es cierto que mi trabajo justifica una desproporcionada dedicación del pensamiento a la comida. También puedo sentirme feliz de no haber tenido nunca problemas para atender las necesidades de mi estómago, de no comer nunca fuera de los horarios de las comidas y de no tener, ni haber tenido nunca, ningún trastorno alimentario. Mi obsesión por la comida es saludable... ¿verdad?

En realidad no estoy muy segura de ello. Posiblemente ninguna obsesión sea saludable, porque, por definición, la «obsesión» implica pensamientos desequilibrados o sesgados. En los dos últimos años he descubierto a un buen número de jóvenes que se han dado a conocer como blogueras que solo siguen dietas «sanas» o «limpias». Yo nunca las sigo, pero no porque me parezca mal que estas chicas cocinen y difundan, entre otras cosas, su entusiasmo por hacerlo, ni porque la «comida sana» no tenga cabida en el suplemento en el que escribo, sino todo lo contrario. No las sigo, simplemente, porque no acabo de creerme eso de que sean tan «sanas». Me preocupa que la fiebre en torno a lo de «comer limpio» marque un cambio en las obsesiones de las mujeres jóvenes con la comida; me preocupa que las fobias se conviertan en algo aceptable y que se apruebe la proscripción de grupos enteros de alimentos (el trigo, el gluten, los lácteos, la carne, el azúcar, los carbohidratos, comer solo cosas crudas, hacer dietas «detox», etc.) y, a menudo, que la gente se autodiagnostique alguna «intolerancia», todo ello para justificar una relación agónica con los alimentos. Incluso la expresión «comer limpio» me parece terrible, pues sugiere que cualquier desviación de una dieta basada en la col kale, el aguacate y la quinoa comporta «estar sucio». Se trata, sin duda, de un mensaje contradictorio. Y a todas estas, el sector «salud» de la industria alimentaria no deja de crecer y de enriquecerse.

Cuando nos conocimos, Susie Orbach hizo que la solución al problema de comer en exceso me pareciera sorprendentemente sencilla: «Come cuando tengas hambre y para cuando estés llena». En el momento en que dijo esto me di cuenta de que era una regla que yo nunca había seguido. Durante la mayor parte de mi infancia evité sentirme hambrienta y me engañaba en las comidas. Nunca tuve ningún problema con que me vieran comiendo a todas horas, entre otras cosas porque era una niña muy poco femenina. (Ahora que lo pienso, quizá lo de ser poco femenina no fue la causa sino la consecuencia, y quizá me sirvió para justificar mis ganas de comer en exceso.) Tradicionalmente se ha dicho que si un chico come mucho es porque lo hace «con ganas», y se le anima, se aplaude su sano apetito y se admira su cuerpo creciente. Pero si quien repite es una niña... entonces es que come «en exceso, con ansia». Es como si nuestros cuerpos no debieran crecer. De ahí que yo me comportara de manera poco femenina: para poder comer lo que quería. Previsiblemente, me volví algo gordita. De pequeña paseaba por el patio mostrándome superorgullosa de mi tamaño, pues me parecía que demostraba fuerza y vitalidad. Me sentía feliz así... Hasta que llegó la adolescencia y la delicadeza femenina pasó a un primer plano.

De repente empezó a mortificarme que la gente me viera comer. Avergonzada por mi peso, sentí que si otros me veían comiendo comprenderían por qué estaba tan rellena. Así que empecé a hacerlo en privado, estudiándome el rostro por la mañana y pasándome todo el día sin comer, solo para correr a casa por la tarde y devorar un pan de malta Soreen entero en cuestión de minutos. Pensaba en la comida constantemente, ya fuera porque estaba hambrienta o porque me sentía fatal después de haber comido en exceso. Así pues, mi relación con la comida se polarizó y yo me convertí, sin darme cuenta, en la típica adolescente, como diría Orbach; en *La tiranía del culto al cuerpo* señala: «[Las adolescentes] eluden conceptos como el apetito y la saciedad». Estas obsesiones en torno a la comida —el vínculo causal entre comer y el cuerpo— parecen exclusivas de las niñas, heredadas de las madres y otros modelos femeninos.

Los programas de televisión como *Crónicas carnívoras* promueven la idea de que los hombres pueden comer enormes porciones de carne, grasa, embutidos y sal —y no pasarse con las verduras porque son femeninas, ¿no es cierto?— y proporcionan el ejemplo perfecto que yuxtaponer a lo condicionados que estamos al pensar sobre cómo deben comer los unos y las otras. No cabe ninguna duda: las niñas y los niños son tratados de manera diferente, tanto alrededor de la mesa familiar como por la industria alimentaria en general.

Cuando le pregunté a mi madre si recordaba alguna diferencia entre cómo comíamos mi hermano y yo de pequeños, dijo enseguida: «Sí, tu hermano se obsesionó con ciertas cosas». Aquello me intrigó. ¿Las obsesivas no eran las chicas? Mi madre continuó explicando que, como muchos niños pequeños, mi hermano había sido quisquilloso con la comida, pero se había obsesionado con ciertos alimentos y bebidas en el transcurso de su infancia. Y dado que era así de escrupuloso, le habían consentido sus intereses alimentarios. Así, por ejemplo, llevaba un vaso de zumo como si llevara un rosario. Le encantaban los *nuggets* de pollo, los pastelitos de vainilla, los yogures de chocolate… y nunca faltaba nada de esto en casa. Caray, está claro que a mí no me compensaba poner las cosas tan fáciles respecto a lo que me gustaba comer. Pero él tenía amigos con manías similares: había uno que solo zampaba bocadillos de mantequilla de cacahuete y otro que no probaba la comida de otras personas, de modo que solía venir a jugar con una fiambrera con su cena (recuerdo que aquello me había indignado muchísimo; ¿quién era ese mocoso que osaba rechazar la comida de mi madre?). Mi novio, Freddie, cuyos actuales hábitos alimentarios soy incapaz de criticar (si dejamos de lado su antipatía por el pepino), admitió haber vivido a base de pizzas Domino's durante un año (una manía con la que su madre terminó de golpe cuando vio la factura de la tarjeta de crédito). A los trece años se comió sesenta pizzas en tres meses.

Me he preguntado muchas veces si a mí también me hubieran tolerado mis fobias. Sospecho que (quizá inconscientemente) los padres de los chicos dan más carta blanca a sus manías, apetitos y preferencias, incluso por los alimentos menos nutritivos. En cualquier caso, crecen disfrutando de la comida, les consienten sus obsesiones con ciertas cosas —como Freddie y sus pizzas— y se les permite pasar por «fases». En el caso de las niñas, en cambio, ser vistas como «glotonas», querer más de lo que se considera apropiado, sentir inclinación por algo demasiado masculino y demás, crea un ambiente de culpa y rebelión en torno a la comida. Me pregunto si las obsesiones de las mujeres con la comida nacen principalmente de la negación, mientras que las de los hombres lo hacen de la indulgencia...

La comida es una vía para el desarrollo y para estar más presentes en el mundo. A partir de aquí, la manera en que se anima a los hombres a comer demuestra el apoyo existente a que sigan creciendo, mientras que las mujeres —que deben soportar la presión de comer cantidades más ligeras casi desde el momento del destete— se hallan ante un conflicto: crecer o no crecer, en el sentido más amplio y universal.

SUSIE ORBACH

Susie Orbach no corta el *panettone* como yo. Ella lo atraviesa, como si fuera una hogaza de pan. Si yo no le hubiera dado el *panettone* —si me lo hubiera guardado para comer en casa, probablemente en un día dedicado a escribir—, lo habría cortado como un pastel y luego me habría pasado el resto del día hundiendo los dedos en la cavidad que habría creado, estirando distraídamente las migas de pan condimentado y pasas y llevándomelas a la boca. El enfoque de Susie me parece la mejor manera de saber cuánto he comido. Quizá deba tomar prestado eso de alguna de sus páginas...

Sin embargo, cualquiera que sepa algo acerca de Orbach y de su trabajo sabrá que medir la comida no le parece nada importante. El tema de fondo que recorre todos sus libros —cual mantra, incluso— es el vínculo causal y esencial entre el apetito y la saciedad. «La comida es buena —me dice, volviendo a la mesa con su rebanada de *panettone* ahora tostada—, pero solo te sirve si comes cuando tienes hambre y paras cuando estás llena.» Así que no importa cómo cortamos el *panettone*, y de nada sirve pensar si tengo en la boca una rebanada perfectamente cortada o más bien unos cuantos pedazos de la masa; lo importante es saber cuándo estoy saciada: reconocer mi apetito de *panettone*, satisfacerlo y reconocer cuándo estoy llena. Esto está sacado literalmente de una página del libro de Susie Orbach. Todo suena tan sencillo... Y lo sería si no fuera por un pequeño detalle: que no lo es en absoluto.

Visito a Orbach en su casa en Hampstead, al noroeste de Londres. Estamos a un tiro de piedra de la casa de Freud, donde pasó sus últimos años, todavía sacándole partido a su *chaise longue*. Aquí debe de haber, sin duda, la concentración más alta de terapeutas de todo Londres. Orbach lleva ocho años trabajando aquí y ha vivido en la zona durante la mayor parte de su vida. Ella misma es psicoterapeuta, y actualmente trabaja en su decimotercer libro. Se la conoce, entre otras muchas cosas, por haber sido la terapeuta de la princesa Diana y haber desempeñado un papel primordial en su decisión de hablar en público sobre sus trastornos alimentarios. La carrera de Orbach ha estado dedicada a abordar un problema cada vez más extendido: el hecho de comer con angustia, el miedo a la comida, con especial énfasis en sus implicaciones para las mujeres. Dicho esto, añadamos que las obsesiones no son exclusivamente «un problema de mujeres». Orbach afirma que la proporción de mujeres y hombres que acuden a su consulta es de alrededor de un 65 por ciento frente a un 35 por ciento. «La mayoría de las personas que me visitan tienen algún tipo de trastorno alimentario, pero consideran que pueden convivir con él. Muy pocos vienen directamente por culpa de la comida: solo se desprende que tienen una relación de angustia con su cuerpo en el transcurso de la terapia.»

Al principio, muchas de las teorías de Orbach resultan peculiares. En *Fat is a Feminist Issue* (1978), por ejemplo, postula que, a pesar de su anhelo consciente por perder peso y ser delgadas, las mujeres que comen compulsivamente atesoran el deseo inconsciente de habitar en un cuerpo más grande, para asegurarse una plaza en un mundo masculino. Al leer sobre esto por primera vez, me sentí estimulada intelectualmente, pero —y digo esto como mujer con tendencia a comer en exceso— no me identifiqué necesariamente con ella. En *La tiranía del culto al cuerpo* (2010), arguye que el gran énfasis en la desnudez que predomina en el siglo XXI «es al mismo tiempo un resultado de la riqueza que Occidente ha acumulado y una necesidad de exhibir justo lo contrario a toda esa abundancia». Una vez más, pensé, no estoy meditando sobre la abundancia de Occidente cuando evito tomar patatas fritas o salgo a correr. Solo quiero estar más delgada.

Pero —y esto es crucial— si de verdad fuéramos plenamente conscientes de lo que motiva nuestros deseos, sería fácil controlarlos. Podríamos resistirnos al deseo de extender la mano repetidamente hacia la cavidad de un *panettone* hasta darnos cuenta de que nos lo hemos comido todo excepto la corteza mientras leemos el libro de Susie Orbach en un aeropuerto (sí, es cierto; me pasó y estoy muy avergonzada). La ensalada y el salir a correr son la cara opuesta de la metáfora del *panettone*: una toma de conciencia de los límites del apetito, un «jódete» al hambre, una eliminación de la culpa, un socavamiento de la corporalidad. En un mundo donde la apariencia es lo que se juzga primero, la forma exterior de nuestro cuerpo señala nuestro grado de autocontrol; la grasa es el fracaso y su ausencia es el éxito. Todo comienza a tener sentido.

Orbach nació en 1946 y es hija de padres judíos. Su padre era un parlamentario del Partido Laborista y su madre, estadounidense, era profesora. Se complace al ver la bolsa de Lina Stores en la que llega el *panettone*, ahora cortado en rebanadas. «La antigua tienda de *delicatessen* italiana del Soho era una de las favoritas de mi madre», dice, y añade que allí se gastó «un montón de dinero» en comida. La recuerda utilizando grandes sabores, como el ajo y las cebollas, que eran entonces menos populares entre los británicos. La cocina siempre estaba llena de productos frescos exóticos, como las alcachofas, pero también recuerda la emoción de su madre al ponerse a la venta alimentos congelados, especialmente los guisantes. En el caso del pollo, su preferencia era el *eyerlekh*, que se cocina con sus huevos todavía en el interior. Las yemas jóvenes sirven para un magnífico caldo de pollo, «que es el único plato que los judíos saben hacer [...] un consomé de clase alta», añade. Por lo que se refiere al desayuno, la madre preparaba para Susie y su hermano sándwiches de estilo neoyorquino, dos rebanadas de pan de centeno con ingredientes como el salami y la lechuga, que tiraban antes de llegar a la escuela. Susie quería ser como los demás, comer lo mismo que los otros niños (y vio a sus hijos hacer lo mismo cuando se convirtió en madre, de modo que rechazó las hojas de parra y el *falafel* y se mostró favorable a los pinchos de pollo de Marks & Spencer). Los niños parecen obviar lo que sus cuerpos podrían querer en favor de lo que es socialmente adecuado, lo cual sugiere que existe una suerte de cisma entre nuestra mente y la «conciencia del cuerpo».

En el hogar de Orbach nunca hubo pan, patatas o arroz, según sugerían las teorías nutricionales populares de la época. Al mismo tiempo, eran reglas contra las que rebelarse. Su madre oscilaba entre estancias bianuales en la Clínica Mayo[1] (donde subsistía a base de huevos y pomelo) y visitas nocturnas a un armario secreto lleno de chocolate. En su familia, dice Susie, reinaba «una auténtica locura en torno a la comida». Hoy en día, semejante locura está normalizada. Su madre estaba obsesionada tanto con comer como con no comer (con lo segundo castigaba lo primero). Le pregunto si alguna vez se lo cuestionó. Me mira directamente a los ojos y me responde: «Crecí en una familia de izquierdas que aseguraba que Dios no existe. Eso plantea infinidad de problemas cuando vas a una escuela de la Iglesia anglicana. Yo crecí peleando, era mi *modus operandi*». Y así ha seguido hasta la fecha. Junto con Luise Eichenbaum (cofundadora del Centro de Terapia para Mujeres), en 2010 Orbach fundó Cuerpos en Peligro, una institución benéfica que organiza campañas para cobrar conciencia —incluso superar— del odio al cuerpo, tan frecuente de la cultura occidental. Nuestros cuerpos están en peligro porque nunca estamos satisfechos con ellos, porque se nos enseña a rechazarlos y cambiarlos desde la infancia. Orbach cita varios ejemplos, como los padres que usan Photoshop para retocar las fotos de sus bebés y la disponibilidad

---

[1] Una dieta iniciada por la homónima Clínica Mayo estadounidense, basada principalmente en comer fruta y verdura, pero que utiliza un sistema de pirámide que permite cantidades menores de otros grupos de alimentos (carbohidratos, azúcares, grasas, proteínas). La dieta se propuso erradicar los «malos hábitos» (como comer delante de la televisión) y sustituirlos por otros «buenos» (ejercicio), pero algunos la consideran una terapia de choque que promete a sus seguidores que pueden llegar a perder cuatro kilos y medio en dos semanas.

OBSESIONES

de aplicaciones como Plastic Surgery Princess en iTunes, que
permite a cualquier persona de cuatro años o más importar una
foto de sí misma y comprobar cómo quedaría con una rinoplas-
tia, una liposucción y un aumento de pechos. La organización
afronta estas diversas batallas en curso, pero Cuerpos en Peligro
ha tenido éxito y ha logrado, por ejemplo, eliminar el emotico-
no «Me siento gordo» de Facebook.

Orbach es diercta con lo que vivió en la infancia; la disua-
dieron de ingerir almidones y proteínas de origen animal; a su
hermano siempre le servían primero —y le dejaron salir cuanto quiso y se sacó el carnet de conducir a los dieciséis años—,
mientras que de ella se esperaba que comiera con mayor delicadeza, en segundo lugar y en menor cantidad. «Nunca supe
que estaba actuando el sexismo hasta que fui más mayor», dice.
Estamos hablando de algo culturalmente normal hace sesenta años. Lo que a Orbach le preocupa de veras es que siga con-
siderándose normal hoy en día.[2] Percibe una cultura omnipre-
sente del temor entre las mujeres, un efecto dominó de comida
y odio al cuerpo. Se trata de una amenaza para las generaciones
futuras de mujeres que, como niñas, siguen los ejemplos tortu-
rados de sus madres. Hacer dieta es un estado natural y la comida, un enemigo al que temer. El mensaje es el miedo cuando
debe ser la excitación; la moderación cuando debe ser el progreso. «El problema surge —dice Orbach— cuando las hijas son
una proyección de la propia incapacidad de la madre para refre-
narse, o un reflejo de sus cuidados maternales. Las hijas parecen
una tarjeta de visita de sus madres. Los niños se han converti-

---

[2] En *La tiranía del culto al cuerpo*, Orbach cita la investigación del psicoterapeuta René Spitz: «Los estudios demostraron que a los niños se los amaman-
tó durante más tiempo, que cada período de alimentación fue más prolonga-
do, que fueron destetados más tarde e incluso les dieron papillas durante más
tiempo que a las niñas; esto confirma la experiencia emocional de la psicología
femenina. Tenía sentido. Si, debido a la desigualdad de género, las niñas reciben menos educación nutricional desde la infancia, sus sentimientos de legiti-
mación debían de ser más limitados y circunscritos».

do en mercancías.» Esta es una de las cosas más escalofriantes que Orbach ha dicho. Puedo recordar sentirme avergonzada por mi fracaso al intentar emular la delgadez de mi madre. A veces todavía me siento así. Tengo la sensación de que el mundo nos observa mientras trato de ser como ella. En un intento por solucionar las cosas, he hecho todo lo posible por tener su misma figura, convencida de que, con el 50 por ciento de sus genes, puedo ser como ella si pongo toda la carne en el asador. Yo fui vegetariana durante doce años. He tratado de comer menos trigo, productos lácteos, azúcar y alcohol, he probado con algunos aspectos de la paleodieta, me he esforzado por «comer limpio», he leído blogs... «Lo que subyace a todas esas cosas es un miedo a la comida —dice Orbach—. Tú te estás diciendo a ti misma que si logras lo que te propones, podrás sentirte segura.» Las dietas, pues, crean una relación malsana con la comida, y no solo lo hacen de un modo socialmente aceptable, sino que además son un negocio en auge para la industria de los alimentos y las bebidas. Me siento muy estúpida.

Pero no soy la única. Todo el mundo que conozco empieza a parecer realmente crédulo, y me pregunto cómo ha podido suceder. No es que seamos realmente estúpidos, sino solo que queremos estar sanos... ¿No es así? Pero esto, para Orbach, es simplemente el problema. En *La tiranía del culto al cuerpo* afirma que la obesidad —la «crisis de la obesidad», tal y como la prensa la presenta— es considerada un problema de salud en el que se evitan los fundamentos psicológicos del apetito y el deseo de adelgazar. En lugar de medir nuestro índice de masa corporal (IMC) para obtener un frívolo indicador que advierta (o no) de que hay «sobrepeso», los médicos deberían preguntarse acerca del hambre: si la sentimos, por qué la sentimos, por qué comemos cuando no la sentimos... «La crisis de la obesidad —dice Orbach— es un intento de medicalizar el tema en lugar de investigar por qué la gente se siente atraída por la comida en primera instancia.» Tal como yo lo veo, su campaña aboga por aunar nuestras mentes y nuestra «conciencia del cuerpo», ayudándonos a funcionar como un todo integrado, satisfecho, sano, en el que nuestra psique esté en sintonía con nuestros estómagos.

Orbach no hace una excepción consigo misma. Me dice que la comida actúa como un aviso para decirle: «Oye, no estás afrontando algo», y que ella monitoriza sus hábitos alimentarios solo en la medida en que son un subproducto de su bienestar emocional. Susie se enorgullece de haber vivido más de cuarenta años sin ningún conflicto significativo relacionado con la comida. Creo que también es una entusiasta de la comida en vista de los libros de recetas que pueblan sus estanterías, entre los que se encuentran *The River Cafe*, los libros de Claudia Roden y *Thai Food*, de David Thomson, reflejo de su reciente interés por los sabores orientales, aunque también hay obras sobre Oriente Próximo y, cómo no, la cocina italiana. Orbach come pasta casi a diario, como yo. «Cocino todos los días —dice—, es una fuente de placer. Supongo que hay personas que pasean por el jardín para relajarse, mientras que yo salteo una cebolla, sin saber necesariamente lo que voy a hacer con ella.» Y con eso, coge el cuchillo del pan y se corta otra delgada rebanada de *panettone*.

COCINO TODOS LOS DÍAS, ES UNA FUENTE DE PLACER. SUPONGO QUE HAY PERSONAS QUE PASEAN POR EL JARDÍN PARA RELAJARSE, MIENTRAS QUE YO SALTEO UNA CEBOLLA, SIN SABER NECESARIAMENTE LO QUE VOY A HACER CON ELLA.

Susie Orbach

YOGUR

El yogur no siempre me ha gustado. De hecho, hubo un tiempo en que lo aborrecía. Sentada con la espalda recta ante el plato limpio, el cuchillo y el tenedor, sonriendo dulcemente, cada vez preguntaba:

—¿Qué hay de postre?

—Yogur y fruta.

Tres simples palabras que me hacían montar en cólera; la dulce sonrisa se trocaba en un ceño fruncido, y una o dos veces los cubiertos bien colocados volaron por la estancia. «Llamaré a los servicios sociales», afirmaba; me parecía una absoluta falta de atención. Estaba convencida de que con eso lo decía todo. Los padres de otros niños los llevaban a McDonald's mientras nosotros íbamos a la tienda de productos integrales de Streatham. Los padres de otras niñas les compraban Barbies mientras los míos nos daban marionetas de madera. Los padres de otros niños les daban helados, chocolatinas, Angel Delight para el pudin... ¿y lo mejor que los míos podían ofrecer era yogur natural con trocitos de pera? ¡Estupideces de ecologetas!

Hoy en día, obviamente, muchas de las elecciones que mis padres hicieron por mí son las mismas que continúo tomando por mí misma. Y también he modificado mis sentimientos acerca del yogur natural, que en aquel entonces me parecía tan aburrido, blandengue y agrio (por no mencionar el yogur en su forma menos carismática). Desde aquellos días, el yogur natural se ha convertido en un alimento básico en mi cocina, un ingrediente con propiedades sedantes, no el falso pudin que desencadenaba mis amenazas petulantes de llamar a los servicios sociales.

EL DESAYUNO DE UN CAMPEÓN
PEREZOSO DEL YOGUR

Si, como yo, siempre tienes yogur en la nevera y alguna pieza de fruta muerta de aburrimiento, tienes lo necesario para preparar un desayuno saludable con lo que haya en la despensa. Puedes agregarle lo que quieras: algunas nueces, fruta seca como albaricoques o ciruelas pasas, una cucharada de compota de fruta...; en realidad, cualquier cosa. La siguiente lista de ingredientes se basa en lo que más a menudo tengo por ahí. Por ejemplo, pruébalo con tahini y cúrcuma (no en la misma ocasión). Servirlo con plátano maduro o algún ruibarbo asado (véase la página 268) quedaría especialmente bien.

Para 1 persona

2 cucharadas de yogur natural
2 cucharadas de harina de avena
1 cucharada de coco desecado
1 cucharadita de miel poco espesa
1 cucharadita de *tahini* o ½ cucharadita
    de cúrcuma molida (ambos opcionales)
canela molida, al gusto (opcional)
fruta o compota, al servir

1. Pon todos los ingredientes en un cuenco individual y mézclalos, a poder ser con un chorrito más de miel (o incluso con canela espolvoreada por encima). Cómelo con fruta o compota.

«LABNEH»

Pasemos al almuerzo... Del yogur proviene el queso crema casero, también conocido como *labneh* en Oriente Próximo. Hacer *labneh* es simplemente una cuestión de drenar el exceso de suero del yogur. Echa el yogur en un paño de cocina y aprieta con firmeza el paño a su alrededor. Cuélgalo de un grifo durante toda la noche, y por la mañana te encontrarás con una sustancia que se asemeja al queso Philadelphia, aunque más agrio. El sabor de tu sencillo *labneh* dependerá del tipo de yogur que utilices; el normal o el griego son más suaves y familiares, mientras que el de oveja y el de cabra tienen un sabor más fuerte y picante.

El *labneh* queda genial en una tostada con algún encurtido por encima —recientemente he estado disfrutando mucho del *za'atar* especiado, que ahora está siendo importado al Reino Unido— o con un chorrito de miel y algunas hojas de tomillo. También puedes condimentar tu *labneh* antes de servirlo. Simplemente, mézclalo con cualquier ingrediente cuyo sabor le quieras dar —puedes probar con canela, ajo o ralladura de limón— y deja que el proceso siga su curso. Cuando el *labneh* tiene ya varios días, lo cual significa que se ha endurecido un poco en la nevera, puedes amasarlo y convertirlo en bolitas. Ponlas en un frasco limpio y cúbrelas con aceite de oliva y con las hierbas aromáticas que se te ocurran. De nuevo, es magnífico tenerlo en la nevera para un almuerzo rápido, untado en una rebanada de pan tostado.

El yogur atenúa el calor, tanto el ambiental como el que generan las especias, lo cual hace que sea un condimento excelente —una cucharada en un plato de curry, por ejemplo, o un remolino en un cuenco de sopa— para refrescar el plato. En este sentido, posee lo que considero una calidad única comparado con otros productos lácteos: cremosidad sin riqueza y un sabor muy distintivo que puede compensar ingredientes más redondos y grasos. También es un buen vehículo para otros sabores —para la sal, el aceite de oliva, el ajo, las especias y los cítricos— y es un pilar en mi nevera, listo para agregarle hierbas, nueces, ralladura de limón y aceite de oliva para alguno de mis adobos o salsas para untar, que siempre tienen un toque peculiar (aunque más adelante comparto contigo cinco ideas básicas).

YOGUR CONDIMENTADO

Se trata de un yogur vestido para salir de noche. El aceite, el ajo, la sal y la pimienta solo le dan un poco de realce y mejoran su sabor. Queda de maravilla en numerosos platos de verdura o sobre una patata al horno abierta. También es una buena base a partir de la cual experimentar; podrías añadirle casi cualquier cosa, que es, de hecho, como nacieron varios de los condimentos citados más abajo. Queda particularmente bueno con un poco de zumo y ralladura de limón y un manojo de hierbas frescas, sobre todo eneldo.

400 g de yogur natural
2 cucharadas de aceite de oliva virgen extra
1 diente de ajo, chafado
sal y pimienta negra

1. Combina todos los ingredientes en un cuenco y sazónalo con una pizca de sal y pimienta.

YOGUR DE «TAHINI»

Queda muy bien sobre verduras asadas o en las patatas al romero (véanse las páginas 165-167) con algunos tomates picados y perejil troceado para una salsa de «patatas bravas de Oriente Próximo». O bien pruébalo esparcido por un pan de pita con ensalada y queso halloumi gratinado. En un artículo para el Guardian Cook, el restaurante Ducksoup de Londres incluía una receta de codorniz a la brasa servida con tahini especiado con curry y lima quemada. Me dejó atónita; la dulzura de curry en polvo suave y del sésamo se mantenía en un delicado equilibrio con el cítrico y el ave ennegrecida. Prueba a añadirle una cucharadita de curry en polvo suave, especialmente si tienes pensado servirlo con carne, y realza aún más su sabor con un poco de aceite de oliva en el que hayas frito unas hojas de curry.

1 cucharada de *tahini*
3 cucharadas de yogur
el zumo de ½ limón
1 cucharada de aceite de oliva virgen extra
1 cucharadita de curry en polvo suave (opcional)
sal

1. Simplemente, mezcla todos los ingredientes y échale una pizca de sal.

:::::::::::::::::::::::::: YOGUR BATIDO Y FETA ::::::::::::::::::::::::::

El queso feta es maravilloso, pero su salinidad puede ser intensa. El yogur no solo lo diluye, sino que le da una textura más suelta, cremosa (o «batida»), para un condimento de las verduras asadas o como una salsa para untar con verduras crudas y patatas fritas.

Para 2-4 personas

125 g de queso feta
4 cucharadas de yogur
aceite de oliva virgen extra, al servir

1. Bate el feta y el yogur juntos en un robot de cocina o una licuadora hasta que quede suave.
2. Transfiérelo a un cuenco y sírvelo con un chorrito de aceite por encima.

Me he visto obligada a pensar con una cierta originalidad respecto a mis tzatzikis, porque vivo con un hombre que siente fobia por los pepinos. Como resulta evidente, esta sencilla conjunción, de inspiración griega, de yogur, aceite y ajo también funciona bien con otras verduras. Fíjate en este trío: zanahoria, remolacha e hinojo. Me gusta comerlo como acompañamiento del pollo agridulce con piñones (véanse las páginas 262-264) o simplemente por encima de unas patatas.

Para 4 personas

2 zanahorias, ralladas, o 1 remolacha grande, rallada,
o 1 hinojo, bien picado
1 cucharadita de semillas de hinojo, tostado (si se hace
    el *tzatziki* de hinojo)
200 g de yogur natural
1 diente de ajo, picado
2 cucharadas de aceite de oliva virgen extra
sal y pimienta

1. Mezcla todos los ingredientes y sazónalo al gusto.

En los auténticos círculos de Levante, quizá se consideraría «inusual» incluir el baba ganush en un capítulo sobre el yogur; la mayoría de las recetas para preparar esta berenjena ahumada con ensalada bañada en tahini no lo hacen. En un principio añadí yogur a la mía porque me había propasado con el tahini y necesitaba suavizar la profusión de sésamo. No lo he hecho de otra forma desde entonces. De hecho, estoy convencida de que lo convierte en un plato sensiblemente mejor, en que el yogur refresca y atenúa los sabores a quemado, a nueces y a hierbas de la berenjena, el tahini y el aceite de oliva. Podrías dar un paso más y agregarle algunos tomates che-

235

rry ciruela picados y espolvoreados con mucho perejil o menta. Necesitarás un fogón de gas o algún tipo de llama abierta para carbonizar las berenjenas.

Para 4 personas

3 berenjenas grandes
1 cucharada de *tahini*
1 cucharada de yogur natural
el zumo de 1 limón
1 diente de ajo, chafado
2 cucharadas de aceite de oliva virgen
    extra, y un poco más para aliñar
una pizca de *za'atar*, al servir
sal y pimienta negra

1. Pincha la parte superior de cada berenjena con un tenedor u otro instrumento dentado. Sostenlas sobre una llama abierta lo más grande posible (siempre que no te quemes) durante unos 10 minutos, dándoles de vez en cuando la vuelta, hasta que estén ennegrecidas, carbonizadas, tiernas y con la piel escamosa.

2. Tan pronto como se enfríen lo suficiente para cogerlas con las manos, separa las pieles negras de la pulpa y descártalas. Te quedará un poco de piel negra, pero trata de que sea la mínima cantidad posible. Traslada la pulpa a un cuenco y desmenúzala con un cuchillo y un tenedor. (No la pongas en una licuadora, te interesa conservar la textura y la consistencia de las berenjenas.)

3. Transfiere la pulpa a un tamiz colocado sobre el fregadero y deja que el exceso de líquido se drene durante 5-10 minutos.

4. Pon la pulpa en un cuenco y mézclala con el *tahini*, el yogur, el limón, el ajo y el aceite de oliva virgen extra. Salpiméntalo al gusto.
5. Por último, echa por encima un poco de tu mejor aceite de oliva virgen extra de manera que queden pequeños hoyos entre los trozos de berenjena. Espolvoréalo con *za'atar* y disfrútalo con un pan plano fresco y de buena calidad.

Creo que lo que salió mal entre el yogur y yo cuando era niña fue la asociación instantánea con el pudin. Fue una revelación descubrir que el yogur natural se usa en tantos platos sabrosos, como es tan común en todo Oriente Próximo. Hace algunos años, visité el famoso restaurante Çiya Sofrasi de Estambul y comí una sopa caliente de yogur y cardo mariano. Me dejó anonadada. La sopa de yogur que presento a continuación pretende reproducir esta idea. Me recordara o no a un pudin, dudo que hubiera amenazado a mi madre con llamar a los servicios sociales si me hubiese ofrecido esto cuando era niña.

SOPA DE YOGUR

También se inspira en la sopa de yogur y cebada (basada en una receta armenia) que aparece en Jerusalén. Crisol de las cocinas del mundo, *de Yotam Ottolenghi y Sami Tamimi. La mía contiene alrededor de la mitad de la cantidad de arroz y cebada de dicha receta, e incluye un buen número de condimentos, un remolino de aceite de oliva virgen extra de buena calidad y lo que uno decida ponerle por encima. Mis coberturas favoritas son un puñado de habas cocidas sin vaina o una cucharada de agua de azafrán (véase la página 116). También puedes condimentar las cebollas y el ajo con cualquier especia o hierba que te apetezca mientras se están friendo (Ottolenghi utiliza menta seca). Cómela en cuanto esté lista, pues de lo contrario el arroz se hinchará y la «sopa» se convertirá rápidamente en un sabroso pudin de arroz.*

Para 4-6 personas

100 g de arroz basmati
50 g de mantequilla salada
2 cebollas, bien picadas
2 dientes de ajo, bien picados
450 g de yogur griego
2 huevos

el zumo de ½ limón, y algo más para servir
aceite de oliva virgen extra, al servir
2 cebolletas, bien picadas, al servir
un puñado de menta y otro de perejil, picados, al servir
sal y pimienta negra

1. Lava el arroz varias veces con agua fría del grifo hasta que esta salga completamente clara, échalo en una cacerola grande con mucha sal (una cucharadita bien colmada), cúbrelo con 1,5 l de agua y ponlo a fuego medio. Llévalo a ebullición, luego reduce el fuego y déjalo así durante unos 10 minutos, hasta que esté cocido. Escúrrelo, pásalo por agua fría y reserva tanto el arroz como el líquido de la cocción.

2. Derrite la mantequilla en una sartén a fuego lento e incorpora las cebollas. Sofríelas poco a poco durante 10 minutos, hasta que la cebolla empiece a ablandarse en el bálsamo de mantequilla. A continuación, añade el ajo y cocínalo otros 5 minutos.

3. Agrega el arroz escurrido a la mezcla de mantequilla, cebolla y ajo, remuévelo y retíralo del fuego.

4. Decanta el yogur en un cuenco refractario grande, bate los huevos y salpiméntalo.

5. Prepara 1,2 l del agua de la cocción reservada y, con un cucharón, ve agregándola al yogur y la mezcla de huevo mientras lo bates continuamente, hasta que el yogur se haya calentado. Hacerlo de manera gradual impedirá que se separe.

6. Transfiere el yogur y los huevos a una cacerola junto con toda el agua (puedes usar la misma cacerola en la que has cocido el arroz si es lo suficientemente grande) y, a continuación, agrega la mezcla de arroz, el zumo de limón y condiméntalo al gusto. Coloca la cacerola sobre un fuego medio el tiempo suficiente para que la sopa se caliente.

7. Retíralo del fuego y sírvelo en cuencos individuales con un remolino de aceite de oliva virgen extra, una pizca de cebolleta y hierbas, un poco más de zumo de limón y cualesquiera otras coberturas que te apetezca.

El yogur también reblandece. En la siguiente receta se combina con la mostaza, el ajo y la especia para ablandar y condimentar la carne durante las 48 horas que está marinando. También proporciona una suavidad esponjosa al pan *naan* de la receta que sigue a esta. En mi casa, estos dos platos solemos comerlos juntos, con una ensalada de limones troceados que casa a la perfección con ambos.

::::::: POLLO AHUMADO AL HORNO CON YOGUR :::::::

Me gustan los platos de fácil preparación tanto como a cualquiera, pero en este caso dejar el pollo marinando durante toda la noche realmente compensa la espera. El objetivo es que todos los sabores se entremezclen e impregnen poco a poco la carne.

Para 2-4 personas

400 g de yogur natural
1 cucharada de mostaza de Dijon
1 cucharadita de pimentón
2 dientes de ajo grandes, picados
2 cucharadas de aceite de oliva virgen extra
una buena pizca de sal
8 muslos de pollo, deshuesados pero con la piel
2 cebollas, peladas y cuarteadas

1. Mezcla el yogur, la mostaza, el pimentón, el ajo, el aceite de oliva y la sal en un cuenco grande. Incorpora los muslos de pollo a la mezcla y asegúrate de que cada uno queda cubierto con la salsa rosada. Transfiérelo a una bolsa de congelación hermética lo suficientemente grande o tapa el cuenco con papel film y déjalo en la nevera para que marine durante toda la noche, o 2 noches si tienes tiempo.
2. Cuando esté listo para cocinar, precalienta el horno a 200 °C. Coloca el pollo en una fuente refractaria y reparte los cuartos

de cebolla por el adobo residual que forma un foso alrededor de los muslos. Hornéalo durante 30-40 minutos, hasta que los extremos y los bordes del pollo estén crujientes y se estén tostando (la cebolla se oscurecerá en algunas partes; considero que esto es bueno). Llegados a este punto, si deseas que el pollo quede más crujiente o incluso carbonizado, puedes calentar una sartén y freírlo un par de minutos.

3. Una vez listo, corta el pollo en diagonal y colócalo sobre una tabla. Sírvelo con una ensalada picada y algo que absorba los jugos grasos y con textura de yogur, como arroz blanco o pan *naan* que se explica a continuación.

:::::::::::::::::::::::: PAN «NAAN» DE YOGUR ::::::::::::::::::::::::

Para una masa esponjosa y ligeramente agria, el yogur va de maravilla. Si no te lo comes todo el mismo día con curry, o de hecho con la receta que acabo de presentar, recaliéntalo al día siguiente y rellénalo con un buen tocino frito o asado y un poco de mermelada de chile dulce para regalarte un desayuno de ensueño.

Para 6 panes naan

½ bolsita de levadura seca (3,5 g)
1 cucharadita de miel
125 ml de agua tibia
250 g de harina blanca de fuerza, y un poco más para espolvorear
una generosa pizca de sal, y un poco más para espolvorear
50 g de mantequilla salada, derretida, y un poco más para pincelar
4 cucharadas de yogur natural
1 cucharada de comino molido
semillas de cebolla negra, al servir

1. Mezcla la levadura, la miel y el agua tibia en un cuenco. La mixtura debe comenzar a cobrar vida y burbujear a los pocos minutos.

2. Junta la harina y la sal en un cuenco grande y, a continuación, haz un hoyo en el centro. Agrega la mantequilla derretida, la mezcla de la levadura, el yogur natural y el comino molido y mézclalo de nuevo, trayendo gradualmente la harina de fuera hacia dentro para formar una masa. Una vez que la masa empiece a tomar forma, cógela con las manos. Te interesa obtener una masa suave y blanda, no dura, así que guíate por la intuición y agrega más agua caliente si lo necesitas.

3. Una vez que la masa esté ligada, pásala a una superficie enharinada y amásala durante 5-10 minutos, hasta que esté elástica y suave. Ponla en un cuenco espolvoreado con harina, cubre el recipiente con un paño de cocina húmedo y déjalo a temperatura ambiente o en un lugar cálido durante 1-2 horas hasta que se haya duplicado el tamaño.

4. Divide la masa leudada en 6 piezas del mismo tamaño y luego extiende cada porción dándole una forma ovalada de poco más de 1 cm de grosor.

5. Pon una sartén a fuego máximo y luego fríe los panes, uno cada vez, durante unos 3 minutos por cada lado. Cuando des la vuelta al *naan*, pincélalo con mantequilla derretida y espolvoréalo con una pizca de sal y semillas de cebolla negra. Una vez hechos, mantenlos calientes en un horno a baja temperatura mientras preparas el resto de la comida.

6. Come los panes con *dal* de coco (véanse las páginas 109-112), huevo, cebolla y curry de coco (véanse las páginas 51-53) o anacardos, habas y espinacas al curry (véanse las páginas 264-265), un montón de arroz hervido y, naturalmente, una buena cucharada de yogur natural.

También he cambiado mi opinión respecto del yogur como un elemento digno de un pudin. Estaba equivocada. En la siguiente receta he aunado yogur y fruta —esas tres palabras que hicieron que mi «yo» se manifestara por primera vez— en un plato dulce de confianza al que regreso una y otra vez.

Podrías intentar agregarle fruta —frambuesas en verano, tal vez—, algo de fruta asada o hervida y crème fraîche, *o quizá ya está bien así, tal cual, denso y húmedo pero extrañamente ligero, con una taza de té. Este pastel lo inspiró el de yogur de Claire Thomson, receta publicada en el* Guardian Cook *en 2015. He sustituido la mantequilla por aceite de oliva, pero ambos quedan bien.*

Para 8 personas

180 ml de aceite de oliva, y un poco más para aliñar
100 g de piñones
2 huevos, ligeramente batidos
180 g de azúcar glas
180 g de yogur natural
180 g de harina leudante
1 cucharadita de polvo para hornear
la ralladura y el zumo de 1 lima

1. Precalienta el horno a 180 °C y engrasa con aceite de oliva un molde para pasteles de 25 cm. Echa una cuarta parte de los piñones en el molde (la parte inferior del pastel se convertirá en la parte superior cuando lo sirvas, decorado con las semillas de pino, así que asegúrate de que queden distribuidas uniformemente).
2. Bate los huevos, el azúcar y el yogur en un cuenco y luego agrega el aceite.
3. Añade la harina, el polvo para hornear, la ralladura y el zumo de lima y el resto de los piñones.
4. Transfiere la mezcla al molde engrasado y hornéalo durante unos 45 minutos, o hasta que un cuchillo afilado o un palillo insertado en el centro de la masa salga limpio. Sácalo del horno, déjalo enfriar en el molde, luego cúbrelo con un plato y dale la vuelta, retirando el molde. Está delicioso con fruta estofada como peras, manzanas o ciruelas.

JUNTOS

Comer es muy íntimo, muy sensual. Cuando invitas a alguien a sentarse a tu mesa y quieres cocinar para él, lo invitas a entrar en tu vida.

MAYA ANGELOU

Come comida. No demasiada. Sobre todo plantas.

MICHAEL POLLAN,
El detective en el supermercado

ENTRANTES

«Al final se trata de esto», dice mi tío Justin todas las Navidades, cuando nos sentamos, finalmente, para comer. De hecho, las últimas veces rara vez es él quien lo dice; su frase se ha hecho tan famosa que todos al unísono la parodiamos mientras los dos metros de Justin, con los brazos cruzados, asienten a la cabecera de la mesa mientras asevera: «Es verdad».

Creo que no me di cuenta de lo cierta que era la muletilla de Justin hasta que Freddie y yo decidimos huir de la familia y pasar una Navidad juntos en Sicilia. Nos marchamos, sintiéndonos muy independientes, con una lista en la cabeza de cosas que queríamos cocinar en nuestra primera Navidad como pareja: pollo, no pavo; patatas asadas con aceite de oliva, no con grasa de ganso, y hojas de mostaza locales (*sanapo* en italiano) en lugar de coles de Bruselas. Nos sentíamos poderosos... hasta que comprobamos que la calefacción de nuestro apartamento no funcionaba, que el agua de la ducha salía helada y que la cocina era minúscula y prefabricada, y —lo peor de todo— que nos enfrentamos al reto de asar un pollo en lo que habíamos previsto que sería un horno nuevo y elegante... pero que en realidad era un microondas. El resultado de todo esto fue que nuestra comida de Navidad tuvo que limitarse a los fogones de la cocina. Y aunque en circunstancias normales habría estado encantada de tomarme pasta con tomate en una habitación con vistas a una hermosa ciudad mediterránea, lo cierto es que aquello no se parecía en nada a mi idea de la comida de Navidad. (Ahora nos reímos al recordarlo. Freddie renunció a la idea del pollo asado cuando fracasó en sus intentos de quitarle la cabeza al animal, algo que los carniceros sicilianos no suelen hacer, según descubrimos. Al día siguiente llevamos el pollo al quesero y se lo cambiamos por un gran trozo de pecorino. Bien está lo que bien acaba.)

Supongo que no hace falta decir que pasar la Navidad comiendo pasta, y además solos, nos hizo sentir un poco tristes. Podríamos haber visto la parte positiva del asunto, supongo, pero lo cierto es que echamos de menos todo aquello de planificar un menú sin fin, pelar y preparar las verduras, poner villancicos de dudoso gusto y bajar corriendo al supermercado para comprar más bebida antes de que las tiendas cierren por Nochebuena... Nada de eso sucedió en nuestro caso. Y nos perdimos la esencia de la Navidad: comer acompañados.

En la alegría o en la tristeza, ya sea con aquellos a los que amamos o con aquellos a los que acabamos de conocer, la comida ocupa el lugar central de nuestra convivencia con los demás; en torno a ella pasamos la mayor parte del tiempo. Esto es algo que no deja de resultar curioso, dado lo poco atractivo que puede llegar a ser el acto en sí de comer. (Estoy bastante segura de que mi padre no llevó a mamá a comer pasta o sushi durante su noviazgo. Si yo hubiese tenido que sentarme frente a ella y verla empuñar un tenedor y una cuchara ante un plato de espaguetis con salsa, por no mencionar la pesadilla en la que se convierte con unos palillos largos en las manos, creo que no me habría casado con ella.) El caso es que lo hacemos, nos reunimos en torno a la comida. Más allá de los caminos por los que nos lleva la vida, de nuestros más diversos éxitos y de nuestros posibles fracasos, compartir una comida es un momento aglutinador y equilibrador.

Para mis padres, y para buena parte de su generación, lo normal era que la familia se sentara a la mesa todas las noches. Ni que decir tiene que de niños lo hicieron así. La mesa servía para valorar el día y marcaba los principios de la vida cotidiana; el ritmo. Luego las mujeres empezaron a trabajar a tiempo completo y con ello proliferaron las comidas preparadas, las cenas frente al televisor y una cultura del «para llevar» que fue transformando la comida y alejándola del ritual sagrado —partir el pan— para convertirla en un mero «combustible».

Por otra parte, mientras que comer en familia ha dejado de

ser una práctica cotidiana y se ha convertido en una celebración especial, los cocineros han pasado a ser objeto de una deificación por parte de los medios de comunicación. De pronto nos encanta ver a la gente cocinando en televisión, los programas de cocina se emiten en el horario de máxima audiencia y los chefs son a menudo celebridades. Resulta bastante irónico que mientras nos deleitamos viendo a Nigella preparar desde cero sus bizcochos bundt, lo que estamos haciendo en realidad es devorar lo más fácil, adquirir algo que estaba prácticamente listo para comer y comprarlo en honor al espíritu de la conveniencia. La idea de la «comodidad» se ha impuesto de largo a la compra de ingredientes crudos que deben ser preparados, procesados y transformados en comidas nutritivas. La fascinación por ver cocinar a la gente no se corresponde necesariamente con el deseo de cocinar por nuestra cuenta; de hecho, parece que está sucediendo todo lo contrario. ¿Está convirtiéndose la cocina en una fantasía?

Todo esto se intensifica, lógicamente, en las grandes ocasiones. Por mucho que nos riamos ante el sentimentalismo de mi tío cada Navidad, lo cierto es que tiene toda la razón. La vida moderna atribuye cada vez más importancia a las oportunidades de comer y cocinar juntos, en familia, porque esas oportunidades resultan cada vez más fortuitas.

JAMIE OLIVER

No es más que otro día en la vida de Jamie Oliver.

El restaurante es un circo de teclados que repiquetean, luces refulgentes, pantallas reflectantes, un inglés sincopado, vajillas tintineantes y pinceles amontonados en infinidad de cestitas de maquillaje esparcidas por toda la barra. La zona principal está acordonada por un equipo de grabación húngaro, que se ha desplazado hasta aquí para filmar a Jamie mientras habla de su última aventura como restaurador en Budapest; lo que buscan es plasmar ese frenesí particular de los restaurantes, esas prisas y ese ajetreo extraordinario, a pesar de que en realidad todo suceda a ritmo de caracol. Jamie está sentado en el epicentro de este bullicio y un foco le ilumina la cara, continua y convenientemente matizada por una capa enorme de maquillaje. Él bebe un sorbito de agua, paciente, mientras la acción se detiene por enésima vez.

Yo estoy en el bar, con su equipo, y junto a una creciente cola de periodistas. El reportero de *Vice* acaba de llegar; lleva el pelo largo y desaliñado y una cazadora de cuero desgastado. Mientras esperamos a que nos concedan unos minutos para nuestras entrevistas, nos conducen al sótano y nos instan a encontrar un rincón en el que charlar con Jamie. Así pues, cada periódico o publicación instala una pequeña estación en una mesa, lista para lo que será esencialmente un encuentro a contrarreloj con el hombre del momento. *The Andrew Marr Show* está instalado en el centro de la planta y, en la cocina americana que queda al lado, un grupo de jóvenes cocineros preparan el desayuno. Son los más novatos aquí, en Fifteen, el restaurante social de Oliver, que ofrece a jóvenes de diversos orígenes («algunos han estado en prisión, otros han sido abandonados, la mayoría no tienen un entorno favorable», me dice Oliver) la posibilidad de aprender a cocinar. Y así es como platos enormes de beicon y salchichas nos alegran las fosas nasales a los periodistas.

Solo un puñado de personas del mundo de la alimentación ha alcanzado semejantes cotas de fama. De hecho, a menudo he pensado que la cultura del cocinero famoso es francamente insólita, pues la naturaleza extraordinaria de la fama parece estar en profunda oposición con la cotidianidad de la comida. Y me parece que esto es, en particular, lo que le sucede a Jamie Oliver, cuya fama de superestrella choca con la imagen que tiene de sí mismo. «Me siento como una versión realmente extraña de mi propio yo —dice—. He sido totalmente moldeado por el público.» Pese a todo, Oliver siempre insiste en que es un tipo normal. Creció en un pub de Essex, en un ambiente en el que la actitud hacia la comida no era «ni altanera ni simplona», y su sociabilidad desempeñó un papel muy importante en su éxito: el joven descarado de *The Naked Chef*, que a finales de los años noventa acentuó el atractivo de la cocina —pasó de ser algo «para chicas» a servir para «ligar con ellas»—, ha acabado convirtiéndose en un activista de la nutrición infantil. De algún modo, sus orígenes humildes y sin privilegios lo han convertido en el portavoz ideal para ciertos mensajes importantes sobre cómo educar a padres y niños en lo tocante a la dieta. Oliver tiene más oportunidades de ser escuchado.

Por fin, los húngaros concluyen su grabación y a Jamie le señalan mi pequeño rincón. Nuestra entrevista le supone un breve respiro del trajín del día. Con las cámaras apagadas, su agotamiento resulta evidente. Sabe que estoy aquí para hablar sobre los niños y la importancia de la crianza materna en nuestra futura relación vital con los alimentos. Es el tema de moda en este momento, y él siempre lo defiende a capa y espada..., pero en esta ocasión se muestra claramente abatido. No logro reconocer al infatigable y entusiasta Jamie Oliver que conozco de la tele. Me dice que está luchando por averiguar cuál es su lugar. «No soy médico, no soy un político, no soy el director general de una gran empresa. Entonces, ¿cuál es mi puñetero papel? Soy la voz del público, supongo, pero este realmente se esfuerza en tener la suya propia, así que...»

Me siento como si estuviera mostrándome las tomas falsas de su campaña. Oliver está harto —y no es ironía— de las palabras empalagosas... La realidad del modo en que miles, cuando no millones, de niños crecen y se alimentan hoy en día en Gran Bretaña no es nada apetecible, así que tampoco me extrañaría que se refiriera a ello y expusiera esta sombría realidad para que todos podamos verla. «Nos encanta pensar que somos una democracia, que todo es ideal y que tenemos libertad de decisión. Podemos quejarnos de papá Estado, pero... qué demonios. Aun cuando pusiéramos en práctica lo que necesitamos, seguiríamos disfrutando de una gran libertad.» ¿Qué es lo que necesita ser puesto en práctica?

Oliver quiere que se etiqueten adecuadamente todos los productos disponibles para la venta al público y que, cuando sea posible, se reformulen. «Lo de la responsabilidad social no ha funcionado. Ahora todo se reduce a la rendición de cuentas, por lo que las corporaciones se están moviendo más rápido porque tienen que hacerlo.» Oliver quiere que se garantice la alimentación escolar a todos los niños («Hace once años, cuando empecé la campaña sobre la nutrición infantil, había, por ejemplo, unas normativas muy claras para la venta de comida para perros, pero ninguna para los chicos de entre cinco y dieciocho años»). Dice que si el gobierno asegurara que en la escuela todos los niños reciben un desayuno y un almuerzo óptimos, habríamos cubierto la mitad de su nutrición anual, con independencia de lo que coman en casa. «Este debería ser el peor de los escenarios previsibles —afirma—, aunque históricamente han sido demasiados los niños a los que han estado dándoles mierda tanto en la escuela como en casa. Si pudiéramos quedarnos al menos tranquilos respecto a lo que reciben en el colegio, el asunto cambiaría mucho.» Oliver aboga por una normativa que regule los desayunos escolares: «Los maestros están retirando latas de Red Bull de las bandejas que se entregan a los niños de siete años, pero no hay ninguna ley que lo respalde». Más allá de esto, ha hecho campaña por un impuesto nacional sobre el azúcar, con la idea de imponer una sanción económica al «veneno» que es, en su opinión, el azúcar refinado. El foco de esta campaña serían los «azúcares libres», las insidiosas moléculas de glucosa y fructosa presentes en las bebidas gaseosas. «Las grandes botellas de refresco no deberían entrar en el hogar. Sin embargo, su presencia está más que normalizada. Odio parecer un fanático de clase media cuando en realidad soy el tipo más normal del mundo; ¡yo crecí con Coca-Cola y zumos embotellados, por el amor de Dios, si casi fui yo quien los embotelló!»

Oliver se enfrenta a la reticencia de quienes no quieren que les digan cómo comer, pero insiste en que la gente no tiene por qué renunciar a sus chucherías favoritas por seguir su consejo. Muchas de las cosas que nos encanta comer —una tostada rebosante de mermelada, un trozo de tarta de manzana, una tableta de chocolate— no son el problema, asegura, porque «ya sabemos que son una indulgencia». Oliver no pide renunciar a los placeres, eliminar por completo el azúcar, sino simplemente establecer algunas reglas básicas («porque todo juego necesita reglas») y proteger a los niños del «estruendo envolvente de la vida en el que son violados por la comida basura». Aun así, muchos se niegan tercamente a dar su brazo a torcer. Puedo entender por qué a Jamie le parece todo tan perturbador.

Le pregunto si es posible educar las papilas gustativas de un niño, y apenas he acabado de plantearle la pregunta cuando responde: «Sí, por supuesto». ¿Cómo? «Con normalidad, ritmo, coherencia.» Explica que, por regla general, lo que entra en un hogar a través de la compra semanal es siempre más o menos lo mismo. «Si solo tienes una cierta variedad de alimentos entrando en la casa, entonces eso es lo normal. Sobre esa base, los padres deben despreocuparse de que coman un algodón de azúcar en la feria. Las golosinas no importan, siempre y cuando tengas cubierta tu base.» Y prosigue: «Los tipos de alimentos e ingredientes son como los amigos, te acostumbras a ellos. Los niños necesitan que les pongan delante alubias rojas o una mazorca de maíz para sentirse cómodos al comerlas. Si tienes a uno que está familiarizado con los Arcos de Oro [de McDonald's] pero desconoce la diferencia entre una patata frita normal y otra de bolsa, te encontrarás con una retahíla de problemas: obesidad, diabetes, caries. Como padres, hoy en día somos vendedores».

Oliver ha llegado a dominar el arte de replantear el mundo para sonar muy cínico; a menudo suelta ese tipo de picotazos sonoros destinados a que la gente aguce el oído y vuelva la cabeza. Y funciona. Dice que hay dos maneras de mirar el pasillo de los cereales en el supermercado: una es verlo como el lugar donde los cereales están a la venta, y otra, como una propiedad inmobiliaria. «La industria alimentaria le ha lavado el cerebro al público británico para que piense que solo tiene treinta segundos para desayunar todos los días» y que, por lo tanto, nuestra única opción es comer un cuenco de Coco Pops, haciendo que nuestro nivel de azúcar en sangre se dispare antes de salir de casa. Oliver está poniendo al descubierto un mundo donde incluso las decisiones más mundanas —qué comprar en el supermercado, qué darles de merendar a los niños— son opciones políticas de las que podría depender el futuro de tus hijos. «Antes de que cualquier alimento entre en la ecuación, cabe decir que hemos hecho muchas cosas mal. Para empezar, en Gran Bretaña bebemos menos agua que en cualquier otro país de Europa. En segundo lugar, está la lactancia materna. ¡Olvídate de los restaurantes! Prácticamente todo empieza en la época del amamantamiento, y en ese sentido somos de los peores del mundo. Ahora bien, eso se debe a una mezcla de factores: madres trabajadoras teniendo que hacer más malabarismos que en el pasado, tal vez la relación que la actual generación de mujeres mantiene con sus cuerpos... Pero fíjate en lo que te digo: es cultural. Bastan treinta minutos en un vuelo internacional para ver que hay mujeres igual de atareadas, y con los mismos genes, que están saliendo adelante. Está claro que tenemos un problema.»

LOS TIPOS DE ALIMENTOS E INGREDIENTES SON COMO LOS AMIGOS, TE ACOSTUMBRAS A ELLOS. LOS NIÑOS NECESITAN QUE LES PONGAN DELANTE ALUBIAS ROJAS O UNA MAZORCA DE MAÍZ PARA SENTIRSE CÓMODOS AL COMERLAS.

Jamie Oliver

Un relaciones públicas se acerca. Por el rabillo del ojo veo llegar a Andrew Marr, y su cámara mira expectante en la dirección de Jamie. Apenas hemos hablado de la educación de Oliver, de sus hijos o de la variedad de alimentos que entra en su casa, pero me quedo con la sensación de que ha subrayado mi propósito al escribir este libro. La trayectoria vital de cada uno depende del modo en que somos educados para comer en la infancia, y el objetivo de Oliver es mejorar eso. Mi tiempo se ha terminado, pero Jamie sigue hablando. «¿Sabes?, nunca me politicé. Yo era un tipo normal que era un desastre en la escuela y solo bueno en la cocina. Nunca pensé que terminaría en este lugar, haciendo campaña por esos derechos básicos, el derecho de todos los niños a una buena salud. Ciertamente nunca pensé que sería tan difícil.» Dicho esto, otra vez luces, cámara y... ¡acción!

ESPECIAS Y HIERBAS

A veces tienes que hacer un esfuerzo. Me di cuenta de ello cuando, a los veintiún años de edad, me quedé atrapada en los sentimientos de pena y frustración por alguien con quien la relación no funcionó. Aquello supuso un verdadero drama para mí, y supe que necesitaba un cambio. Pero los cambios son abrumadores. ¿No es extraño ver cómo consuela y desestabiliza al mismo tiempo la familiaridad?

Pedí una beca para estudiar un año en el extranjero, muy lejos, en Estados Unidos. El mero hecho de coquetear con la idea de obtenerla ya me pareció una pequeña hazaña. No estoy segura de si pensé realmente que la conseguiría algún día, pero me aseguré de mantener mis posibilidades en la franja de lo remoto, poniéndome obstáculos en cada etapa. Me presenté a la universidad, los campus y los cursos más competitivos, y en cada coyuntura la oportunidad me dio la bienvenida con los brazos abiertos.

Estoy muy agradecida de haberlo hecho. Ese año que pasé en el norte de California me recordó la riqueza de la vida. Lejos de Londres, el mundo físico al que pertenecía mi tristeza, todo me parecía nuevo, fresco y brillante otra vez. El futuro me estimuló como la promesa de la sal espolvoreada sobre una sopa sin condimentar.

Es cierto que en aquel momento mi vida necesitaba que la agitaran un poco, pero creo que viajar siempre tiene ese punto único de reconectarnos de algún modo con nosotros mismos. Nos obliga a sentarnos y prestar atención a la vida, estar en alerta y abiertos a la posibilidad de descubrir algo nuevo, de hacer las cosas de un modo distinto, incluso cuando uno cree que ya está bien como está.

Muchas de las cosas que sucedieron aquel año me hacen pensar en la cocina: el énfasis en los productos frescos, cultivados en la propia California, para empezar; el modo en que los grandes gurús de la cocina autóctona —Alice Waters o Deborah Madison, ambas entrevistadas en estas páginas— te animan a cultivar tu propia comida, incluso a pequeña escala; el modo en que se amplió el vocabulario de mi paladar y aprendí a identificar alimentos de ciertas cocinas de las que hasta entonces sabía muy poco: persa, coreana, mexicana. (Este fue un tema importante de mi primer libro, *El atlas comestible*, en el que hice una ruta relámpago por las mutaciones del sabor a medida que este migra a través del planeta. Así, me pregunté cómo era posible que algo tan extendido como una salsa verde resultara tan radicalmente distinta de una región a otra, como la salsa verde italiana [con perejil, albahaca, alcaparras y anchoa], tan diferente del mojo verde canario [cilantro, comino, ajo y limón].)

Pero, por encima de todo, ese año en California le dio un toque a mi vida, la realzó, del mismo modo que la adición de los condimentos adecuados puede acentuar un plato (una ramita de romero, una pizca de nuez moscada, un poco de chile...). Administrar inyecciones de sabor puede reorientar nuestra cocina del mismo modo que ese año en el extranjero me reorientó a mí. Y, quizá por encima de todos los demás ingredientes, las hierbas y las especias son las que tienen esos destellos brillantes cuando las cosas comienzan a funcionar. Lo más probable es que sea este el motivo por el que me niego a seguir una receta cuando hago una salsa de tomate para pasta o una salsa verde para patatas. Estas son las cosas que como más a menudo, varias veces por semana, y puedo mantener la experiencia de comerlas siempre frescas, y distintas, cambiando las especias y sus proporciones en cada ocasión. También es importante mantener la experiencia de cocinar con productos frescos, y aquí, una vez más, son las hierbas y las especias las que ofrecen, al menos en mi cocina, las oportunidades para la aventura. Una rutina más o menos regular no tiene por qué ser una prisión si se utilizan adecuadamente los diversos condimentos. La odisea de la cocina espera en forma de hojas fragantes y semillas perfumadas.

Solo hay una regla para la salsa verde; a saber, que es verde. El verdor se lo da el perejil, aunque puede estar intensificado también por otras hierbas verdes si se desea. Como en el caso de mi salsa de tomate, ya te he dado algunas indicaciones a partir de las que puedes improvisar. Fergus Henderson insiste en «cinco cosas maravillosas» para su salsa verde básica: alcaparras, anchoas, aceite de oliva virgen extra, ajo y perejil. Él es muy generoso con el ajo (¡doce dientes!), mientras que Lori De Mori y Jason Lowe recomiendan poner un solo diente en su libro Beaneaters & Bread Soup. *A mí no me gusta demasiado el ajo, y si lo uso es a modo de sugerencia en un plato vegetariano, de modo que, si lo incluyes, acuérdate de apartar las anchoas (aunque son una adición maravillosa; si las usas, en cualquier caso, limítate a no añadir sal). También puedes agregar un huevo duro picado al final de la receta, pues le añade cuerpo y textura. Es algo que también recomiendo encarecidamente.*

> un manojo grande de perejil de hoja lisa, picado fino
> (o mitad bien picado y mitad poco picado)
> ½ manojo (o lo que quieras) de albahaca y/o eneldo
> y/o menta, picado fino
> ½ diente de ajo, picado fino
> un puñado de alcaparras, enjuagadas y picadas
> un puñado de pepinillos, bien picados
> 6 cucharadas de aceite de oliva virgen extra
> 1 cucharadita de vinagre de vino blanco
> sal y pimienta negra

1. Mezcla simplemente todos los ingredientes y salpiméntalos. El objetivo es que tengan una consistencia de aderezo espeso. Déjalo reposar 10 minutos antes de servir, permitiendo que los sabores se mezclen.

ESPECIAS

De pequeña, las especias me provocaban la misma reacción que los gatos. Me gustaban, sí, pero con una cierta aprensión. Solo me exponía a ellos de vez en cuando. Ambos me habían mostrado su cara más elegante, pero también me habían causado una momentánea agonía en un par de ocasiones (estoy pensando específicamente en un gato blanco y negro llamado Botones y en unos pimientos picantes en un restaurante de Sichuan que inexplicablemente confundí con arándanos). Ambos exigían que me acercase a ellos con más cautela. La moderación no es mi mayor cualidad. Si me gusta algo —un vino, un queso, un chocolate—, me abalanzo sobre ello. Pero con las especias he aprendido a ser más moderada... y me siento mucho mejor. Por lo tanto, todo lo que aparece mencionado en este capítulo (y en este libro) sobre la manera en que uso las especias sigue siempre la pauta del ensayo y error. Son un gran proyecto para el cocinero experimental y, una vez entendidas, se convierten en una verdadera arma secreta. La sutileza es la clave. Y, sí, un toque de nuez moscada o de cardamomo, o un pequeño pimentón dulce, son una forma de mimar el paladar. Un plato bien especiado tiene una increíble capacidad nutritiva, pero también muestra al cocinero como alguien que ha aprendido practicando.

Una vez entrevisté a la chef April Bloomfield para nuestra columna «Last Bites» («Últimos mordiscos») del *Guardian Cook*, en la que los chefs fantasean sobre cómo querrían que fuera su última comida. Pues bien, Bloom optó por lomo de cerdo con salsa de tomate. Como siempre, yo me interesé menos en la carne que en el condimento, que ella me describió como «inspirador y sugerente, pero no del todo evidente, de modo que cuesta reconocer lo que es». La entendí a la perfección: cuando estás comiendo algo y tus dientes están masticando y tus papilas gustativas probando, es como si unos dedos te dieran unos toquecitos en la cabeza, tratando de localizar cuál es exactamente ese sabor que de algún modo conoces, pero que en realidad no tienes ni idea de lo que es. Este es el modo en que yo trato de usar las especias, como pequeñas oleadas de un sabor que reconoces pero que te resulta imposible identificar.

La canela es ahora mismo la especia que más uso. Su aroma dulce todavía evoca en mí delicias infantiles (galletas danesas, tarta de manzana, la Navidad), pero circunscribir la canela (o la nuez moscada, el cardamomo, el clavo o el anís estrellado) a la caja de las «especias dulces» es limitar tanto la especia como a ti mismo. Si bien el azúcar la complementa muy bien, últimamente me parece una aportación de sabor más intenso que dulce a mi cocina. La salsa de tomate de April para lomo de cerdo es un ejemplo, así como mi receta de huevos cocidos (véanse las páginas 43-44), en que mejoro con canela la base de la salsa de tomate. Una de las cosas que más me gusta hacer es el más simple aderezo para ensaladas: aceite de oliva bien picante, zumo de limón, una pizca de ajo,[1] una pizca más grande de canela molida y sal. Bien agitado, este aliño triunfará en todo tipo de ensaladas, ya lleve hojas de lechuga mantecosa, tomates maduros, espinacas marchitas o cereales de diversos tipos (y, por supuesto, siempre mejorado con hierbas frescas).

---

[1] Tal como detallé en el capítulo «Tradición negociadora», mantengo una relación complicada con el ajo crudo en los aderezos para ensalada. Este de canela, sin embargo, es brillante con el pequeño toque de ajo que se indica. Ralla la mitad de un clavo, o bien pela y chafa un diente completo con la parte posterior de una cuchara de madera y échalo en el aliño antes de mezclarlo todo. Es bueno dejar un rastro de ajo aromático que baile con la especia y el limón.

░░░░░░░░░░░ ALIÑO DE CANELA, LIMÓN Y AJO ░░░░░░░░░░░

Es la antivinagreta (porque no tiene vinagre). Vierte este aliño sobre una sencilla ensalada verde o, de hecho, sobre cualquier ensalada, incluido el tabulé de la página 283. Quizá sea demasiado para una ensalada a menos que estés dando de comer a una multitud, pero no te preocupes: mejorará en la nevera, con los sabores mezclándose en los siguientes días.

8 cucharadas de aceite de oliva virgen extra
el zumo de 1 limón
¾ de cucharada de canela molida
1 diente de ajo, picado
sal

1. Coloca todos los ingredientes en un tarro de mermelada con una pizca generosa de sal, tápalo, agita y... listo para servir.

░░░░░░░░░░░ POLLO AGRIDULCE CON PIÑONES ░░░░░░░░░░░

Para esta receta me inspiré en una de Samuel y Samantha Clark publicada en su libro Moro East. *Aunque la que presento a continuación se basa en su pollo asado con zumaque y piñones, he tomado prestada la técnica de asar el pollo sobre un lecho de cebolla condimentada y cubrirlo todo con el encantador crujido masticable de los piñones. La mezcla de especias utiliza las «tres C» de las especias dulces —cardamomo, canela y clavo—, y recomiendo comer este plato con arroz frito con lentejas y cúrcuma (véanse las páginas 112-113), yogur de tahini (véanse las páginas 233-234) y una sencilla ensalada verde.*

Para 2 personas (raciones generosas)

2 cucharadas de aceite de oliva virgen extra
6 muslos de pollo, con los huesos y la piel

1 cucharadita de cardamomo molido
1 cucharadita de canela molida
½ cucharadita de clavo molido
4 cebollas, cortadas en medias lunas
½ limón sin encerar, cortado en pequeños
trozos (con cáscara y pulpa)
100 g de piñones
sal y pimienta negra

1. Precalienta el horno a 220 °C.
2. Calienta la mitad del aceite a fuego medio en una cacerola refractaria de base gruesa, sazona generosamente los muslos de pollo y tuéstalos bien. Retíralos de la cacerola y resérvalos.
3. Mezcla las especias. Agrega las cebollas al plato aún caliente, sazónalo y espolvorea por encima tres cuartas partes de la mezcla de las especias. Fríelo durante 1 minuto.
4. Añade el limón, remueve todo bien y coloca las piezas de pollo doradas encima de la mezcla de cebolla especiada, con el lado de la piel hacia arriba. Cuécelo a fuego medio durante un par de minutos para dar a las cebollas un poco de color, y luego riégalo con el resto del aceite y espolvoréalo con la mezcla de especias restante. Métalo en el horno y ajusta el temporizador a 20 minutos.
5. A media cocción, agrega los piñones (si lo haces al principio, se quemarán). Una vez los piñones tienen ya un bonito color dorado, el plato está listo para servir. En su versión, los Clark recomiendan retirar el pollo, añadir un poco de agua a las cebollas y dejar que reduzca hasta obtener una salsa espesa, dulce y especiada, lo cual me parece genial.

Así pues, la sutileza, al igual que el equilibrio, es importante al condimentar un plato. Un plato o una comida que incluya especias necesita ser compensado, o al menos suavizado, por otras fuerzas. Es por esta razón que siempre que tomo comida india tengo un bote de yogur natural justo al lado para sofocar cualquier calor y rebajar cualquier riqueza que otros ingredientes de la comida —ya sea el chile, la carne grasa, la mantequilla, la mezcla de especias...— puedan haber introducido. Muchos cocineros han escrito sobre el equilibrio entre lo dulce y lo amargo, entre lo crujiente y lo suave, entre los aliños y las capas de ingredientes y sabores. Las recetas que siguen a continuación hacen hincapié en este equilibrio.

Las especias te vuelven poderoso en la cocina. Son ellas las que convierten en secretas muchas recetas, y es gracias a ellas que uno puede convertirse en su propio árbitro.

::::: ANACARDOS, HABAS Y ESPINACAS AL CURRY :::::

Esto demuestra lo fácil que es hacer tu propia mezcla picante si cuentas con algunas de las variedades básicas: el comino (rey del curry), la llamativa cúrcuma anaranjada, el jengibre en su forma seca más suave y, por supuesto, la canela y el chile. A mí me encanta lo carnosas que son las habas, pero si no tienes a mano, también puedes utilizar guisantes.

Para 4-6 personas

2 cucharadas de aceite (preferiblemente de coco, pero el de colza o el vegetal también sirven)
1 cucharadita de comino molido
1 cucharadita de canela molida
1 cucharadita de cúrcuma molida
1 cucharadita de jengibre molido
½ cucharadita de chile en polvo
1 cucharadita de sal
400 g de tomate de lata, picado
6 cucharadas de yogur natural
6 dientes de ajo
150 g de anacardos
300 g de habas (o guisantes) congeladas
el zumo de ½ limón

200 ml de agua tibia

200 g de hojas de espinacas

1. Calienta a fuego lento el aceite en una cacerola de base gruesa, mezcla las especias y la sal y agrégalas al aceite. Fríelo hasta 1 minuto, removiendo constantemente.

2. Añade los tomates picados y el yogur, sube el fuego hasta que la mezcla empiece a burbujear, y luego bájalo y déjalo cocer todo a fuego lento durante 10 minutos.

3. Ralla el ajo y añade los anacardos. Cocínalo a fuego medio durante otros 5 minutos.

4. Agrega las habas, el zumo de limón y el agua, subiendo el fuego una vez más para llevarlo a ebullición. Déjalo a fuego lento durante unos 10 minutos, hasta que el líquido se reduzca a la mitad de su volumen.

5. Dos minutos antes de servir el plato añade las hojas de espinacas, deja que se mezclen con el curry y sírvelo todo con mucho *chutney* como acompañamiento.

He aquí algunas otras de mis especias favoritas:

1. SEMILLAS DE ALCARAVEA

Estas semillas tienen un sabor muy intenso, por lo que deben compensarse con algo de una intensidad semejante: alcaparras, limones en conserva, aceitunas en salmuera, un buen vinagre o hierbas más fuertes. Podrías sustituir las semillas de alcaravea por las de hinojo para hacer las galletas saladas que presento más adelante, pero también funcionan en contextos dulces. Una vez preparé el cátering para una cena temática inspirada en *El gran Gatsby* con un enorme montaje de tortas de alcaravea (en honor al narrador de la historia, Nick Carraway).[2] Decoré las

---

[2] *Caraway*, con una sola r, significa «alcaravea». *(N de la T.)*

tortas con barras, estrellas y diseños *art déco* de arándanos y fresas y, sí, le puse más comino. La alcaravea casa perfectamente con las verduras de raíz dulces, pues compensa el azúcar con su suave toque de especia. Las semillas tostadas con remolacha o zanahoria asada, un poco de aceite de oliva, un chorrito de vinagre, una pizca de sal y un puñado de menta picada funcionan bien durante todo el año, y también me encanta la receta que sigue a continuación, un clásico de Navidad en el que la alcaravea burla la dulzura de la col con mantequilla y cebolla.

COL DE MILÁN
CON SEMILLAS DE ALCARAVEA

Para 4-6 personas, como acompañamiento

50 g de mantequilla
1 cebolla blanca o amarilla, picada fina
2 cucharaditas de semillas de alcaravea
1 col de Milán desmenuzada
200 ml de agua
sal y pimienta negra

1. Derrite la mantequilla en una cazuela de base gruesa a fuego medio y agrega la cebolla y las semillas de alcaravea. Cocínalo durante 2-3 minutos mientras vas removiéndolo, luego incorpora la col y mézclala con la mantequilla, la cebolla y la alcaravea durante 2-3 minutos antes de añadir el agua.
2. Tápalo durante 5 minutos, luego retira la tapa y remueve la mezcla un poco más. El objetivo es que las semillas se distribuyan de manera homogénea en el conjunto y que la col se reblandezca pero sin dejar de crujir. Es posible que necesites un poco más de agua, en función del tamaño de la col que utilices.
3. Sazónalo al gusto y sírvelo.

2. SEMILLAS DE HINOJO

Estos bocaditos verdes tienen un toque anisado. Provienen de la planta del hinojo, pero pueden tener un sabor a regaliz bastante intenso, por lo que nunca uso muchos a la vez. Me encanta freír unas cuantas con cebollas y ajos para hacer una salsa para la pasta, o esparcirlas por la cazuela donde voy a asar un pollo, con cebollas y limón, para obtener una salsa de ensueño. A veces también preparo una salsa para el pescado al horno —lubina o besugo—, para lo que derrito mantequilla, un poco de aceite de oliva, el zumo de medio limón (el otro medio lo echo a la cazuela del pescado) y una pizca de semillas de hinojo. Y también uso hinojo para preparar estas galletas saladas rápidas:

GALLETAS SALADAS DE ESPELTA CON SEMILLAS DE HINOJO Y LIMÓN

Para unas 24 galletas

150 g de harina de espelta (o integral), y un poquito más para espolvorear
80 g de mantequilla fría salada, en dados
2 cucharadas de semillas de hinojo
la ralladura de 1-2 limones sin encerar (al gusto)
2 buenas pizcas de sal
mucha pimienta negra molida
3-4 cucharaditas de agua fría

1. Precalienta el horno a 180 °C y pon 1 bandeja para hornear grande o 2 más pequeñas con el papel de horno.
2. Pon todos los ingredientes en un cuenco, excepto el agua, y trabájalos con los dedos y los pulgares hasta que quede como un *crumble*. Continúa mezclándolos hasta que obtengas unas migas de tamaño uniforme; luego agrega 2 cucharaditas de

agua fría y sigue amasando. Haz una bola con las migas y añade más agua poco a poco, hasta obtener una sola masa.

3. Espolvorea algo de harina sobre una superficie y extiende la masa hasta que tenga 2-3 mm de grosor. A continuación, córtala en 24 cuadrados y colócalos en la bandeja para hornear. Déjalos en el horno durante 15 minutos hasta que se doren; luego retíralo del horno y déjalo enfriar.

3. NUEZ MOSCADA

Con un nombre bonito y un perfume delicioso, a veces pienso que espolvorear un plato con nuez moscada hace que cada alimento de color beis sea un poco más bonito y un poco más beis: el flan, el arroz con leche, el puré de patatas... (Recientemente hablé con la chef Anna Hansen acerca de cómo usar las habas tonka, una «especia dulce» menos conocida, oriunda, como ella, de Nueva Zelanda, y sugirió hacerlo como lo haría con la nuez moscada. Las habas tonka tienen un aroma algo parecido al de la vainilla ahumada, con cierto toque de regaliz, y son por naturaleza equilibradas y sutiles. Además, hace poco he descubierto que quedan de fábula con el ruibarbo. La receta que presento a continuación puede incluir nuez moscada o haba tonka; la primera le confiere un carácter más tradicional, quizá adecuado para el ruibarbo de los meses de invierno, mientras que el sabor fresco y menos familiar de la segunda podría casar bien con los gruesos tallos del ruibarbo en verano.)

:::::::::::: RUIBARBO AL HORNO CON LAUREL :::::::::::::
::::::::::::: Y NUEZ MOSCADA (O TONKA) :::::::::::::

El sirope ayuda a hacer unas presentaciones preciosas. En realidad, cualquier azúcar lo hace, pero cuanto más oscuro sea el sirope, más rico quedará.

Para 6 personas

6 tallos de ruibarbo, lavados y cortados en trozos de unos 3 cm
1 raíz fresca de jengibre, de unos 6 cm, picada gruesa
200 ml de agua fría
6 cucharadas de azúcar
2 hojas de laurel
1 nuez moscada o 1-2 habas tonka, al gusto

1. Precalienta el horno a 190 °C. Pon el ruibarbo en una bandeja para asar, esparce el jengibre picado y, a continuación, agrega el agua. Cubre la bandeja con papel de aluminio, métela en el horno y déjala 20-30 minutos. A media cocción retira la bandeja del horno, levanta el papel de aluminio y agita suavemente el ruibarbo (ten cuidado de no romperlo).
2. Sácalo del horno y espolvorea uniformemente el azúcar sobre la fruta. Mézclalo cuidadosamente.
3. Escurre el líquido en una cacerola, agrega las hojas de laurel y ralla nuez moscada o haba tonka al gusto. Llévalo a ebullición y déjalo a fuego lento, hasta que obtengas un sirope grueso.
4. Sirve el ruibarbo (caliente o frío) con nata o helado y rocía el sirope por encima.

4. PIMENTÓN

Esta especia española incluye distintas variedades (con diferentes grados de intensidad para el dulce y el picante) y todas ellas constituyen pilares de la cocina española, responsables en muchos casos de acompañar al sabor ahumado del chorizo o a los estofados de carne conocidos como *cocidos*. A mí me encanta echar una pizca de pimentón sobre los guisos de alubias, sobre unas patatas asadas o a veces también sobre un pescado, y he visto cómo provocaba un divertido estrabismo en muchos de los que lo han probado. La marca más conocida es La Chinata, pero sigue siendo un producto bastante gourmet, algo que, al menos en mi caso, tiene el feliz efecto de hacer que el cocinero parezca más competente. Cómprate una lata de pimentón y empieza a experimentar con él echando un poquito sobre tu comida como condimento o aliño; dales un toque a las salsas, a los adobos —como el del pollo ahumado al horno con yogur de las páginas 240-241— y a la versión más sencilla de mis huevos cocidos de las páginas 43-44. Mi amigo Oliver Rowe me enseñó a preparar una especie de salsa brava seca sazonada con pimentón, agujas de romero bien picadas y sal marina. Échales esto a tus patatas asadas y no te arrepentirás.

5. CHILE

Nunca me he obsesionado con el chile. Me gusta usarlo de manera sencilla, como en el caso de los condimentos o los aliños: para estimular el sabor. Solo guardo tres tipos: chiles secos en polvo, chiles secos muy picantes, en grano, y *pul biber*, el granulado púrpura de origen turco, que solo aporta un calor breve y sutil pero que tiene una dulzura única. Todo esto cobra vida en la siguiente receta.

FETA AL HORNO CON CHILE, TOMILLO Y LIMÓN

Picante, salado y el acompañante perfecto para un vaso de algo delicioso.

Para 2-4 personas

un bloque de queso feta de 200 g
la ralladura de 1 limón sin encerar
una pizca generosa de chiles secos (a mí me gusta el *pul biber*)
1 diente de ajo, rallado

5 ramitas de tomillo
aceite de oliva virgen extra

1. Precalienta el horno a 180 °C. Prepara un rectángulo de papel de aluminio y pon el queso feta en el centro. Dobla ligeramente hacia arriba los bordes del papel de aluminio, de manera que lo que vayas añadiendo no se desparrame.
2. Espolvorea la ralladura de limón, el chile y el ajo sobre el queso, coloca encima las hojas de 3 de las ramitas de tomillo y riégalo con aceite. Pon las otras 2 ramitas enteras.
3. Sella el papel de aluminio y coloca el paquete en una bandeja para hornear. Métalo en el horno y déjalo allí durante 10-15 minutos, hasta que el queso quede suave, empiece a deshacerse y deje escapar un agradable aroma. Devóralo con un buen pan.

«KEDGEREE» (PESCADO DESMENUZADO)

El kedgeree nos esperaba invariablemente al llegar a casa de mis abuelos, con la cocina convertida en un anuncio vaporoso y aromático del abadejo ahumado cocinado en leche. Pensar en ese olor hace que se me llenen los ojos de lágrimas, ¡incluso ahora! Me temo que para mí un plato de kedgeree seguirá necesitando siempre varias rondas de kétchup vertido a un lado del plato —esencial para mí, aunque para ti quizá no lo sea—; ah, y no te cortes con la mantequilla si te apetece. Durante años mi madre no pudo averiguar por qué su kedgeree no podía rivalizar con el de la abuela, pero un día echó media barra de mantequilla en la sartén y comprendió dónde estaba la diferencia.

Para 2-4 personas

4 huevos
400 g de filetes ahumados de abadejo
1 hoja de laurel

271

leche entera, para cubrir
150 g de arroz basmati
50 g de mantequilla (preferiblemente salada)
1 cebolla, picada fina
2-4 dientes de ajo (en función del tamaño), bien picados
1 raíz fresca de jengibre de unos 4 cm, pelada y rallada
1 cucharada de curry en polvo suave
1 cucharadita de semillas de cebolla negra (opcional)
el zumo de 1 limón
un puñado de cilantro, finamente picado
sal

1. Coloca los huevos en una cacerola con agua fría y ponla a fuego medio. Llévalo a ebullición y que cuezan a fuego lento durante 10 minutos. Escurre y déjalos enfriar en agua fría.
2. Coloca los filetes de abadejo en otra cacerola con la hoja de laurel y cúbrelos con leche suficiente. Llévalos a ebullición y luego reduce el fuego al mínimo; cúbrelos y déjalos cocer a fuego lento durante unos 5 minutos, luego retíralos del fuego y que el abadejo se enfríe un poco en la leche.
3. Lava el arroz varias veces con agua corriente fría hasta que esta salga completamente clara. Coloca el arroz en una sartén, cúbrelo con agua y ponlo a fuego medio. Llévalo a ebullición, baja el fuego al mínimo y deja que se quede ahí hasta que esté cocido del todo. Escúrrelo y resérvalo hasta que lo necesites.
4. Derrite la mantequilla en una sartén grande a fuego lento y agrega la cebolla, el ajo y el jengibre. Cocínalo durante 5-10 minutos hasta que se haya reblandecido y se empiece a caramelizar; a continuación, añade el curry en polvo y la cebolla, en caso de que quieras ponerla. Cocínalo durante un par de minutos y luego agrega algunas cucharadas del líquido de la cocción del abadejo, exprime el limón y júntalo todo. Incorpora el arroz ya cocido, desmenuza el pescado y sazónalo al gusto. Asegúrate de que cada grano de arroz queda cubierto con la mezcla mantecosa de especias.

5. Espolvorea el cilantro picado por encima del *kedgeree*, emplátalo y luego añade los huevos, pelados y troceados, en la parte superior de cada plato. Sírvelo con yogur o, mejor aún, con kétchup.

:::::::::: COLES DE BRUSELAS DESMENUZADAS :::::::::::
::::::::::::::: Y ASADAS CON NUEZ MOSCADA :::::::::::::::

No hay ninguna razón por la que no debas comer esto fuera de la temporada de vacaciones.

Para 4 personas, como acompañamiento

aceite de oliva virgen extra
1 cebolla blanca, picada fina
1 diente de ajo, picado
300 g de coles de Bruselas, desmenuzadas
la ralladura de 1 naranja y ½ naranja para exprimir (opcional)
nuez moscada
un puñado de avellanas, partidas por la mitad y tostadas,
    para servir
sal y pimienta negra

1. Precalienta el horno a 180 °C. Echa un chorrito de aceite en una sartén y fríe en ella la cebolla durante unos 3 minutos. Luego agrega el ajo. Que se haga durante un minuto más, removiendo sin parar, y luego retíralo del fuego.

2. Pon todas las coles desmenuzadas en una bandeja de horno y mézclalas con un chorrito de aceite de oliva, la cebolla y el ajo sofritos, la ralladura de naranja y una pizca de nuez moscada, y salpimiéntalo. Mételo en el horno y ásalo durante 20 minutos, removiendo la mezcla cada 5.

3. Sírvelo con las avellanas tostadas por encima y con un poquito de zumo de naranja si quieres.

HIERBAS

Pienso mucho en las cinco hierbas que más me gustan. De hecho, a menudo pienso en mis cinco grupos de alimentos preferidos: frutas, verduras, carbohidratos, quesos y hierbas. Pero creo que el grupo en el que más pienso es este último, porque son siempre muy cercanas y cambiantes. La decisión más difícil estaría entre la menta y la albahaca. Ambas pueden utilizarse de manera similar: para decorar frutas (los tomates parecen los más obvios, pero también están las fresas, los melocotones, los albaricoques...), para enriquecer ensaladas, aderezos y pestos, para darle un último toque a una refrescante jarra de Pimm's o para coronar un *Eton Mess*. Mientras que la albahaca parece gritar «Italia», mezclada en capas de parmesano, robándole protagonismo al pesto o contribuyendo a cuajar la salsa de una pasta, la menta definitivamente grita «Gran Bretaña».

Creo que la menta gana el concurso por un pelo. Por un pelo de la nariz, en realidad, pues el olor a menta —tanto la recién recogida como la que hierve en una olla de patatas nuevas— es el recuerdo culinario que me traslada a mi infancia. La menta siempre andaba por ahí. Mamá tenía un montón de brotes plantados en el jardín. De hecho, en algún momento resultó excesivo y ya no pudo controlarlo. La única solución pasaba por utilizarla toda en verano. Yo ahora la uso mucho, a menudo para refrescar la dureza de ciertas hortalizas en invierno.

Pero la albahaca es también una vieja amiga fiel. A mí me encanta su suavidad, la complejidad de sus hojas, enteras o troceadas, que forman la base de las salsas de pasta, los platos de verduras cocidas y las ensaladas como la *panzanella*, y que son, al fin y al cabo, la razón de ser del pesto.

Podría decirse que el mundo no necesita otra receta de pesto, pero aquí os presento la mía, pese a todo. Aunque los puristas sin duda me regañarán, pesto es un término que yo uso libremente, en el sentido más lato. Troceo e intercambio las hojas verdes (es difícil batir a la clásica albahaca, aunque también resulta excelente con hojas de estragón, rúcula, ajo de oso y acedera, todos con su propio carácter), los frutos secos (los anacardos tostados quedan deliciosos y cremosos, y también me gustan las nueces, más puntiagudas) y el queso (el pecorino es un sustituto evidente, más marchoso, del parmesano, aunque está rico con cualquier queso duro salado; hace poco probé con el manchego y queda delicioso). El inicio de la temporada del ajo de oso es un momento especial para los entusiastas del pesto. Yo hago el mío con 2 manojos, más 50 g de albahaca. Para el pesto de acedera necesitarás menos limón.

Para 2-4 personas

50 g (por lo menos) de hojas de albahaca
100 g de piñones, tostados
el zumo y la ralladura de ½ limón
1 diente de ajo, picado
50 g de parmesano, rallado
3 cucharadas de aceite de oliva virgen extra, y un poco
    más para la salsa (opcional)
un chorrito de agua (lo ideal sería que fuese el agua
    donde se han cocido la pasta o las verduras)
un chorrito de vinagre de vino blanco (opcional)
sal y pimienta negra, al gusto

1. Pon la albahaca, los piñones, el zumo y ralladura de limón, el ajo, el parmesano y el aceite de oliva en un robot de cocina y bátelo todo. Luego sazónalo al gusto.

2. A continuación, agrega agua para obtener la consistencia deseada: te interesa que sea más líquido para la pasta (en este punto no la escurras demasiado; recuerda los consejos de la

página 77) y quizá algo más denso en el caso de una salsa para untar. También podrías restarle densidad con un poco más de aceite si te gusta su riqueza, o bien echarle un chorrito de vinagre o de zumo de limón si te gusta más consistente. Todo le sienta bien.

Realmente no debería ser ninguna sorpresa que la albahaca perfumada quede bien con las frutas de hueso de su estación, como los melocotones o las cerezas. No puedo encontrar un ejemplo mejor que el postre de mi amiga Rosie Birkett, medio tarta medio pudin.

EL PUDIN DE MELOCOTÓN, CEREZA Y ALBAHACA DE ROSIE BIRKETT

Esta es la versión de una receta del libro de cocina de Rosie Birkett A Lot On Her Plate; *la fruta colabora con la leche y el huevo para crear un efecto de natilla en el centro de la torta. Sí.*

Para 8-10 personas

mantequilla sin sal, para engrasar
6 hojas de albahaca
4 melocotones maduros o a medio madurar, cortados
    por la mitad y sin hueso
300 g de cerezas, cortadas por la mitad y sin hueso
30 g de almendras laminadas
100 g de harina
200 g de almendras molidas
2 cucharaditas de polvo para hornear
una pizca de sal
4 huevos
100 g de azúcar glas dorado
100 ml de leche entera
1 cucharada de aceite de oliva virgen extra
1 cucharadita de extracto de vainilla

1. Precalienta el horno a 180 °C. Engrasa con la mantequilla un molde de 24 cm y coloca las hojas de albahaca en el fondo. Cúbrelas con las mitades de melocotón y cereza puestas hacia abajo y échales por encima las almendras laminadas.

2. Mezcla en un cuenco la harina, las almendras molidas, el polvo para hornear y la sal. En otro recipiente, bate los huevos con el azúcar hasta que quede bien esponjoso. Añade la leche, el aceite de oliva y el extracto de vainilla a la mezcla de huevo y bátelo todo de nuevo. Luego agrega la mezcla de harina y almendra, permitiendo que entre la mayor cantidad de aire posible al batir.

3. Vierte la mezcla por encima de la fruta del molde y deja que se asiente durante 1 minuto; luego, hornéalo durante 35-40 minutos, hasta que quede dorado. Sácalo del horno y pasa una espátula por el borde para aflojar el pudin. Déjalo reposar unos minutos y después coloca una rejilla metálica en la parte superior del molde y dale la vuelta (retira el molde para que se enfríe mejor).

El estragón se ha convertido en la tercera de mis cinco hierbas preferidas, el amante de mi salsa de aguacate (véanse las páginas 279-280), de mi *salsa verde* con un toque propio y, sobre todo, del pollo. Como suele suceder con todas las hierbas suaves, el estragón se seca muy fácilmente, y pierde en intensidad aunque no en sabor. No conozco mejor receta de pollo al estragón que la de mi tía Mary. He embellecido la original con un poco de estragón fresco por encima. (Me encantan las hojas verdes que decoran un plato que sin ellas habría sido beis, y opino que echarle crema agria puede atenuar en parte la riqueza del plato, lo cual no está nada mal.) Sírvelo con arroz hervido y brócoli con zumo de limón.

Si no puedes conseguir estragón fresco, utiliza 1 cucharadita del seco. También podrías utilizar muslos de pollo en lugar de pechugas, siempre y cuando retires los huesos.

Para 6 personas

30 g de mantequilla
30 g de harina común
430 ml de caldo de pollo
2 cucharadas de vinagre de vino blanco
150 ml de crema agria
60 g de queso cheddar, rallado
2 cucharaditas de estragón seco
4 tallos frescos de estragón (solo las hojas)
1 cucharadita de mostaza de Dijon
aceite de oliva o de colza, para freír
750 g de pechuga de pollo (o de muslos sin hueso,
    cortados en dados)
sal y pimienta negra

1. Derrite la mantequilla en una cazuela a fuego medio-bajo y luego agrega la harina. Cocínalo durante aproximadamente 1 minuto, removiéndolo para formar una pasta.
2. Agrega el caldo de pollo y el vinagre y mézclalo sobre el fuego un par de minutos, hasta que el conjunto se espese.
3. Baja el fuego, añade la crema agria, el queso, el estragón seco y fresco y la mostaza, salpimiéntalo y cocínalo a fuego lento durante un par de minutos.
4. Mientras tanto, calienta un poco de aceite en una sartén y fríe el pollo durante unos 10 minutos, hasta que la carne esté hecha.
5. Añade el pollo a la salsa y... listo.

Este cuenco verde siempre tiene éxito, ya sea como salsa para untar o como aderezo. Se trata de una conversación entre los ingredientes blandos (aguacate y yogur) y tres sabores que uno no siempre esperaría encontrar juntos: estragón, canela y cítricos. La receta que presento a continuación es una aproximación (nunca la hago igual, pero siempre queda rica y bonita). Yo uso un pequeño robot de cocina, pero también puede hacerse a mano con un tenedor.

Para 2-4 personas

1 aguacate maduro
5 tallos de estragón, solo las hojas
un buen puñado de frutos secos (anacardos, almendras
    y piñones, todos quedan bien)
2 cucharadas de yogur natural
la ralladura y el zumo de ½ limón o lima sin encerar
un buen chorro de aceite de oliva virgen extra, y un chorrito
    más al servir
¼ cucharadita de canela molida, o al gusto
sal y pimienta negra

1. Parte por la mitad el aguacate y quítale el hueso. Reserva una de las mitades y echa la pulpa de la otra en un cuenco o una batidora.
2. Si no utilizas una batidora, ve con especial cuidado a la hora de retirar los tallos del estragón y pica finamente las hojas. Maja un poco los frutos secos en un mortero.
3. Mezcla el puré del medio aguacate, el estragón picado, los frutos secos, el yogur, la ralladura y el zumo del cítrico, el aceite de oliva y la canela, y remuévelo todo hasta obtener una masa suave. Salpimiéntalo al gusto.
4. Pica finamente la otra mitad del aguacate y añádelo a la mezcla. Le dará un poco más de textura a la salsa.

5. Ponlo todo en un cuenco pequeño con un chorrito de aceite por encima y sírvelo.

El eneldo se sitúa en cuarto lugar. Me encanta entre unas alubias, esparcido sobre unas patatas hervidas con vinagreta, mezclado con unos huevos revueltos o agregado a las remolachas con un poco de yogur y aceite de oliva. El eneldo le hace un refrescante cumplido a los encurtidos y a las semillas de alcaravea (remolacha encurtida con alcaravea tostada, una gota de crema agria y eneldo, un trío que apunta hacia Europa del Este). Así como el yogur condimentado con eneldo de la página 233, me gusta preparar un aderezo de limón en conserva y eneldo que, una vez más, ilumina las verduras de raíz asadas y ofrece una interesante alternativa a la salsa verde con carne, ya sea de pollo o de salchichas.

ADEREZO DE ENELDO, LIMÓN EN CONSERVA Y ALCARAVEA

Este plato puede ser para más o menos personas en función del uso que se le dé. Como aderezo junto a la carne, hablaríamos de 1-2 cucharaditas por persona, pero como salsa para las verduras, debería cundir más.

Para 4-6 personas

un buen manojo de eneldo, finamente picado
2 cucharadas de aceite de oliva virgen extra
60 g de limones en conserva, bien picados,
    más 1 cucharada del líquido de la conserva
1 cucharadita de semillas de alcaravea
1 cucharadita de semillas de cilantro, tostadas y trituradas
1 cucharadita de azúcar glas
1 cucharadita de vinagre de vino blanco

1. Mezcla todos los ingredientes en un cuenco.

Este es el punto en que el juego de las cinco mejores se vuelve doloroso, porque solo me queda lugar para una y, en cambio, cinco hierbas absolutamente esenciales para elegir. ¿A cuál debería rendir mayor tributo, a las hierbas que duran todo el año o a los brotes de verano? Si dijera que un sabio consiguió mezclarlas todas, hablaría del tomillo (esa hierba multiusos de montaña), del perejil (tan abundante que es casi una hoja de ensalada), del romero (esas bellas agujas salvajes, tan intensas) o del laurel (la hierba que se cree una especia, lo que significa que la uso en ambos casos y, por tanto, muy a menudo). La salsa brava une a tres de estas maravillas.

SALSA BRAVA

Esta es la salsa que acompaña a las patatas bravas, el plato de patatas fritas con salsa de tomate picante que recibe el nombre de la costa española donde se originó. El significado en italiano de brava (es decir, el femenino de bravo) parece igualmente apropiado, porque esta coreografía tan perfectamente ejecutada entre el pimentón, el chile, el vino, el romero, el laurel y los tomates es simplemente deliciosa. Debe servirse sobre patatas fritas, y junto con queso, salchichas picantes y una botella de algo bueno y rojo.

Sale suficiente salsa como para las patatas
al romero de las páginas 165-167
(4 a 6 personas)

5 cucharadas de aceite de oliva virgen extra
2 dientes de ajo, picados finos
½ cucharadita de chiles secos
2 ramitas de tomillo, solo las hojas
3 ramitas de romero, solo las agujas, finamente picadas
1 hoja de laurel
50 ml de vino tinto
400 g de tomates ciruela enteros de lata

½ cucharadita de azúcar
½ cucharadita de pimentón

1. Calienta el aceite en una cacerola a fuego medio y échale el ajo, el chile, el tomillo, el romero y el laurel. Cocínalo, removiéndolo con frecuencia para que nada se pegue, durante 2-3 minutos.
2. Agrega el vino, los tomates en conserva, el azúcar y el pimentón y cocínalo 10 minutos, antes de retirar brevemente la salsa del fuego y mezclarla con una batidora de mano.
3. Ponla de nuevo al fuego y cocínala otros 10-15 minutos, hasta que se haya espesado y se haya reducido lo suficiente para ponerla sobre las patatas como si fuera un kétchup muy aromático.

He aquí una receta que, como la salsa verde, celebra el perejil, un ingrediente que siempre tengo en la nevera.

::::::::::::::::::::::::::::::::: «GREMOLATA» :::::::::::::::::::::::::::::::::

Se trata de una especie de salsa verde seca y muy simplificada, así como de un aliño para carnes cocidas (tradicionalmente se sirve con el osso bucco, el plato de ternera milanés), estofados o pescado. También se puede agregar a la pasta cocida, como en la receta de la despensa de las páginas 85-86. Por lo general, yo suelo hacerla en una pequeña batidora, pero también es fácil prepararla a mano.

Para 4 personas

un buen manojo de perejil de hoja lisa, solo las hojas, picado fino
la ralladura de 2 limones sin encerar
2 dientes de ajo, picados finos

1. Combina los ingredientes para que adquieran un consistente color verde, amarillo y blanco. Ya tienes una *gremolata*.

Mi abuela solía hacer tabulé, pero el suyo era muy diferente al que presento a continuación. Se supone que debe ser una ensalada hecha a base de hierbas y solo con un ligero toque de trigo de bulgur espolvoreado.

Para 4 personas

50 g de trigo de bulgur
zumo de 1 limón
1 manojo de perejil de hoja plana
1 manojo de menta
2 tomates grandes en rama o 10 tomates perita,
    cortados en rodajas finas
4 cebollinos, cortados en rodajas finas
4 cucharadas de aliño de canela, limón y ajo
    (véase página 262)
hojas de cogollo de lechuga, para servir

1. Enjuaga el trigo bajo agua fría repetidas veces, luego ponlo en un bol, añádele el zumo de limón y déjalo en remojo durante 10 minutos. Remuévelo con un tenedor y a continuación escúrrelo.

2. Lava, seca y corta en trozos finos las hojas de perejil y los tallos con un chuchillo bien afilado. Es muy importante hacerlo a mano, porque la batidora lo dejaría demasiado pastoso. Haz lo mismo con la menta, y a continuación vuelca las hierbas en un bol grande.

3. Una vez hayas cortado los tomates, quítales el exceso de zumo y añádelos al bol junto a las hierbas y los cebollinos cortados en rodajas finas.

4. Esparce el trigo de bulgur en la ensalada y luego agrégale el aliño.

5. Sirve la ensalada en algunas hojas de lechuga colocadas alrededor del bol. Esto puede servir a modo de cuchara.

ALIÑO DE CANELA, AJO Y LIMÓN

aceite de oliva virgen extra
el jugo de un limón
canela
ajo
sal

FETA AL HORNO CON CHILE, TOMILLO Y LIMÓN

queso feta
limón
chile
rallado
tomillo
aceite de oliva virgen extra

PESTO

albahaca
piñones
limón
ajo
parmesano
aceite de oliva
virgen extra
agua
sal y pimienta negra

SALSA DE AGUACATE Y ESTRAGÓN

aguacate maduro
estragón, solo las hojas
un puñado de frutos secos
yogur natural
limón o lima
aceite de oliva virgen extra
canela en polvo
sal y pimienta negra

ADEREZO DE ENELDO, LIMÓN EN CONSERVA Y COMINO

eneldo
aceite de oliva virgen extra
limón en conserva
líquido de la conserva
semillas de alcaravea
semillas de cilantro
azúcar glas
vinagre de vino blanco

GREMOLATA

perejil de hoja plana
(solo las hojas)
limones
ajo

TABULÉ

bulgur
limón
perejil de hoja plana
menta
tomates grandes en rama o tomates
perita
aliño de canela, limón y ajo
hojas de cogollo de lechuga

ELENA ARZAK

Es enero y estoy en San Sebastián. La ciudad, aparentemente ajena a la cuesta de enero, brilla y canturrea. Mi madre se ha apuntado conmigo a esta peregrinación, y mientras ella brega con un paraguas que se le ha dado la vuelta, yo me cubro la cabeza con un mapa. Así es nuestra caótica ruta de bares, un intento de esquivar la lluvia —torrencial— entre los locales en los que vamos entrando, al más puro estilo euskera, para cenar como ellos hacen: en varias fases, a trechos. Es lo que vendría a ser, literalmente, una cena por etapas.

Cada bar está lleno de pinchos, dispuestos en pirámides, que recuerdan a los opulentos banquetes de las fiestas de *El gran Gatsby*. Solo que lo que aquí nos ofrecen resulta infinitamente más misterioso. Mamá y yo nos pedimos unos *txakolis* —un vino joven, con algo de aguja, que se vierte desde gran altura— y unos pinchos, que varían de un lugar a otro. Cada bar tiene su especialidad: vas a este para el bistec y a ese para los langostinos; hay un lugar especializado en mejillones y otro famoso por sus anchoas. Nos tomamos una ensaladilla rusa montada sobre una rebanada de pan, una mezcla cremosa de erizo de mar servida en una concha y una torre de tomates raf, con los que en estos momentos mantengo una verdadera historia de amor.

Que mi madre esté aquí conmigo resulta de lo más adecuado, no solo por el título de este libro sino porque el País Vasco, según la chef Elena Arzak, es «un matriarcado». Su padre, Juan Mari —también un cocinero legendario—, se muestra bastante de acuerdo con ella: «Aquí la familia está liderada por mujeres. Los hombres siempre han trabajado, pero las mujeres son las que, tradicionalmente, se han encargado de la economía familiar». Mi idea era hablar con una cocinera —una mujer— y, de hecho, había solicitado entrevistar solo a Elena, pero no tardé en comprender que las cosas por allí no funcionan así: Elena no era más que una cara de la moneda; el restaurante debe su éxito de las últimas décadas a una asociación entre padre e hija, entre hombre y mujer y, sobre todo, entre dos cocineros de gran talento. Dicho lo dicho, entrevistar a los Arzak —algo que sucedió justo el día siguiente a nuestro periplo inaugural bajo la lluvia— es un asunto de familia y una lección sobre la complementariedad de los hombres y las mujeres en la cocina.

El género, para Elena, es accidental. «Siempre ha sido así. Crecí aquí sin ser consciente de mi sexo.» ¿Significa eso que no puede explicar la diferencia entre la cocina de hombres y mujeres? «Exacto», dice ella; pero su padre sí que puede. Para Juan Mari, el género es una característica definitoria del modo de cocinar de cualquiera. «La comida es profundamente sensual. Yo puedo notar, sentir, cuándo algo ha sido preparado por una mujer —afirma, luchando por encontrar las palabras que le permitan articular algo tan instintivo—: Lo prefiero; es más delicado, más sutil.» (Elena, aunque respeta el punto de vista de su padre, tiene otra opinión: «Para mí, el modo de cocinar de cada uno depende de su propia sensibilidad», dice, antes de contar que la mayoría de los clientes de su restaurante creen que los platos que salen de la cocina adornados con flores son cosa suya, cuando en realidad es Juan Mari quien siente devoción por la flora comestible. El mensaje: la diferencia entre los sexos está muy normalizada, y en el caso de la cocina no es una excepción.)

Pasé la mayor parte del día en Arzak. Llegué allí temprano, exhalando mi aliento caliente hacia el aire fresco de la mañana, bien despierta tras mi primer café, y me marché después de tomar otro —el que siguió a la comida—, y también de un menú degustación y una buena cantidad de vino. Elena me llevó al piso de arriba, al laboratorio de alimentos, donde desde el año 2000 tienen una zona de pruebas para nuevas ideas. Yo me sentí como Charlie al recorrer la fábrica de chocolate de Willy Wonka; era una privilegiada en ese espacio impecable y bien iluminado, dedicado enteramente a la innovación culinaria.

Observé toda una pared llena de ingredientes traídos de los lugares más remotos, filas y filas de recipientes herméticos meticulosamente ordenados —referencias olfativas—, cada uno con un código de barras que identificaba sus cualidades en cuanto a texturas, sabores e ideas sobre su posible utilización: «crujiente», «ácido», «arroz»... «Al principio solíamos guardar muchos ingredientes en el coche, o en casa, o en bolsas de plástico al azar —me dijo Elena—, pero el laboratorio aportó orden a todo eso.» Los libros especializados, los discos duros y los más insólitos artefactos se alineaban en las otras paredes, y un par de cocineros experimentaban —¿casualmente?— con algún alimento justo en aquel momento. A pesar de la limpieza casi militar, había allí una cierta informalidad. La magia sonaba humana.

Elena —vestida de blanco, sin un solo pelo fuera de sitio, con brillantes ojos negros y ademanes enormemente cálidos— me habló de la historia del restaurante. Me contó lo integrador que había sido, y sigue siendo, su padre al definir la cultura del restaurante. «Es como Mick Jagger, nunca está quieto», comentó. Y entonces surgió, una vez más, el tema del género: Juan Mari, criado solo por su madre, estaba acostumbrado a las mujeres con roles de liderazgo fuertes, y esto influyó en todo el mecanismo del establecimiento. Francisca, su madre, gestionó Arzak desde el mismo lugar donde se halla ahora, un barrio «extraño pero sentimental» ubicado en la periferia de San Sebastián, en el alto de Miracruz. En aquel momento el restaurante era una empresa bastante distinta, más bien una taberna que servía comida típica del País Vasco, y aunque era muy bueno, Juan Mari se lo miraba con bastante indiferencia. Cuando hablé con él algo después, me confesó que cuando era niño nunca se había visto a sí mismo trabajando en el negocio de la restauración, y mucho menos convirtiéndose en chef. «¿Cómo iba a imaginarlo? Yo tenía una caligrafía terrible, no sabía dibujar..., pero era creativo, y los platos que salían de esta cocina no lo eran en absoluto.» Se marchó a la capital para estudiar arquitectura técnica, pero, tras asistir al Simposio de Cocineros de Madrid, volvió a casa diciendo que quería ser cocinero. Aquello horrorizó a su madre, que se había pasado toda la vida en la cocina con la idea de ayudar a su hijo a convertirse en médico, o en abogado tal vez, pero no en cocinero.

Poco a poco, el aspecto, el estilo y la producción de Arzak fueron redefiniéndose y modernizándose, y en 1975-1976 Juan Mari encabezó el movimiento de la Nueva Cocina Vasca con un grupo de cocineros locales, en un esfuerzo por actualizar la cocina de la región y hacerla más competitiva en el mercado. Todos aquellos hombres querían recuperar los platos más típicos de la zona (la *intxaursaltsa*, por ejemplo, una salsa de nuez dulce que por aquel entonces estaba relegada al más puro olvido, o el *mondejus*, una salchicha de cordero). Estos platos y muchos otros fueron rescatados e incluidos en el menú de Arzak. Juan Mari quería trabajar de manera sostenible con más productores locales —pescadores, agricultores, granjeros—, pero también introducir nuevos ingredientes no locales —frutas tropicales, especias— y tecnología moderna, para platos contemporáneos que celebraran lo local y al mismo tiempo miraran hacia el exterior. «Nuestra cocina es vasca —decía Juan Mari—; moderna, pero vasca.» Las materias primas les llegaban de allí mismo, de San Sebastián y el País Vasco, pero los ingredientes podían hacerlo de cualquier lugar.

Juan Mari tiene un punto de inocencia, una especie de instinto para aceptar las cosas, y a la gente, tal como las encuentra. Pese a la sombra gris de su barba de cuatro días, pese a sus gafas gruesas y su voz afónica, no tiene edad. Este temperamento suyo se manifiesta en su trabajo, también. «Lo más importante para un cocinero es pensar como un niño, tener una mente abierta. El día en que uno deja de pensar como un niño, es el día en que muere la creatividad. Los niños nunca hacen lo mismo.» Juan Mari es un lienzo en blanco profesional: abierto y profundo. Las posibilidades de creación aquí, en Arzak, son aparentemente infinitas, pero primero él, y ahora su hija Elena, han determinado sus propios límites. Pese a todos sus esfuerzos por utilizar ingredientes de todo el mundo, no creen que los alimentos puedan o deban globalizarse. «Es vital que la comida te diga dónde estás —dice Juan Mari—. Cuando estás en una discoteca, podrías estar en cualquier país; pero cuando estás comiendo, estás claramente ubicado en un determinado lugar. La comida está escrita en una cultura, y aquí tenemos la euskera.»

Afortunadamente, eso implica cosas buenas: los vascos gozan de una posición privilegiada para la obtención de ingredientes. Su país es una mina de oro costera en materia de pescados y mariscos; una huerta de verduras frescas y de proximidad —judías de todo tipo clamando por los estofados—; queso en abundancia, y vino también, con Galicia al oeste, La Rioja al sur y Cataluña hacia el este. Es más, este tesoro oculto está disponible para todos. Como londinense, me resulta difícil imaginar una cultura en la que todos los estratos de la sociedad tengan acceso (y deseen) a productos de alta calidad como estos, y mucho menos en un restaurante con tres estrellas Michelin. Pero tanto Elena como Juan Mari insisten en que Arzak no excluye a nadie. «Con la comida, el País Vasco no tiene en cuenta las clases sociales», me dice Elena. Yo creo que esto es quizá demasiado romántico, pero ella insiste en que los lugareños, desde los estudiantes hasta los pescadores, ahorran para ir a su restaurante, y «no para que los vean, sino para comer». Me estoy formando una imagen mental de los vascos como una familia colectivamente orgullosa de sus ingredientes, pero al mismo tiempo fascinada por los cocineros nativos que los manipulan.

Elena se empeñó en que no entendería su comida sin probarla, de modo que hizo extensible su historia familiar a la mía: mamá y yo estábamos invitadas a comer en su restaurante.

Lo que tomamos allí no fue solo comida, sino pequeñas y exquisitas obras de arte que, además, eran comestibles: morcilla con cerveza y mango servida en una lata de Keler; plátano con calamar; ostras Mondrian servidas con salsa de maca y una oblea con marcas propias del artista; ternera con «humo de té verde», que se evaporó exóticamente ante nuestros ojos cuando la sazonaron con hielo congelado con sabor a manzana... Estas y otras preparaciones artísticas vinieron a mostrarnos el matrimonio entre el País Vasco y el mundo que latía entre aquellas paredes. Pero ¿de dónde provenía todo aquello? ¿De las comidas de la infancia con las que se crió Elena?, ¿de las comidas que le dieron en casa y la llevaron a pasar las vacaciones escolares trabajando en el restaurante? Dado que Juan Mari y su madre, Maite Espina, pasaban tanto tiempo en Arzak, Elena y su hermana Marta, en la actualidad conservadora en el Guggenheim de Bilbao, comían muy a menudo en casa de su tía Epifanía. Tía Epi era de una aldea del País Vasco y, según Elena, estaba siempre colgada del teléfono, dispuesta a volver al pueblo para conseguir pollos especiales o tomates de temporada... Siempre quería lo mejor. El recuerdo de los platos que le hacía tía Epi marcó la estructura culinaria de Elena: ronronea mientras rememora el olor inolvidable del arroz con leche, o el de los cangrejos hirviendo, a la espera de ser mezclados con verduras y salsa de tomate, y luego flambeados y devueltos a sus caparazones... (La presentación era una prioridad, aunque estuvieran en casa.) Cuando Marta y Elena volvían del cole para comer, tía Epi las recibía con su tortilla de patatas, o con sus calamares en su tinta (guisados y rellenos de verduras frescas), o con alubias rojas con chorizo, o con porrusalda (una sopa de puerros, patatas y zanahorias, que Elena me enseñó a embellecer con algas durante los días en que coincidimos). Y los domingos tenían almejas, las que sobraban del restaurante porque eran demasiado viejas para ser servidas, y Juan Mari las preparaba con gloriosos filetes de merluza blanca y carnosa.

Le pregunté a Elena si había enseñado a sus hijos a comer y si les había enseñado también a cocinar, y la respuesta fue que sí, que les había estado enseñando desde que tenían cinco años. «Quiero que aprendan para sobrevivir —los alimentos pueden ser mejores que una medicina—, pero también para compartir. La comida es muy valiosa como excusa para reunirse.» Es demasiado pronto para decir si su hijo o hija la seguirán hasta el

QUIERO QUE APRENDAN PARA SO-
BREVIVIR –LOS ALIMENTOS
PUEDEN SER MEJORES QUE UNA
MEDICINA–, PERO TAMBIÉN
PARA COMPARTIR. LA
COMIDA ES MUY VALIOSA COMO
EXCUSA PARA REUNIRSE.

Elena Arzak

restaurante, pero, sea como fuere, ella los anima a ser críticos con lo que comen, y a ver las distintas posibilidades de preparación; por ejemplo, un pollo asado puede presentarse quizá con jengibre, o con manzanas del tiempo, o con limón... Y también les pide su opinión, claro. Así aprendió ella a cocinar, y este ha sido el secreto de su éxito. «Para ir más allá debes arriesgarte, probar cosas nuevas, pero también tienes que escuchar.» Haciendo ambas cosas, ella y su padre han formado una sociedad que reconoce sus puntos fuertes y débiles, desde el punto de vista tanto personal como generacional. «Mi padre dice que, hagamos lo que hagamos, tiene que ser sabroso. Así que debemos ser humildes y aprender de las críticas.» Para todas las acrobacias culinarias de los Arzak, el mensaje es simple: pensar como un niño y crear comida que haga feliz a la gente.

NOTA FINAL

Nuestra relación con la comida dice mucho de nosotros; somos lo que comemos, o, dicho con otras palabras: lo que nuestras madres comieron mientras estábamos creciendo en su interior, el modo en que fuimos destetados, aquello de lo que nos alimentamos en nuestra infancia... nos hacen ser como somos. Desde las papillas hasta los primeros bocados sólidos y más allá; lo que nos tomamos la primera vez que tuvimos la opción de escoger; nuestro placer por compartir la comida; nuestra tendencia (o no) a la etiqueta en la mesa; si nos gusta (o no) cocinar y cómo lo hacemos, si es que lo hacemos; dónde compramos la comida; qué ingredientes tenemos siempre a mano; qué lenguaje utilizamos; si consideramos o no que la alimentación nos procura comodidad... o nos suscita miedo; cuál es nuestra comida preferida. La investigación epigenética (es decir, el estudio de cómo el medio ambiente y la experiencia pueden determinar, a lo largo de las generaciones, qué «activa» los genes que heredamos) está revelando que incluso las dietas de nuestros antepasados pueden influir en cómo somos, no solo físicamente sino también mental, emocional y socialmente.

La premisa de este libro es que comer no es una mera función biológica, sino que el alimento desempeña un papel más complejo y menos tangible en nuestras vidas que el de mero sustento. Se trata en realidad de la posteridad, la supervivencia, los rituales, las celebraciones, el sufrimiento, los valores, la naturaleza, las obsesiones, la superstición, el género, la memoria. Sobre todo, la comida está enfundada en historias. Como seres humanos que somos, todos compartimos el acto de comer, pero cada uno lo experimenta de un modo independiente, y probablemente único. Todos tenemos historias que contar, ya sea directamente sobre la comida o sobre situaciones en las que esta interviene, ya sea de manera integral o parcial. Pienso que contar esas historias, compartir los pequeños detalles sobre nuestras vidas, puede sacar a la luz nuestras diferencias y al mismo tiempo ayudarnos a comprender mejor el modo en que entendemos el mundo. Cómo lo vemos. Cómo lo sentimos. (Y, dado que hablamos de comida, a poder ser también cómo lo olemos y degustamos.)

Este no es un libro de referencia, ni tampoco uno cuyo contenido se base en algo más que en la observación personal. En estas páginas he intentado aprovechar las historias de mis nueve personajes —y también algunas propias— para transmitir esta idea de que el alimento trasciende a la biología, desempeña un papel identificador y, en un sentido aún más abstracto, actúa como una fuerza imaginativa. Como he dicho, nos conectamos a través de las historias, así que espero que las que he narrado en estas páginas os hayan empujado a pensar en vuestra propia relación con lo que coméis y en cómo eso os identifica.

AGRADECIMIENTOS

Me gustaría dar las gracias a mi editora, Amanda Harris, de Orion, por creer en esta idea. También a mi editora original, Tamsin English, así como a Lucy Haenlein por su arduo trabajo y su esmero en conseguir que esto saliera adelante. Gracias a Mark McGinlay por la publicidad, a Jessica Purdue por los derechos, a Amy Davies por la comercialización y al equipo de diseño, incluida Loulou Clark, por su preciosa portada. ¡No os merezco! Y a Laura Nickoll por su meticulosa corrección para enmendar con brillantez mi torpeza. Me siento muy afortunada por tener un equipo tan extraordinario a mi lado.

Gracias también a mi agente, Jon Elek, por haber hecho esto posible, y a Millie Hoskins y Amy Mitchell, de United Agents.

A todas las voces que aparecen en estas páginas: Anna Del Conte, Deborah Madison, Jamie Oliver, Susie Orbach, Yotam Ottolenghi, Claudia Roden, Stanley Tucci, Alice Waters y Elena Arzak, así como a Felicity Blunt, Margot Henderson y Rachel Roddy por sus historias y su inspiración.

A todos mis colegas y columnistas del *Guardian*, gracias por el estímulo (y las calorías). Y un agradecimiento especial a todos aquellos que me han permitido usar sus recetas.

A mis primeros lectores, sobre todo a Caroline Holland (¡mi mamá!) y también a Mary Myers, Katharine Rosser, Sophie Andrews, Dale Berning Sawa, Jessica Hopkins y Rosie Birkett. Vuestras ideas y sugerencias han sido de un valor incalculable.

A mi familia, mis amigos y mis comensales. A mi madre y a mi padre por todo lo que metieron en esa caja metálica azul, y mucho más; a Louise Webb por su apoyo (y por dar a luz un chico que sabe cocinar), y a Freddie por los recuerdos culinarios; por los que ya tenemos y por los que aún han de llegar. Os quiero a todos.

ÍNDICE

· ALIOS · VIDI ·
· VENTOS · ALIASQVE ·
· PROCELLAS ·

© Mina Holland, 2017
© Traducción: Beatriz Galán Echevarría
© Malpaso Ediciones, S. L. U.
Gran Via de les Corts Catalanes, 657, entresuelo
08010 Barcelona
www.malpasoed.com

Título original: *Mamma: Reflections on The Food That Makes Us*
ISBN: 978-84-16665-86-0
Depósito legal: B-6067-2017
Primera edición: abril de 2017

Impresión: Novoprint
Diseño de interiores y maquetación: Sergi Gòdia
Ilustraciones y grafismo: Estudi Gòdia
Imagen de cubierta: © GraphicaArtis

31901063734109